Jean Marc Dalpé.
Ouvrier d'un dire

Des mêmes auteurs

Stéphanie Nutting

Le tragique dans le théâtre québécois et canadien-français, 1950-1989, Lewiston, Edwin Mellen, 2000.

«Entre chien et homme : l'hybridation dans *Le Chien* de Jean Marc Dalpé», dans *Les théâtres professionnels du Canada francophone : Entre rupture et mémoire*, Hélène Beauchamp et Joël Beddows (dir.), Ottawa, Le Nordir, 2001, p. 277-290.

«Préface», dans *Carole Fréchette, Three Plays : The Four Lives of Marie, Seven Days in the Life of Simon Labrosse and Élisa's Skin*, Toronto, Playwrights Press, 2006.

François Paré

Le fantasme d'Escanaba, Québec, Nota Bene, 2006.

La distance habitée, Ottawa, Le Nordir, 2003.

avec François Ouellet, *Traversées*, Ottawa, Le Nordir, 2000.

avec Jaap Lintvelt, *Shifting Boundaries/Frontières flottantes*, Amsterdam, Rodopi, 2000.

Théories de la fragilité, Ottawa, Le Nordir, 1994.

Les littératures de l'exiguïté, Ottawa, Le Nordir, 2000 [1992, 1994], prix du Gouverneur général.

De nombreux articles et chapitres de livres depuis 1980.

Jean Marc Dalpé.
Ouvrier d'un dire

SOUS LA DIRECTION DE
STÉPHANIE NUTTING ET FRANÇOIS PARÉ

ACTES DU COLLOQUE
TENU DU 16 AU 18 SEPTEMBRE 2004
À L'UNIVERSITÉ DE GUELPH

COLLECTION AGORA
Institut franco-ontarien | Prise de parole
Sudbury, 2007

Catalogage avant publication de Bibliothèque et Archives Canada
   Jean Marc Dalpé : ouvrier d'un dire / sous la direction de Stéphanie Nutting et François Paré.
   (Agora)
Pub. en collab. avec : Institut franco-ontarien.
Compte-rendu d'un colloque présenté à l'Université de Guelph, 16-18 sept. 2004.
Comprend des réf. bibliogr.
ISBN-13 : 978-2-89423-194-4

1. Dalpé, Jean Marc, 1957 — Critique et interprétation — Congrès.
I. Nutting, Stéphanie, 1965- II. Paré, François, 1949- III. Institut franco-ontarien. IV. Collection : Agora (Prise de parole (Firme))

PS8557.A458Z74 2006   C842'.54   C2006-904587-9

L'Institut franco-ontarien a été fondé par un groupe de professeurs de l'Université Laurentienne afin de promouvoir la recherche, la publication et la documentation sur l'Ontario français. Il bénéficie de l'appui de l'Université Laurentienne.

Ancrées dans le Nouvel-Ontario, les Éditions Prise de parole appuient les auteurs et les créateurs d'expression et de culture françaises au Canada, en privilégiant des œuvres de facture contemporaine.

La maison d'édition remercie le Conseil des Arts de l'Ontario, le Conseil des Arts du Canada, le Patrimoine canadien (Programme d'appui aux langues officielles et Programme d'aide au développement de l'industrie de l'édition) et la Ville du Grand Sudbury de leur appui financier.

La collection «Agora» publie des études savantes en sciences humaines sur la francophonie, en privilégiant une perspective canadienne.

Photographies à l'intérieur : Martin Schwalbe
Préparation du manuscrit : Amanda Dreyer
Conception graphique et mise en pages : Olivier Lasser

Tous droits de traduction, de reproduction et d'adaptation réservés pour tous pays.

Imprimé au Canada.
Copyright © Ottawa, 2007

Éditions Prise de parole
C.P. 550, Sudbury (Ontario)
Canada P3E 4R2
http://pdp.recf.ca

L'Institut franco-ontarien
Université Laurentienne
Chemin du lac Ramsey
Sudbury (Ontario)
Canada P3E 2C6

ISBN 978-2-89423-194-4

EXPLICATION DES SIGLES :
Œuvres de Jean Marc Dalpé

- C   = Le chien
- D   = Et d'ailleurs
- E   = Eddy
- G   = Gens d'ici
- HB = Hawkesbury blues
- I   = Il n'y a que l'amour
- LL = Lucky lady
- M   = Les murs de nos villages (poésie)
- N   = 1932, la ville du nickel : une histoire d'amour sur fond de mines
- TT = Trick or treat
- V   = Un vent se lève qui éparpille

REMERCIEMENTS

Nous tenons à remercier le Conseil de recherches en sciences humaines du Canada, la Fondation franco-ontarienne, le Bureau du Québec à Toronto, le Conseil des Arts du Canada, Ressources humaines et Développement Canada, ainsi que les Universités de Guelph et de Waterloo pour leur généreux soutien financier. Parmi les nombreux artisans de cet ouvrage, un merci tout particulier va à Joanne Scheuer, Daniel Chouinard, Maxime Paquette, Amanda Dreyer, Kerry Lappin-Fortin et Sonya Malaborza.

JEAN MARC DALPÉ.
Ouvrier d'un dire

STÉPHANIE NUTTING
Université de Guelph

François Paré
Université de Waterloo

Sa matière première est la langue : obscure, compacte, fulgurante. C'est par elle que le dramaturge façonne une altérité si résolument féconde qu'elle parvient à se laisser porter par le corps mobile des acteurs et des actrices. Bernard Dort nous l'avait dit, il y a plus de 30 ans, après Antonin Artaud : le théâtre ne cesse d'« annuler le théâtre par le surgissement de la réalité même[1] », car l'écrivain vise à ouvrager les mots et à faire voir l'exigence du réel qui vibre en eux. Les ouvriers du spectacle, instruments d'un dire, se meuvent et s'expriment sur scène, se réverbèrent dans l'espace restreint qui leur est alloué, s'entrechoquent et finissent souvent par adhérer les uns aux autres en une espèce de solennité parfois comique, le plus souvent douloureuse.

---

[1] Bernard Dort, *Théâtre en jeu. Essais de critique 1970-1978*, Paris, Seuil, 1979, p. 252.

LA PRÉSENCE SOUTERRAINE DU THÉÂTRE

Par-delà 25 années de fidélité à l'écriture et une reconnaissance exceptionnelle des institutions culturelles, telle nous apparaît aujourd'hui, sans équivoque, l'œuvre de Jean Marc Dalpé. Qui ne saurait voir que, coûte que coûte, le langage cherche à s'y déployer comme une présence vivante dans le monde? Et que c'est justement cet engagement envers le réel qui nous fascine dans cette écriture « rauque » et « criante » de Dalpé? Dès lors, le théâtre, entre autres modes d'expression, s'éloigne de la « représentation » pour s'orienter vers une expérience de la présence, ne serait-ce que par la surabondance des scènes, leur morcellement dramatique, leur

> fragmentation qui n'a plus tant à voir avec celle du fragment qui s'épuise et se referme sur soi, sur les limites (finies) qui lui ont été assignées, qu'avec celles de l'évanescence d'un instant, de la pluralité de ces événements évanescents qui s'entremêlent et se débordent les uns les autres[2].

Ainsi, suivant le beau parcours tracé par Jean-Frédéric Chevallier, le théâtre insuffle d'abord à la littérature le scandale de sa passion, de sa colère, de son outrance. Michel Pruner en rend justement compte dans sa *Fabrique du théâtre* : « La relation étroite et réciproque qui existe entre les conditions matérielles de la représentation et l'écriture théâtrale constitue la réalité du spectacle vivant[3]. » Le « spectacle intégral » que souhaitait Artaud s'articule donc sur la jonction de ces deux ordres de la représentation : celui du texte et celui du geste. La répétition naît de la rencontre inédite entre les mots et le corps, et du jeu lumineux qui en découle.

Le théâtre n'est pas tout, mais il est un mode d'emploi, une manière d'aborder la littérature. C'est pourquoi l'univers de Jean

---

[2] Jean-Frédéric Chevallier, « Le geste théâtral contemporain : entre présentation et symbole », *L'annuaire théâtral*, n° 36, automne 2004, p. 33. Voir aussi Joseph Danan, « Je ne raconte pas d'histoire(s) », dans Chantal Hébert et Irène Perelli-Contos (dir.), *La narrativité contemporaine au Québec : 2. Le théâtre et ses nouvelles dynamiques narratives*, Québec, Presses de l'Université Laval, 2004, p. 255-256.
[3] Michel Pruner, *La fabrique du théâtre*, Paris, Nathan, 2000, p. 3.

Marc Dalpé, poète, dramaturge, romancier, s'enracine d'abord dans cette «fabrique du théâtre», «improbable création dont il est difficile de déterminer le véritable auteur[4]». Pourtant, la signature de l'écrivain est claire. Chacun reconnaît d'emblée ses personnages tourmentés, leurs vies emprisonnées, la violence de leurs emportements, le lyrisme nostalgique qui les habite, l'absence qui leur sert de charpente et d'éclairage, toutes ces caractéristiques qui font de Jay, d'Eddy, de Mado, de Marcel, de Marie, d'Étienne, de Bernie des personnages si décisifs et si percutants. Et, derrière ces êtres sombres, la structure d'un rythme musical, un *beat* que Dalpé associe à la terre gelée, au travail souterrain des mines, et aux coups répétés de cette curieuse machinerie de l'écriture transperçant symboliquement la dureté du paysage intérieur :

> Ici les corps bougent
> comme nulle part ailleurs
> Ici les corps sont de roche
> de parfum de poussière
> Et ils ont cette odeur
> de guitares électriques
> Et de basses en chaleur
> accordées sur les drills[5]

Ces corps souterrains, compacts comme la pierre, l'écrivain n'a jamais fini d'en explorer les pulsations et les pulsions secrètes. C'est cette vie-là qui l'intéresse, non pas tant sur le plan psychologique que sur le plan anthropologique, là où de toutes les manières possibles le travail s'effectue et la culture se construit.

Dès ses premières incursions dans le théâtre de création, à l'époque de la Vieille 17 à Rockland, jusqu'à la sortie de la série télévisée *Temps dur* en 2004, l'écriture dramatique est restée pour Dalpé une quête de l'incarnation du dire. Souvent réduite à sa plus simple expression et à ses structures incantatoires, comme dans *Le chien* ou *Lucky lady*, la langue livre pourtant la

---

[4] *Ibid.*, p. 2.
[5] Jean Marc Dalpé, *Et d'ailleurs*, Sudbury, Prise de parole, 1984, p. 20.

vérité des corps en mouvement, porteurs de gestes d'affection, de détresse, d'éblouissement et de haine. Préférant l'arène sportive au tribunal de famille, Dalpé cherche à évoquer la quadrature des tensions vives qui animent les personnages. Du même souffle, comme pour les cartes postales fictives qui ponctuent les pages du recueil de poèmes *Et d'ailleurs*, le monde extérieur ne cesse d'interpeller cette quadrature infernale. Dans *Le chien*, Céline se rappelle avec tendresse les cartes que Jay avait envoyées à sa mère et qu'elle lisait en cachette pour se faire rêver. Là-bas, au sommet du gratte-ciel, surnuméraire en quelque sorte (mais combien présent!), Jay levait les bras en signe de victoire : «Je m'en rappelle de celle de New York City avec l'*Empire State Building*. Tu avais dessiné dessus un petit bonhomme tout en haut et tu avais écris "moi" à côté[6].» Ce moi, tourmenté et pourtant souverain, Dalpé aime en souligner la puissante nostalgie. Jamais d'ailleurs il ne sera plus clairement à la source de son écriture dans que dans le roman *Un vent se lève qui éparpille*, un travail plus tardif, magnifique par son foisonnement symbolique et la puissance de son oralité.

L'œuvre de Dalpé est au cœur de la littérature franco-ontarienne contemporaine, et pourtant elle ne se limite pas à son territoire d'origine et de prédilection. Cette œuvre a beau marteler jusqu'à l'obsession sa spécificité, elle traverse néanmoins les frontières culturelles et linguistiques. L'impuissance et l'oppression qui marquent chacun des personnages se reflètent aussi dans les rapports que la modernité occidentale entretient avec le travail, la survie et l'exploitation des pauvres et des marginaux. Dès ses premiers écrits, Dalpé fait appel à la colère des exploités et des démunis. Les mineurs sudburois sont certainement du nombre, et leur combat culturel tend à se réduire aux yeux de Dalpé à l'oppression harassante de leur milieu de travail. Comment mettre en scène le «trou» où ils s'enfouissent tous les jours? Le théâtre peut-il, autant que la poésie, exprimer cette ascension vers l'air libre à la fin du quart de travail, cette verticalité de leurs revendications?

---

[6] Jean Marc Dalpé, *Le chien*, 2ᵉ édition, Sudbury, Prise de parole, 1990, p. 29.

Plus tard, dans *Un vent se lève qui éparpille,* Dalpé voudra encore explorer la nature de cette voix multiple qui raconte. De quels déplacements s'inspire-t-elle, cette voix, si tant est qu'elle émerge des lieux traversés, quadrillés par l'inquiétude, squattés pendant quelques heures par des figures de pure imagination? Les textes rassemblés ici sur l'ensemble du corpus actuel de Dalpé sont autant de réponses aux questions soulevées par l'écriture elle-même, cette grande forge mythique qui, comme dans le *Lavalléville* d'André Paiement, engendre les voix, les gestes et les fureurs. Les lectures sont riches et diverses, couvrant l'œuvre entière de Jean Marc Dalpé, de la poésie au théâtre en passant par le roman et l'essai. Cette écriture avait été souvent commentée, mais elle cachait tout de même des ressources insoupçonnées. Elle résistait merveilleusement à la lecture, comme il se doit. Cette résistance est devenue la matière du présent recueil d'essais et du colloque qui l'a précédé.

BALISER LE TERRAIN

En comparant la publication des actes du colloque à l'érection d'un mausolée, Dominique Lafon prend un plaisir espiègle à souligner, dans son intervention, la tension inhérente au projet qui est le nôtre. D'abord, l'analogie au monument funéraire fait sourire par son ironie : Dalpé, l'homme, est dans la force de l'âge et il serait légitime de s'attendre à ce que sa production continue à croître pendant longtemps encore. Or, la réflexion porte quand même, car elle désigne du doigt une question fondamentale : comment consigner à l'écrit la richesse et l'influence de la production artistique d'un auteur sans figer le tout — auteur et textes confondus — dans l'immuable? Nous faisons face ici à un problème de temps. Dans le cas de Jean Marc Dalpé, ce problème se pose avec d'autant plus d'acuité que son œuvre est étonnamment hétéroclite et donc sujette à cette mouvance tectonique que Lafon appelle la dérive. Il est hasardeux, en effet, d'ériger un monument sur des plaques mobiles.

Le problème du temps est donc la première pierre d'achoppement. À cela s'en ajoute une autre : la consécration. Trois fois récipiendaire du prix du Gouverneur général du Canada, Dalpé accumule les lauriers à un rythme inouï. Cette reconnaissance institutionnelle n'est d'ailleurs pas sans provoquer un certain malaise chez l'auteur, cet « ouvrier d'un dire » qui n'a jamais cessé d'être un rebelle se méfiant des déploiements fastes et du parler de circonstance. Heureusement, ce livre n'est ni monument visant l'éternité, ni prix pour auréoler le génie, ni *festschrift* offert à un collègue en fin de carrière. Il est simplement le résultat d'une rencontre de 17 littéraires et praticiens (et praticiennes) de théâtre réunis autour d'une œuvre qui les interpelle à titre personnel et ce depuis un moment. Bien plus que la construction d'un monument, c'est le balisage d'un terrain qui nous intéresse ; il s'agit de poser des jalons, certes, mais aussi de scruter l'horizon, cette ligne de démarcation où communiquent le présent et l'avenir. Voilà le principe opérationnel de notre projet.

Dans beaucoup des textes réunis ici, ce balisage vise une confluence particulière : là où la langue, comme phénomène collectif, rejoint la sphère plus individualisée et plus intime du langage. Un premier groupe d'études, intitulé « Décalages et dérives d'un langage délinquant », regroupe des textes explorant justement certaines résonances culturelles et collectives qui habitent le langage de Dalpé. Dans cette partie axée surtout sur le poétique, diverses approches sont mises à contribution — traductologie (Leclerc, Ladouceur), intermédialité (Morency), études du genre (Lafon, Morency) et esthétique du descriptif (Dolbec) — mais, en deçà des différences importantes, toutes les approches sont attentives à la forme sensible des textes, c'est-à-dire au « matériau visible et sonore[7] » chargé de correspondances avec le réel. Tous les textes insistent sur cette matérialité de l'œuvre et sur les façons dont le langage est pétri et poli par la main de l'auteur. Aussi puisent-ils forcément, d'une manière ou d'une autre, dans le sens étymologique le plus ancien du mot *poétique*, c'est-à-dire l'acception de *poïèsis* en tant que *faire*.

---

[7] Nous empruntons cette formule à Pierre Bourdieu, *Les règles de l'art*, Paris, Seuil, 1992, p. 159.

Le *faire* de Dalpé passe par différentes périodes et adopte différents styles, dans une trajectoire qui va de la poésie au théâtre, ensuite du roman aux scénarios de télévision. Mais qu'entend-on justement par cette notion *de faire* dans le contexte de l'intrigue ou de la fable? Les leçons subtiles de Dalpé exigent que l'on aborde cette interrogation, car le *faire* des personnages est à l'avant-plan de chacun des tableaux et des «histoires». Ce sont des personnages portés à *agir*. Cependant, il est rare que leurs actions soient salutaires, infléchies comme elles le sont par une fatalité d'autant plus terrible qu'elle est intime. «Un tragique se lève», le deuxième chapitre du présent volume, lève le voile précisément sur les ressorts qui sous-tendent cette dimension de l'œuvre saisie dans son ensemble. Face à l'implacable destin des personnages qui pousse ces derniers à se suicider ou à s'entretuer, les interrogations se multiplient: Dans quelle mesure l'homme est-il réellement la source de ses actions? (Melançon) Comment sortir des structures de l'impasse qui provoquent la destruction des siens? (Burns) Est-il possible pour un fils de se soustraire aux pulsions dévastatrices d'Œdipe? (Cipcigan) et, enfin comment la violence s'articule-t-elle sur l'impuissance (Hotte)? Il y a chez Dalpé un tragique qui n'a ni nom ni mécanisme pour le figurer, un tragique sourd, brutal, invisible comme le vent et qui éparpille les êtres sans qu'il y eût transgression.

La figure d'Œdipe revient dans le troisième chapitre, intitulé «Les rapports de force», mais cette figure est délestée cette fois du poids métaphysique et prête à assumer un rôle explicitement herméneutique. Œdipe aveugle devient dès lors une clé pour la compréhension, un indice qui permet de voir juste — à l'inverse de sa propre cécité physique — et qui jette un éclairage surprenant sur les «points de vue aveugles» et sur le cumul des transgressions dans l'œuvre de Dalpé (Ouellet).

Cependant, si les personnages masculins sont systématiquement pris au piège au sein de la famille par l'ascendance et le désir masculins, qu'advient-il des filles et des femmes? Tant il est vrai que Dalpé met en question les rapports de force masculins, tant il est aussi vrai qu'il met en scène des figures féminines positives et discrètement rédemptrices, à la différence, par exemple, des *Belles-sœurs* de Michel Tremblay pour ne nommer que celles-là (Moss). Inutile de dire, donc, l'importance des rapports de force dans le domaine du théâtre et dans les textes dramatiques en général. La pragmatique, approche inspirée par les théories de la communication en général et par le fonctionnement de la conversation en particulier, offre une loupe puissante grâce à laquelle les mécanismes des rapports de force deviennent visibles (O'Neill-Karch). Ainsi, la montée de violence que l'on constate dans bien des textes dramatiques chez Dalpé expose au grand jour ses rouages et révèle avec netteté le fonctionnement foncièrement binaire qui commande les échanges verbaux.

Cachés également sous les apparences résident les ressorts de l'ironie. À bien des égards, un certain malaise identitaire franco-ontarien trouverait son expression la plus mordante chez Dalpé dans ces mécanismes particuliers de l'ironie (antiphrases, chocs de styles et dénouements inattendus) (Rodrigue). C'est ainsi qu'une étude d'ordre rhétorique, au ras des mots, éclaire les effets d'une altérité difficile. Cependant, cette problématique joue également sur un plan sociopolitique ancré dans le réel. Abordée par le biais de l'institution théâtrale, l'œuvre de Dalpé est marquée par son statut «interstitiel», «liminal» vis-à-vis du théâtre professionnel du Canada anglais qui serait insensible à la spécificité culturelle et dépassé par la pertinence des pièces franco-ontariennes (Filewod). Le problème de l'identité franco-ontarienne est posé, justement, sous l'angle du pouvoir et des conditions de travail.

Or, l'intervention publique de Dalpé se manifeste non seulement dans l'activisme de sa poésie et de sa dramaturgie, dans la fracture tragique de son roman ; Jean Marc Dalpé, l'homme, œuvre depuis longtemps comme défricheur d'un champ culturel nouveau. Le chapitre final, intitulé «L'homme et ses lieux», renferme des témoignages de collègues — deux écrivains et un praticien — qui reconnaissent tous l'influence indélébile de Dalpé sur leurs créations respectives. Tour à tour ou en même temps fondateur d'une compagnie théâtrale, comédien, metteur en scène, traducteur littéraire, auteur pour la télévision et scénariste de cinéma, il a inspiré par sa polyvalence plusieurs générations de professionnels œuvrant dans le même territoire. Cette influence se présente tantôt comme celle d'une filiation (où il y a rejet du modèle « paternel » suivi d'un rapprochement) (Leroux), tantôt comme celle d'une inspiration rhapsodique sur le mode du populaire (Dickson), tantôt comme celle d'un « superhéros culturel » sorti tout droit d'une bande dessinée imaginaire et dont la force mythique en dit long sur ses pouvoirs de salut (Perrier).

Ce recours à la dimension pédagogique de l'œuvre paraît parfaitement logique dans le contexte particulier où cette dernière a pris forme au tournant des années 80. Peut-être, au bout du compte, l'œuvre tout entière de Jean Marc Dalpé s'en prend-elle aux limites morales de toutes sortes, aux contraintes de l'utopie puritaine qui marque l'histoire des sociétés nord-américaines. Cherchant à fracturer les modes de censure imposés à la mémoire et mis en place par une vision restrictive de la littérature, l'écrivain fait littéralement sortir ses personnages des lieux telluriques où ils habitent. Les pieds alourdis par la boue, renversant par leurs cris et leurs injures les systèmes de la « cruauté » dont ils sont les victimes exemplaires, ils réaffirment leur droit de négocier le dire sur la place publique, là, devant tous, dans la conscience du scandale qui éclate, éclabousse, éparpille.

Assez souvent, ces actes ressemblent plutôt à des agitations sans suite, comme pour signaler un danger, une attente, une ferveur. Cependant, l'écrivain nous défie de prendre parti et de répondre. Les personnages « endocolonisés » qu'il met en scène, pour emprunter le mot à Anthony Kubiak[8], ces « colonisés d'en dessous », parlent par-dessus la mêlée et se font entendre malgré tout. L'espoir exprimé par la mère de Jay dans *Le chien* résume bien l'exigence morale qui transporte les personnages au-delà de leurs limites socioculturelles : « Y'en faut des rêves ! y'a plein d'histoires de gars qui sont partis de rien pis qui l'ont faite ! Ça prend des rêves pis des guts[9] ! » Mue par cette intimation à agir, l'écriture de

---

[8] Anthony Kubiak, *Agitated states : Performance in the American theater of cruelty*, Ann Arbor, University of Michigan Press, 2002, p. 32.
[9] Jean Marc Dalpé, *Le chien*, 2ᵉ édition, p. 8.

Jean Marc Dalpé fracture le silence, répète à qui veut l'entendre, jusqu'à la vociféation, la nécessité absolue de la voix, source de toute affirmation et de toute dignité.

BIBLIOGRAPHIE

BOURDIEU, Pierre, *Les règles de l'art*, Paris, Seuil, 1992.

CHEVALLIER, Jean-Frédéric, « Le geste théâtral contemporain : entre présentation et symbole », *L'annuaire théâtral*, n° 36, automne 2004, p. 27-43.

DALPÉ, Jean Marc, *Et d'ailleurs*, Sudbury, Prise de parole, 1979.

DALPÉ, Jean Marc, *Le chien*, 2ᵉ édition, Sudbury, Prise de parole, 1990.

DANAN, Joseph, « Je ne raconte pas d'histoire(s) », dans Chantal Hébert et Irène Perelli-Contos (dir.), *La narrativité contemporaine au Québec : 2. Le théâtre et ses nouvelles dynamiques narratives*, Québec, Presses de l'Université Laval, 2004, p. 251-264.

DORT, Bernard, *Théâtre en jeu. Essais de critique 1970-1978*, Paris, Seuil, 1979.

KUBIAK, Anthony, *Agitated states : Performance in the American theater of cruelty*, Ann Arbor, University of Michigan Press, 2002.

PRUNER, Michel, *La fabrique du théâtre*, Paris, Nathan, 2000.

DÉRIVES ET RUPTURES
D'UN LANGAGE DÉLINQUANT

D'UN GENRE À L'AUTRE.
La dérive des styles dans l'œuvre de Jean Marc Dalpé
Dominique Lafon
Université d'Ottawa

> *Ça commence... et à peine s'en aperçoit-on...*
> *Une petite bourse par-ci... une plus grosse bourse par là...*
> *Un poème cité dans un cours... et deux participations*
> *à des anthologies plus tard...*
> *[...] Bing! Un prix... Bing! Une médaille...*
> *Puis là, y'a une voix dans ma tête qui me dit [...]*
> *Danger! Danger! Jean Marc Dalpé! Danger! Danger!*
> *Tu ES maintenant l'institution!*
> Jean Marc Dalpé

Tel est l'incipit de la conférence inaugurale que prononça Jean Marc Dalpé le 3 juin 1998 à l'Université Laurentienne de Sudbury en ouverture d'un forum sur la situation des arts au Canada français intitulé « Toutes les photos finissent-elles par se ressembler ?[1] ». Pour conjurer la menace de la consécration

---

[1] Jean Marc Dalpé, « La nécessité de la fiction », dans Robert Dickson, Annette Ribordy et Micheline Tremblay (dir.), *Toutes les photos finissent-elles par se ressembler ?*, Actes du forum sur la situation des arts au Canada français, Sudbury, Prise de parole et Institut franco-ontarien, 1999, p. 16.

institutionnelle, le conférencier laissait la parole à l'artiste, qui empruntait aussitôt à l'un de ses personnages une jolie bordée de sacres que je ne résiste pas au plaisir de citer :

> Tu es maintenant l'institution !
> NON!!!!!!!!!!!!!!
> I say Fuck,
> I say Fuck
> I say Fuck that, man !
> I say Fuck,
> I say Fuck
> I say Fuck that, man !
> J'ai pas envie.
> Ça me fait peur. Je vous l'avoue ça me fait peur. Ça me donne des frissons dans le dos. Ouououou[2]!

Comme le reconnaissait Dalpé lui-même, « C'est le risque qu'on prend quand on invite un artiste à prendre la parole[3] » ; c'est un risque que Stéphanie Nutting et François Paré avaient tenu à minimiser en demandant à une universitaire bon teint d'ouvrir à son tour un colloque qui concrétisait, d'une certaine façon, les angoisses de son « sujet ». Mais on ne se méfie jamais assez de la contagion, de l'influence libertaire du *beat*, ou encore de la scansion vitale de la parole poétique même (ou surtout) quand elle viole les règles du discours de circonstance. Il ne faudrait pas pour autant que toutes les conférences finissent par se ressembler…

Cette entrée en matière est, bien sûr, un clin d'œil, l'assurance d'une complicité, que dis-je d'une solidarité contre les assauts de l'institution qui, depuis 1998, a ajouté pas moins de deux prix du Gouverneur général à cette entreprise de consécration qu'un colloque, telle une apothéose, viendrait en quelque sorte couronner, en érigeant à Jean Marc Dalpé une manière de mausolée que l'on appelle dans notre milieu les actes d'un colloque.

C'est pourquoi, après cette iconoclaste introduction qui n'avait pour but que de décrisper le décorum, je voudrais pasticher les

---

[2] *Ibid.*, p. 17.
[3] *Ibid.*, p. 18.

premiers vers du tombeau qu'érige Valéry à Mallarmé pour présenter un auteur tel qu'en lui-même son œuvre et non l'institution le change. Il ne sera donc point question ici d'éternité, dont on sait qu'elle est par définition immuable, mais d'évolution, de passages d'un genre à l'autre, passages qui caractérisent la production de Jean Marc Dalpé de ses débuts au mois de septembre 2004 alors qu'il présentait une nouvelle facette de son écriture, la série télévisuelle. Jean Marc Dalpé tel qu'en lui-même son œuvre le change ou peut-être le révèle dans ses diverses dérives. Le terme *dérives* est employé ici dans son sens tectonique, comme dans «plaques tectoniques». Tectonique est aussi le nom qui désigne la partie de la géologie traitant des mouvements de l'écorce terrestre, de ses déformations orogéniques. Pour rendre doublement hommage au poète Dalpé en jouant à mon tour sur les mots, je me propose de considérer son œuvre comme un continent fictif, élargissant ainsi la métaphore du pays qu'il appelait de ses vœux au terme de cette sacrée conférence : «un pays fiction qui ne sera jamais qu'une fiction, ne sera jamais qu'un cri rauque lâché aux quatre vents / Ne sera jamais qu'un chant[4].» Un monde, selon la formule figée qui accompagne d'ordinaire les synthèses consacrées à un auteur, telle *Le monde de Michel Tremblay* par exemple, dont je me propose de décrire «les dislocations, les plissements», les déformations *(oro)- génériques* révélées par la dérive d'un genre à l'autre et qui permettent de lire en filigrane la signature de son auteur. À la différence du *Monde de Tremblay,* le monde de Dalpé n'est pas une autre *Comédie humaine* construite sur la récurrence de personnages ou de familles de personnages. Il ne faudrait pas pour autant en conclure que cette écriture protéiforme n'a fait qu'épouser au fil de sa production les contours des trois genres canoniques : poésie, théâtre et roman, qui en constitueraient les trois continents successifs. Cette division est arbitraire parce que, très tôt dans l'œuvre, les genres se sont conjugués, se sont fait écho comme on peut le lire dans la reprise explicite du titre du premier

---

[4] *Ibid.*, p. 24.

recueil de poésie : *Les murs de nos villages*, pour la première création théâtrale collective. Le titre du colloque — *Jean Marc Dalpé : ouvrier d'un dire* —, en reprenant la « raison sociale » dont se réclamait en 1979 le jeune auteur (il avait alors 22 ans), n'invitait-il pas à un retour aux sources de l'œuvre et, plus particulièrement à ce poème des *Murs de nos villages*?

> Mes yeux sont pareils aux vôtres
> Mes mains aussi
> Je tiens quelques mots au bout d'un crayon
> comme d'autres tiennent un marteau dans leur main
> J'ai un filet pour la parole
> comme ceux de la côte en ont pour la morue
> Je sème et je cueille un peu de poésie
> comme tous ceux qui cultivent la terre
> Je n'ai pas de secret
> je ne suis ni magicien ni sorcier
> je ne suis qu'ouvrier d'un dire
> Mes yeux sont pareils aux vôtres
> Mes mains aussi (*M*, 1980, 19).

« Au commencement était la poésie », une poésie conçue comme un métier, un artisanat. Il faut dire que l'époque était au macramé, à la poterie et aux antiquités, que célèbre à sa façon le recueil, qui évoque les souvenirs du bon vieux temps, la petite vie des villages pour mieux en appeler d'une revendication identitaire :

> Il y a des barreaux aux fenêtres de chaque cœur d'homme.
> On les forge de fer et d'ignorance.
> On les pose de force en douce.
> La poésie est une scie (*M*, 1980, 20).

Au commencement donc était la poésie — le recueil est lancé le 12 avril[5] —, la poésie mais aussi le théâtre, et la pièce est présentée à l'automne. Pas n'importe quelle forme de théâtre, un théâtre d'acteur puisque, dans la première version, pour jouer les

---

[5] L'affiche du lancement peut être consultée sur le site du CRCCF de l'Université d'Ottawa à *www.uottawa.ca/academic/crccf/passeport/II/A1b/IIA1b04-3_b.html*.

90 rôles, il n'y a que 4 ouvriers du dire, soit 3 comédiens et 1 comédienne (Robert Bellefeuille, Roch Castonguay, Jean Marc Dalpé et Lise Roy). La pièce ne ressemble en rien au recueil dont elle occulte la dimension politique et historique pour lui préférer la dimension sociologique. Le recueil était tourné vers un passé magnifié ; la pièce est inscrite dans un quotidien très contemporain qui parle de déplacement, vers l'ouest, vers le Québec. Seul le tableau intitulé « L'enterrement », qui évoque la vie du grand-père, reprend presque mot pour mot quelques phrases d'un poème. Le rapport entre les deux genres relève de la qualité du dire, si l'on en croit Dalpé lui-même, qui, dans une entrevue récente, disait que « d'avoir écrit de la poésie [lui] a appris des choses sur l'efficacité de la langue sur scène[6] ».

On pourrait ajouter que la poésie, le lyrisme sont encore très prégnants dans les premières pièces écrites avec Brigitte Haentjens dans les années 80, disons avant *Le chien*, qui sont toutes à la frontière de la comédie musicale. Certains titres y font explicitement référence : *Hawkesbury blues* (1982), par exemple, qui s'ouvre et se ferme sur « La Toune d'Hawkesbury » et comporte plus d'une dizaine de chansons. La scène de rupture entre les deux protagonistes est un duo qui conjugue revendication sociale et désespérance affective :

LOUISE : L'amour, c'est ben beau quand t'as
le temps. C'est une belle fleur à cultiver.
PIERRE : Mais pour tout jardin dans le coin icitte,
y a rien que la poussière à bois.
LOUISE : Y a rien que la poussière à bois (*HB*, 55).

De même, *Nickel* (1984) s'ouvre et se ferme sur « La chanson des mineurs », les deux premiers actes se terminant par une chanson. Certes, une part du phénomène, là encore, s'explique par l'époque : la chanson est en France comme au Québec le symptôme le plus commun de ce qu'un critique a malicieusement appelé « la maladie infantile du théâtre militant », à savoir le

---

[6] Marie Labrecque, « Jean Marc Dalpé. Une plume protéiforme », *Le Devoir*, 20-21 mars 2004, p. F 1.

brechtisme[7]. D'autre part, la revendication nationaliste des
«Gens du pays» se fait en chansons, comme celle de *Gens d'ici*
(c'est le titre du recueil de 1981) s'inscrit sur fond de musique
populaire. Néanmoins, ce second recueil traduit une évolution
assez sensible du registre poétique. Une comparaison de deux
extraits permet d'en prendre, au sens musical du terme, la
mesure. Le premier extrait est assez caractéristique du rythme
linéaire et syntaxique des *Murs de nos villages*, un rythme qui
privilégie la chute, autrement dit le message :

> Les violons de nos villages
> nous hurlent des gigues assoiffées de Liberté
> et qui ne veulent dire qu'une chose :
> Icitte c'est chez nous (*M*, 1980, 42).

L'extrait de *Gens d'ici* marque l'apparition d'un autre mode
d'enchaînement des syntagmes poétiques pour ne pas dire des
vers, selon le rythme de la chanson à répondre et de la gigue qui
sert de référence implicite :

> Si nos maisons avaient une voix
> Si nos maisons pouvaient chanter
> [...]
> Elles répondraient à nos vieilles chansons à répondre
> pour nous rappeler le temps des fêtes
> [...]
> Elles demanderaient à tous ceux qui les ont bâties dans le temps
> avec leurs mains et leur sueur
> de venir les accompagner
> avec leur violon et leur archet
> avec leurs cuillères

---

[7] Dans l'entrevue qu'il accordait à Robert Dickson dans *Francophonies d'Amérique* et auquel ce dernier fait référence dans l'article qu'il signe dans ce volume, Dalpé reconnaît volontiers l'influence de Brecht, qui date de sa formation au Conservatoire : «Aussi les autres poèmes, je viens de me rappeler, il y avait de la politique au sens large — gauche-droite — parce qu'un autre auteur dont on travaillait les poèmes, c'était Berthold *[sic]* Brecht. Bon, on comprend toute, là! Ça fait que, c'est ça, une des sources est certainement là.» Voir Robert Dickson, «Portrait d'auteur Jean Marc Dalpé», *Francophonies d'Amérique*, n° 15, 2003, p. 99.

> leur musique à bouche
> leur accordéon
> leur bombarde
> leur guitare
> leurs mains pour taper
> leurs pieds pour stepper
> leur voix, leur cœur... (*G*, 43-44)

C'est ce même rythme de l'énumération et de l'anaphore que l'on retrouve par dérive dans le duo chanté de *Hawkesbury blues* :

> PIERRE : Comment ça se fait
> que j'trouve pas les mots,
> comment ça se fait
> qu'y a rien qui sort.
> [...]
> LOUISE : Des mains, des mains pour travailler,
> on m'en a donné,
> des yeux, des yeux pour les garder baisser [*sic*],
> des cris pour les emmurer,
> des jambes, des genoux pour s'agenouiller,
> des doigts pour supplier (*HB*, 54-55).

Rythme qu'on trouve aussi dans certaines répliques de *Nickel*, répliques parlées sur fond musical. Par exemple, dans la scène 5 de l'acte 3, qui est, là encore, un duo amoureux et dont la didascalie liminaire indique « Musique », l'émotion culmine au moment où Jean-Marie se tient au bord d'un ravin et évoque le départ sur fond de désespoir et de vertige suicidaire. Sa réplique est caractéristique de l'influence du rythme anaphorique de la chanson traditionnelle sur le dire théâtral :

> Oui. Si je sacrais tout ça là.
> Si je n'y retournais plus au trou,
> si je prenais le premier bateau,
> si j'allais dans le bois,
> si j'allais en ville,
> si j'allais dans le désert,
> si je touchais avec ma main une pyramide en Égypte,
> si j'allais en Chine, au Brésil,
> si j'étais sur la mer,

si je vivais avec le soleil,
si j'étais un oiseau, CRISSE (*N*, 40-41)!

Pour la première fois, le sacre vient couronner l'énumération : le rythme l'emporte sur le message. Le sacre structure le dire, en devient la scansion. Ce rythme musical, inspiré des chansons à répondre, du *beat* de la gigue, va prendre d'autres formes dans les pièces ultérieures; c'est le rythme des sacres dans *Le chien*, dans *Eddy* le martèlement des poings sur les sacs..., «*le son d'un speedbag qu'on cogne. // Le rythme comme celui d'un train*» (selon la didascalie initiale de la pièce, *E*, 15). C'est le rythme qu'évoque Michel Nadeau quand il décrit le travail de Dalpé à l'occasion de l'écriture de *Lucky lady :* «[...] c'est un écrivain auditif, en ce sens qu'il écrit à l'oreille. Il entend d'abord des rythmes, des répliques, une musique. Il a écrit *Lucky lady* en tapant du pied[8]!» Le plus bel exemple de ce phénomène de rythme intrinsèque se trouve dans la longue réplique de Claire (*LL*, 86-87) lorsqu'elle raconte avoir voulu être un garçon en mimant le geste de lancer une balle contre un mur (comme Steve McQueen dans *La grande évasion*) et surtout en imitant le bruit de cette balle sur un rythme ternaire : «Bang! toc, toc», bruit qui structure toute la réplique comme un accompagnement de batterie. Comme le dit Robert Claing dans sa postface à l'édition d'*Eddy* à propos de la langue de la pièce : «elle est d'abord une musique, un rythme et un son, l'expression de ce qu'est l'acte d'écriture : elle est poésie[9]». La poésie du dire ou du chant est devenue poésie de l'écrit.

Au cours des années 80, le poète, ouvrier d'un dire collectif, se prépare à devenir le batteur de la parole fictive de ses personnages de théâtre et signe ce qui sera son dernier ouvrage de poésie *Et d'ailleurs* (1984), qui repose sur une double tension :

---

[8] Michel Nadeau, «*Blazzing* [sic] *bee to win*», dans Jean Marc Dalpé, *Lucky lady*, Montréal et Sudbury, Boréal et Prise de parole, 1995, p. 181.

[9] Robert Claing, «*Eddy*, ou l'écriture en coup de poing», dans Jean Marc Dalpé, *Eddy*, Montréal et Sudbury, Boréal et Prise de parole, 1994, p. 191.

une tension géographique entre deux continents, évoquée par les impressions de deux voyages, l'un à New York, l'autre à Paris, et une tension affective entre la présence et l'absence de la femme aimée. Ce recueil de poésie est marqué par la prise de distance, le recul et, bien sûr, par une certaine défection à l'égard du dire univoque, de la prise de parole collective, de la raison sociale. Au nous solidaire se substitue le moi déraciné, étranger aux autres comme à lui-même. D'où le titre, qui peut se lire de deux façons : soit comme une référence à l'ailleurs, au voyage, « ailleurs // des chiens meurent partout / et des hommes comme des chiens / partout aussi // ailleurs » (*D*, 5), soit comme une restriction mentale, comme le « mais aussi » d'une revendication plus intime, plus vitale comme semble l'indiquer le poème d'ouverture, qui fait une explicite référence aux saisons du corps du poète lui-même :

> Et d'ailleurs
> poussent tous ces murmures printemps
> qui me bourgeonnent
> partout
> sur le corps
> viennent toutes ces cuisses chaudes de mots été
> qui me bandent et me brisent
> avec leur soleil
> sur mon ventre (*D*, 5)

Le dispositif de l'édition met en images des photos de l'auteur prises au cours d'un récital et de faux documents authentiques : le verso de cartes postales qu'il aurait envoyées à Brigitte au cours de son voyage à Paris. La fiction du montage est voulue, signalée dans les adresses, qui se lisent à leur tour comme de minipoèmes, curieusement comme celles rédigées par Mallarmé et qui figurent dans ses œuvres complètes[10].

---

[10] Un exemple de ces « Loisirs de la poste » : « Les Cupidons qu'elle essaima / Ailés, allez! mine confite / Chez Mademoiselle Abbéma / Rue et quarante-sept Laffitte. Missive en sourires confite, / Pars du doux coin vert qu'elle aima, / Quarante-sept, rue oui Laffitte / Chez Mademoiselle Abbéma » (Mallarmé, 90).

Au verso de la carte « Paris et ses merveilles », reproduite cinq fois, on peut lire ces adresses postales qui sont autant d'envois poétiques : « Brigitte / notre lit, nos mots / Sudbury / Ontario » (*D*, 40), « Brigitte / dans les roches / Sudbury / Ontario » (*D*, 43), « Brigitte / dessus les roches / du Nord / Ontario, Canada » (49), « Brigitte / sa peau / Sudbury, / Ontario » (53), « Brigitte / son ventre / sa respiration / Ontario, Canada » (65). Une sixième et dernière carte, envoyée de Sudbury, s'adresse à un compagnon de voyage imaginaire, fantasmé « au lit / au loup / chambre / Hôtel Stella / rue Monsieur / le Prince / Paris, 6ᵉ » (71). Ce recueil présente donc une dérive du sujet poétique : le sujet collectif devient un sujet individuel, autobiographique, saisi dans le présent de l'expérience comme dans le réalisme de la photo du poète en acteur et en personnage dans un dispositif pseudo-réaliste. Ce n'est plus seulement le rythme qui structure l'évocation, mais aussi la dispersion du sujet que déjà le vent éparpille, déroute :

Je marche Paris
partout
[...]
seul
[...]
avec cette voix au-dedans
qui s'amplifie
me vient et monte et me prend
m'aspire plus loin
dans le tourbillon
me descend
au cœur noué
[...]
un vent se lève

des miettes de phrases
des bouts de vieilles angoisses, de vieilles hontes
des fragments de souvenirs de gestes posés ou non
ou presque
[...]
le vent m'éparpille
sur la table

sous la table
sur le plancher du café
parmi les talons aiguilles
les mégots de Gauloises
[...]
un coup de vent m'envoie au boulevard
je culbute, je tornade, j'ouragane
au-dessus de la course effrénée des autos
[...]
plus tard
je me retrouve chambre 17

et si j'étais un loup
je me lècherais les plaies

au lieu
je me lave les pieds
dans le lavabo
et t'écris

heure de Paris :
3 h du mat.
je dors mal
[...]
et si j'étais un loup
je serais en chasse

au lieu
je marche
rue Saint-Denis à Notre-Dame
Notre-Dame à rue Saint-Denis (D, 54-58)

❖

mais surtout au cœur noué dans Paris
je bande, je prie, je marche

et puis
je m'étends sur le lit
de la chambre 17

avec le loup (D, 64)

Trois ans plus tard, *Le chien* va porter la marque de ce changement de registre poétique et confirmer cette affirmation du dramaturge : « J'aime beaucoup ce que je découvre en me confrontant à un nouveau genre. Chaque fois que je touche à d'autres formes, ça se répercute dans mon écriture dramatique, je pense[11]. » Il y a dans *Le chien* maints détails qui sont comme des restes, des fossiles du recueil : les cartes postales envoyées par Jay, la caractérisation entre chien et loup des personnages ; à la solitude parisienne du loup fait écho la violence cynique du père. Mais le lien le plus patent, le véritable point de friction entre le poétique et le dramatique se trouve dans l'éclatement de la structure spatiotemporelle, dans l'éparpillement, qui, loin de déconstruire l'histoire, est la marque d'une rupture dramaturgique et thématique. Alors que les pièces antérieures s'inscrivent dans le courant du théâtre épique, *Le chien* rompt avec la linéarité séquentielle des tableaux comme avec le réalisme sociohistorique. Au panorama se substitue le kaléidoscope des effets de réel. Alors que les personnages des premières pièces étaient en quelque sorte les silhouettes animées mais indifférenciées d'une typologie sociale, les figures du *Chien* n'accèdent au statut scénique que par leur parole et non par leur action ou leur réalité. La figure emblématique de ce procédé proprement poétique est, à l'évidence, le grand-père, qui n'est pas un fantôme comme les autres, pas comme les spectres de Jacques dans *Eddy*, qui demeurent, de façon plus conventionnelle, en contrepoint de l'action dramatique. Ce n'est pas un fantôme qui revient, mais un fantôme que l'on va voir, avec lequel on dialogue, un fantôme incarné, c'est-à-dire un oxymore, une instance poétique. L'écriture poétique, longtemps au service de l'histoire, vient de libérer l'écriture dramatique de son devoir de réalisme social.

En 1999, Jean Marc Dalpé publie *Il n'y a que l'amour*, recueil à première vue hétéroclite qui rassemble autour de la pièce *Trick or treat* des textes d'une dizaine de pages : deux courtes pièces, deux textes radiophoniques, une conférence, trois contes. Les

---

[11] Marie Labrecque, *op. cit.*

deux courtes pièces semblent n'être là que pour servir à la petite histoire de l'œuvre. *Blazing bee to win* est l'ébauche de *Lucky lady* et *La cinq*, texte de commande en quelque sorte écrit et présenté en 1995 dans le cadre d'une résidence d'auteur à l'Université d'Ottawa, est une satire qui révèle les coulisses de la production télévisuelle tout entière axée sur l'effet facile, le racolage de l'émotion. Il y a là manifestement la trace d'une expérience personnelle dont on peut penser qu'elle explique pourquoi Jean Marc Dalpé s'est fait prier, et plus d'une fois, avant d'accepter de collaborer à la série télévisée *Temps dur*, projet imaginé par la chroniqueuse France Paradis et un détenu, Michel Charbonneau[12].

Mais au-delà de l'anecdote biographique, l'intérêt de cette courte pièce réside dans sa facture. Selon un procédé qui ressemble un peu à celui utilisé par Michel Ouellette dans *Le testament du couturier*, le personnage du producteur, au cours de huit séquences forcément très brèves, s'entretient avec des interlocuteurs invisibles et inaudibles dont on ne saisit les propos qu'à travers ses propres répliques. Le plus souvent dans la même scène, on passe d'un échange téléphonique réaliste à un dialogue monologué, donc, comme l'oxymore le montre, à une convention scénique qui transforme la pièce en un « texte pour un seul acteur », ce qui est peut-être la définition du « conte théâtral », qu'il soit urbain quand il est inventé par Yvan Bienvenue à Montréal, où a été présentée « *Give the lady a break* » en 1995 ; *Contes d'appartenance* quand il est repris par Patrick Leroux à Ottawa, où fut présentée « *Red voit rouge* » en 1998 ; *Contes sudburois* pour le TNO, où André Perrier met en scène *Mercy* en 1999. Ce qui permet de relire la table des matières de ce recueil apparemment fourre-tout comme une suite de textes pour une voix et à deux exceptions près (« *Give the lady a break* » et « *Mercy* »), pour la voix de l'auteur lui-même, qui s'y présente comme acteur-lecteur-conférencier de textes qui « ont tous été

---

[12] Paul Cauchon, « Carte blanche sur la prison », *Le Devoir*, 4-5 septembre 2004, p. E-1.

écrits pour la scène. Pour être dits à haute voix. [...] pour être reçus par un public. En chair et en os. En quelque part. En vrai. Pour vrai. // C'est mon métier » (*I*, 7).

Cet incipit semble rappeler la vocation initiale de l'« ouvrier d'un dire », mais il balise plutôt la dérive générique qui sépare le recueil de poésie nationaliste où l'auteur se faisait le porte-parole d'une collectivité de ce recueil qui éparpille une suite de monologues pour un homme seul : son titre ne reprend aucun titre des textes réunis, pas même celui de la pièce de résistance sur le mode de *Trick or treat* et autres textes. La table des matières, ignorant l'ordre chronologique habituel dans ce genre d'ouvrage, se termine par deux textes marginaux de 1996 : « *Une conférence* » et « *L'âme est une fiction nécessaire* », le seul texte produit directement pour la radio, alors que « *Je lui dis* » avait été présenté « en chair et en os », pour reprendre les termes de Dalpé, au Salon du livre de Montréal avant d'être diffusé par Radio-Canada. Certes, c'est souvent ce qui arrive quand on demande à un écrivain de vider ses fonds de tiroirs. Mais, en l'occurrence, c'est le désordre qui organise un parcours de lecture, signale les dérives intertextuelles au terme desquelles se dessine le dispositif symbolique d'une quête personnelle. On s'étonnera qu'il revienne au conférencier plutôt qu'au poète de nous en livrer la clé. Mais ce conférencier, que l'on avait invité à parler de « Culture et identité canadienne », avoue dans une sorte de mise en scène de l'autoreprésentation que, l'adjectif *canadienne* lui ayant échappé, la première partie de sa conférence portera sur l'angoisse de devoir parler de son propre rapport à la culture et l'identité. L'acte manqué révèle la nécessité, l'urgence de répondre à cette question fondamentale : « Qui suis-je ? » D'où un exposé complètement « déplacé », hors sujet, où le conférencier devient, là encore ou là déjà, le sujet, s'expose ou tente de s'exhiber en manipulant des diapositives qu'il ne peut projeter, soi-disant parce qu'« Air Canada a perdu [s]on sac avec [s]on projecteur » (*I*, « Culture et identité canadienne », 238). Que nous apprend le conférencier qui scande son discours de diverses incises en anglais ? Qu'il est un enfant adopté, ce qui lui permet de réaliser le fantasme bien connu par lequel les enfants s'inventent des parents en partie pour se libérer des frustrations familiales, en partie pour étayer leurs rêves de gloire : « j'peux changer comme j'veux. J'entends un tango, j'suis argentin. J'lis James Joyce, j'suis irlandais » (*I*, « Culture… », 238). Fregoli de l'identité, le conférencier n'en salue pas moins ses parents adoptifs, Blanche et Aurèle Dalpé, précisant que le prénom de sa mère se prononce à l'anglaise car elle vient de Stanley, « Nova Scotia. // Hi Mom. Allô Papa » (*I*, « Culture… », 238-239).

Suit alors une très intéressante variation sur la nécessité d'un choix qui l'a conduit à poursuivre sa carrière en français, non sans créer « un certain déséquilibre intérieur. Et puis, de toute façon, évidemment, quand je dis que j'ai choisi la langue de mon père, c'est vrai, mais t'sais… Hey! she's my Mom! And if you think she's going to let me pretend she's not there, you don't know my mother! » (*I*, « Culture… », 242). Cette conférence est pour Dalpé l'occasion de mettre à jour sa fiche d'état civil, de se définir non plus comme l'ouvrier d'un dire, mais comme un « bâtard », un « être hybride […] [qui] a… […] …une […] vision-fiction du monde. […] où la notion d'identité n'est pas liée à une notion de frontières et de lignes de démarcation, mais à celles de passage et de voyage » (*I*, « Culture… », 244-245). Indépendamment de la prise de position politique ou idéologique qui refuse l'État-nation et l'identitaire, sujet qui ne relève pas exactement de mon propos, cette conférence met en place le statut de l'auteur/acteur de sa scène familiale comme elle légitime la bâtardise du discours qui voyage de la langue maternelle (celle du sacre, du cœur) à la langue paternelle.

C'est ce constat qui est corroboré par l'ordonnance d'un recueil dont le texte liminaire « *Give the lady a break* » raconte comment Hélène Beaupré, sous l'effet de la colère et d'une chanson des années 60 diffusée par un poste anglophone, Oldies 990, redevient… Ellen McMurtry (ou Meurtrie) from Hamilton, Ontario, cette femme que depuis 30 ans elle refoule. « Des fois ça prend pas grand-chose pour qu'une anglophone craque » et oublie qu'elle a « tout' fait » pour devenir québécoise :

Des cours d'immersion, des cours de diction, des cours d'histoire du Québec.

Elle a marché pour le McGill français, elle a marché contre le Bill 63.

Elle a été à toutes les fêtes de la Saint-Jean […] elle a une copie du manifeste du FLQ, […] de tous les disques de Félix, et cinq! cinq copies de *L'homme rapaillé* de Gaston Miron.

Elle a lu les œuvres complètes de Claude Gauvreau, Jacques Ferron, Anne Hébert, Michel Tremblay, et croyez-le ou non, même! même celles de Victor-Lévy Beaulieu (*I*, «*Give the lady a break*», 13)!

Elle va donc «fracasser» à coups de batte de baseball les vitres et les phares de la voiture du goujat qui lui a volé sa place de stationnement et se diriger tranquillement vers Saint-Lambert faire la même «job» à la voiture neuve de son mari qui vient de la quitter pour une jeune «pitoune»…

Cette petite libération symbolique est une sorte d'*ex voto* maternel, comme le dernier texte du recueil, «*L'âme est une fiction nécessaire*[13]», est une sorte de thrène[14] à l'occasion de la mort du père. Ce texte est dédié à Marielle, la fille de l'auteur, dédicace qui signale la fonction du texte-clausule : ouvert sur l'avenir, il brise le silence des pères («Tu me quittes / sans m'avoir montré / dit / sans m'avoir expliqué / me quittes sans / pour vrai me parler pour vrai […] est-ce que c'est vrai / que ton père ne t'a jamais adressé / la parole?» [*I*, «*L'âme est une fiction nécessaire*», 259]) par la parole paternelle de l'auteur. Les deux textes qui encadrent *Il n'y a que l'amour*, titre qui prend alors tout son sens, renvoient donc implicitement à la scène familiale et explicitement à la relation au père, que, après *Le chien*, va

---

[13] Titre que l'on pourrait aisément voir comme dans un miroir inversé en *La fiction est nécessaire à l'âme*… Pour en finir avec le paratexte, il faut souligner que le titre de ce dernier texte trouvera un écho dans la conclusion de l'autre conférence, celle du forum de 1998, qui en appelait, je le rappelle, à «la nécessaire fiction d'un pays impossible» (24).

[14] Ce terme qui désignait chez les Grecs le chant funèbre rituel prend en compte cette remarque de l'auteur dans Robert Dickson : «[…] j'ai quand même écrit dans le recueil *Il n'y a que l'amour* le long poème — le long texte en forme poétique, car c'est une narration — […] au sujet de mon père, de la mort de mon père. […] C'était évident pour moi que ça prenait cette approche-là» (101).

mettre en scène *Trick or treat*. Telle qu'elle figure dans le recueil, la pièce, très différente des pièces antérieures, est composée comme une mosaïque : au centre, la pièce éponyme (78 pages), qui repose sur un dispositif lui-même éclaté dans le dispositif d'un afficheur sur lequel on pourra lire quelques bribes de la déposition du personnage principal et de cinq téléviseurs qui, avant le début et à la fin de la pièce, diffusent en boucle la même vidéo amateur d'un jeune garçon de huit ans déguisé en cow-boy un soir d'Halloween. Ce petit cowboy est une image récurrente du recueil : c'est un des clichés de l'enfance que brandit le conférencier, une des évocations des jeux qui unissaient le père et le fils dans « *L'âme est une fiction nécessaire* ». Autour de ce motif central, en amont, trois courtes pièces dont les deux premiers titres disent explicitement la référence à la famille : « *La Fête des mères* », « *La Fête des pères* », « *Les amis* », en aval, « *Requiem in pace* », curieux titre qui évoque à la fois le « *Requiescat in pace* », le « *Repose en paix* » des stèles funéraires et le *requiem*, prière de la liturgie catholique. Lapsus ou inadvertance, le titre rend compte du fait que la pièce se termine là où commençait le poème, par l'inhumation des cendres du père. Comme « *La Fête des mères* » reprend le cri de la vieille femme malade de l'hôpital Montfort que le poète entendait en arrière-fond de l'agonie paternelle dans « *L'âme est une fiction nécessaire* »... Le passage, le voyage du motif familial d'un genre à l'autre, soit du conte à la conférence-confidence, puis du poème à la pièce de théâtre, est une dérive d'autant plus intéressante que les pièces de *Trick or treat* sont cimentées par une suite de poèmes inspirée par l'Ancien Testament : « *Babel* », « *Caïn* », « *L'épreuve sur la montagne* », qui renvoie au sacrifice d'Abraham, et enfin « *Déluge* ».

Bien qu'il ait été présenté sur la scène du théâtre de La Licorne en 1999, ce baroque amalgame de registres et de genres défie les lois de la représentation dans la mesure où il mêle une fiction dramatique *hard* à une performance poétique « biblique ». Un fil conducteur relie néanmoins ces différentes pièces qui s'enchaînent comme une séquence chronologique balisée par les grandes fêtes du calendrier (fêtes des Mères, fête des Pères, fête du Canada, Halloween, Vendredi saint) et comme une séquence thématique sur le mode de la syncope, qui est, pour citer la définition du dictionnaire, le « procédé rythmique qui consiste à déplacer, en le prolongeant, un temps faible sur un temps fort ou sur la partie forte d'un temps ». Cette construction rythmique est très évidente dans la distribution des personnages : les trois premières pièces mettant en scène respectivement chacun des protagonistes de la quatrième (*Trick or treat*) alors que la cinquième sert de dénouement au destin de deux d'entre eux. Mais le fil conducteur, c'est la scène familiale, le rapport au père bien sûr, mais aussi à la mère, au frère, rapports qui organisent la majorité des prises de parole individuelles du recueil *Il n'y a que l'amour* : le conte comme la conférence, comme le texte radiophonique. Les personnages de *Trick or treat* reprennent ce *topos*, qui est explicitement posé dans les deux premières pièces, prolongé en filigrane de la troisième. En effet, si la situation de la pièce « *Les amis* » met en scène une double trahison, celle de Raymond qui a essayé de « doubler » son boss en vendant de la drogue à son propre compte et celle de Ben qui l'attire malgré lui dans un guet-apens, sa tension dramatique repose sur l'aveu de Raymond : c'est parce qu'il avait frappé sa petite fille de quatre ans qu'il a voulu en finir avec la gang, rembourser l'argent qu'il devait au sbire du boss, l'exécuteur des basses œuvres qui le tuera d'un coup de couteau dans le foie (comme on l'apprendra dans la pièce suivante). C'est au nom de l'amour paternel qu'il a tenté ce « *one time deal* », parce que « L'amour c'est l'plus important, Ben. L'amour. Il n'y a que l'amour » (I, « *Les amis* », 132). Symboliquement, c'est cette dernière phrase qui donne le titre à tout le volume. La dernière pièce, « *Requiem in pace* », au cours de laquelle Ben et Cracked s'entretiennent autour de la tombe du père de Ben à «*l'extérieur. Sur un terrain qui donne sur une rivière dans les Laurentides* » (I, 223), est à l'évidence une reprise du poème central, « *L'épreuve sur la montagne* », qui est une sorte d'arrêt sur l'image du sacrifice d'Abraham[15]. La

---

[15] Car, bien qu'il ne soit pas son fils, Cracked est présenté dans *Les amis* comme « le jeune » de Ben ; comme le dira Cracked dans *Trick or treat*, «*Fuck*, [Ben et moi] on s'connaît depuis que j'suis ça d'haut» (I, 178).

construction en syncope est ici particulièrement claire puisque, dans ce poème qui sert d'ouverture à *Trick or treat* après la présentation de tous ses protagonistes, on ne voit pas le vieil homme tuer l'enfant qu'il a conduit «jusqu'en haut d'une montagne»; le poème s'arrête au moment où le père lève le couteau. Cette situation est reprise une première fois, mais inversée quand le jeune Mike tente de tuer Ben à la fin de *Trick or treat*, puis à la fin de «*Requiem in pace*» quand Ben tue Cracked qui le tue à son tour. La fonction névralgique de ce poème est paradoxalement corroborée par le fait qu'il a été coupé dans la production télévisuelle de la pièce où Jean Marc Dalpé joue le rôle de Raymond. Faut-il rappeler que la mise à mort du père par le fils constitue non seulement le dénouement du *Chien*, mais aussi, d'une certaine façon, celui d'*Eddy*, où Vic «répète sur son oncle, comme Jay dans *Le chien*, le geste d'abattre le vieil homme[16]» et que le meurtre de l'oncle ouvre *Un vent se lève qui éparpille*? Cette récurrence du *topos* inversé du sacrifice d'Abraham, du *topos* de la légitime défense du fils tuant le père pour échapper à sa violence, s'expliquerait en partie par cette affirmation de l'auteur: «Je travaille souvent mes récits en cherchant l'histoire en dessous, liée à des structures d'histoires qu'on retrouve dans les grandes mythologies ou les contes populaires. Ça stimule mon écriture, m'aide à organiser le récit, à trouver la structure qui correspond à ce que je veux raconter. Une histoire qui fonctionne a une parenté avec l'une des grandes histoires qui ont déjà été racontées[17].» Mais cette situation obsédante trahit aussi le mythe personnel, même si, dans *Il n'y a que l'amour*, «*Je lui dis*», texte qui a été lu par l'auteur, réhabilite la parole paternelle paradoxalement dans son impuissance à élever, protéger le fils.

Ce dialogue entre le récit collectif et le dire personnel se lit très clairement dans les deux niveaux d'énonciation de «L'épreuve sur la montagne» alors que les autres performances

---

[16] Robert Claing, *op. cit.*, p. 193.
[17] Marie Labrecque, *op. cit.*

poétiques de *Trick or treat* se jouaient à la première personne. L'énonciation du conteur qui raconte l'histoire de l'autre (et qui est d'ailleurs le registre de deux des contes urbains, « *Mercy* » et « *Give the lady a break* », « *Red voit rouge* » étant une adresse à un interlocuteur invisible) et l'énonciation de l'acteur/auteur. Ces deux niveaux relèvent de deux registres, deux niveaux de langue différents :

> Le vieil homme et le garçon ont quitté le camp avant l'aube.
> Un bonhomme m'a donné du p'tit bois
> d'la corde
> pis y m'a dit d'le suivre
> À midi, ils ont trouvé la piste
> qui montait à pic
> vers le sommet
> Pis c'est ça que j'ai fait'
> Dans une main
> celle de son père
> dans l'autre
> le bois, la corde
> J'ai suivi l'bonhomme
> jusqu'en haut d'une montagne

Cette diglossie se résoudra dans la terreur finale :

> Dans une main
> celle de l'enfant
> dans l'autre
> le couteau, le feu
> Ensuite le bonhomme a pris sa corde
> pis y m'a attaché avec
> Y m'a attaché
> Y'a allumé le feu
> Y'a sorti son couteau
> Un Ostie d'gros couteau
> Un Ostie d'gros couteau d'boucherie
> J'l'ai vu l'monter dains airs
> J'l'ai vu l'monter
> en l'tenant à deux mains
> le monter le plus haut qu'y pouvait (I, « *L'épreuve sur la montagne* », 139-140)

Ce dialogisme se retrouve aussi dans le dernier poème, « *Le déluge* », qui mêle des références intrafictionnelles et des références autobiographiques :

> tout avait disparu
>
> la shop à mon père avait disparu [référence à Ben ou au père du narrateur de « L'âme est une fiction nécessaire » qui parle des magasins du père]
>
> [...]
>
> mon piano avait disparu
> ma machine à espresso Gaggia avait disparu
> mes disques de Led Zeppelin avaient disparu [références autobiographiques]
> le café à Jaypee avait disparu [référence à la pièce « Les amis » qui s'y déroule]
> mon Powerbook avait disparu
> ma mère avait disparu
> ma fille pis ma femme avaient disparu [...] (*I*, « *Le déluge* », 221-222)

En une dernière dérive, cette modalité scripturale d'un dialogisme poétique est au cœur du roman *Un vent se lève qui éparpille*, rythmé par l'alternance de l'énoncé d'un narrateur omniscient et le *stream of consciousness* ou monologue intérieur des personnages. On pourrait multiplier les exemples de ce procédé stylistique, qui donne au texte son unique ponctuation puisqu'il ne comporte presque aucune marque de ponctuation graphique forte. Ainsi, cet extrait qui « décrit », mais le terme est impropre, qui suit la marche de la tante Rose dans la forêt juste avant son suicide :

> elle [Marie] partira à la recherche de Tante Rose, qui, dans son monde dorénavant flou — après avoir marché de la maison au grand chemin, et jusqu'au passage à niveau où elle avait ensuite pris à gauche et suivi la voie ferrée jusqu'à la cabane abandonnée de la CN et le petit pont de la crique à Bissonnette qu'elle avait traversé pour rejoindre un sentier entre deux champs — est déjà tout près de la rivière Waba, monte avec précaution, lentement (de peur de glisser), sur un gros rocher recouvert de la nouvelle neige qui tombe, continue de tomber Sûrement pas la dernière de l'hiver Trop tôt encore malgré les journées de fonte qu'on a eues On est pas près de voir la fin, certain

> Non Vous pouvez pas Vous pouvez juste pas, Seigneur
> se le répétant ni choquée, ni avec hargne, [...] comme si elle parlait d'une évidence
> Elle ne peut pas c'est tout (*V*, 79)

En fait, le roman repose sur une véritable polyphonie qui conjugue le style indirect de la narration et le style direct du monologue comme des dialogues, certains à l'intérieur des descriptions (ce qui est un procédé romanesque classique), d'autres en marge du récit, en italiques, commentaires d'interlocuteurs non identifiés non seulement sur l'histoire, mais sur le genre :

> *Y'a des lois. Des lois qui même si elle [sic] étaient écrites nulle part, seraient des lois pareil.*
> *— Comme...?*
> *— Comme pas s'envoyer en l'air avec son sang. Tu t'envoies en l'air avec ton sang, tu finis toujours par te faire punir.*
> *— Toujours?*
> *— Comme dans les histoires, t'sais, les vieilles histoires là... T'en rappelles?*
> *— Quelles histoires?*
> *— Les vieilles histoires des Grecs. [...]* (*V*, 164).

L'ouvrier d'un dire est devenu l'orchestrateur des voix d'une fiction qui rassemble les thèmes de la production antérieure : le déguisement de cowboy du petit garçon (deux occurrences dans *Il n'y a que l'amour*), la chasse à l'orignal, le fétichisme du panache (*Les murs de nos villages*, « Abel et Caïn » dans *Trick or treat*), la folie de la mère (*Trick or treat*), le viol de l'enfant adopté (*Le chien*), la force de l'amour contre le temps (*Mercy*), mais aussi l'arrogance des patrons, la lutte des classes des premières pièces incarnée par le couple Odette Ladouceur / Richard Ayotte, le petit-fils de Marcellin Pitt, le roi du *presswood*. C'est donc moins l'imaginaire que le style qui s'est non pas modifié en fonction du genre, mais qui a mis le genre au service d'une dérive stylistique. L'ouvrier d'un dire est devenu l'artisan d'un style qui fusionne les registres des œuvres précédentes (poésie, théâtre, mais aussi conte et performance). Il est vrai que, selon lui, l'écriture du roman l'a aidé « à comprendre les autres structures narratives[18] ». *Un vent se lève*

---

[18] *Ibid.*

qui éparpille présente effectivement une structure spatio-temporelle complexe qui montre par exemple en parallèle deux actions (Marie cherchant la tante Rose et le suicide de celle-ci) ou qui interpole des épisodes : les circonstances du meurtre qui ouvre le roman et dont on ignore alors la victime ne sont présentées qu'au troisième chapitre, soit 150 pages plus tard. Les faits sont racontés selon quatre points de vue différents : celui de Marcel Collin, de Marie, de la tante Rose, de l'oncle Joseph, auxquels viennent s'ajouter le jeune prêtre acadien des dernières séquences et les deux interlocuteurs des dialogues marginaux. Une comparaison de cette structure avec celle du *Chien* permet de mettre en évidence ce travail de « plissements stylistiques » d'un genre à l'autre. On peut décrire rapidement, trop rapidement, la structure temporelle du *Chien* comme une structure classique en ce qu'elle respecte l'unité de temps (toute l'action est contenue entre l'arrivée de Jay, un jeudi soir de juillet 1986, et le meurtre du père le vendredi soir autour de 10 h 30). Mais cette ordonnance temporelle est fragmentée par des analepses sous forme de récits (certains joués) selon un mode qui rappelle celui du *cut-up* en mêlant des extraits de scènes différentes. C'est une des forces de la pièce que d'avoir utilisé l'expérimentation des poètes de la *Beat Generation* pour faire écho à la caractérisation d'un personnage plus ou moins inspiré d'un de ses plus illustres représentants, Jack Kerouac.

Dans le roman, il ne s'agit plus de *cut-up* ni de syncope comme dans *Trick or treat*. La technique qui en organise la structure générale relève d'un découpage quasi cinématographique qui substitue à une chronologie linéaire (comme dans *Trick or treat*) ou condensée (comme dans *Le chien*) une suite de plans séquences qui focalisent sur un personnage à la fois, quand ce n'est pas sur une seule action. L'enchaînement de ces plans se fait par le truchement des *voix off* des commentaires marginaux, ou grâce à des fondus enchaînés. C'est par exemple le gros plan sur l'image de la rose tatouée de la première séquence qui permet le retour en arrière de la seconde, celle du voyage à Toronto. Cette modalité visuelle se fait sentir jusque dans le style des descriptions, comme, par exemple, celle de la chute dans la rivière que la tante Rose imagine sous la forme d'un extrait de film. La caméra intérieure du personnage filme sa mort avant qu'elle ne se réalise, ajoutant un autre niveau de fiction au récit, une fiction, elle aussi, nécessaire à l'âme :

> Sauf là j'vas l'faire Ou peut-être faudrait juste se fermer les yeux Ou se tourner le dos Oui de dos, se voyant alors qui avance, se retourne, se place, se met à attendre ; et soudain, transportée sur l'autre rive, elle est en train d'observer cette tache un peu plus sombre parmi toutes celles dans la nuit, puis elle revient brusquement (comme au cinéma, comme dans les films à suspense où le monteur crée la tension en raboutant de courtes séquences les unes après les autres qui nous montrent le même objet ou personne, mais en variant angles et distances), et maintenant c'est comme si elle était suspendue dans les airs, voyant (en gros plan) la surface de la pierre et les talons des souliers blancs précairement posés dessus, ensuite se succèdent (le rythme des points de vue s'accélérant toujours selon cette recette établie et mille fois vérifiée) les prises de vue de droite, de gauche, de face, en plongeon, entrecoupées de celles nous montrant la rivière, nécessaires à la progression dramatique parce que présageant le pire ; oui, cela s'accélère jusqu'à la frénésie (ce paroxysme étourdissant, calculé et efficace, qui marche à tout coup), jusqu'à ce qu'elle se retrouve de nouveau sur l'autre rive et observe la chute Oui, ou j'pourrais monter plus haut juste là où c'est plus lisse, pis m'laisser rouler (*V*, 88-89).

Ce passage est admirable dans la mesure où il fédère l'imaginaire et la voix du personnage, le style et le commentaire de l'écrivain sur son propre style dans une osmose parfaite qui défie les lois de l'*ekphrasis* et de la métalepse. En effet, l'auteur remet ici en question les limites de la description romanesque en animant par le lexique cinématographique des faits qu'il donne à travers le regard du personnage. L'affirmation de Genette selon laquelle « lorsqu'un narrateur cède la parole à l'un de ses personnages — et plus encore, lorsqu'il lui cède en "monologue intérieur", l'expression de sa pensée — il franchit [...] un seuil en principe infranchissable de la représentation[19] » trouve ici une application toute particulière puisque le narrateur/romancier joint son regard à celui du personnage, lui cède ses procédés stylistiques, ses images.

---

[19] Gérard Genette, *Métalepse, De la figure à la fiction*, Paris, Seuil, 2004, p. 126.

Tout se passe comme si, au fil de l'œuvre, la distance séparant l'auteur et ses personnages s'était réduite, comme s'il leur accordait un droit de regard sur son écriture qui prolonge ce métier de chantre, de porte-parole, d'ouvrier d'un dire qui était sa première manière. C'est cette constance qui lie la galerie de personnages des *Murs de nos villages* aux prisonniers du *Temps dur* dont la détresse l'a touché : « Ce qu'ils vivent, on n'en parle jamais. Spontanément, mon cœur a fait : je veux les connaître et raconter leurs histoires[20]. » C'est cette sympathie plus que le désir de passer à un autre genre qui explique qu'il ait accepté de scénariser cette série télévisée ; qui explique aussi qu'un détenu qui lui a servi de consultant ait pu lui dire, en guise de compliment : « J'ai l'impression que ç'a été écrit par quelqu'un qui a été en d'dans[21]. »

Car loin de sacrifier aux lois du genre ou des genres, l'œuvre de Dalpé se renouvelle à chacune des dérives de ses passages en empruntant à d'autres sources. Le rythme du chant à répondre, le rythme syncopé du jazz, le *cut-up*, la prise de vue participent de cette écriture plurielle qui ne saurait se résumer à la crudité du langage ou à la classe sociale de ses personnages, mais qui se joue des frontières littéraires comme des frontières sociales, ce qui est la marque d'une inspiration généreuse et libre.

---

[20] Marie Labrecque, *op. cit.*
[21] *Ibid.*

BIBLIOGRAPHIE

Cauchon, Paul, « Carte blanche sur la prison », *Le Devoir*, 4-5 septembre 2004, p. E-1.

Claing, Robert, «*Eddy*, ou l'écriture en coup de poing», postface, dans Jean Marc Dalpé, *Eddy*, Montréal et Sudbury, Boréal et Prise de parole, 1994.

Dalpé Jean Marc, *Et d'ailleurs*, Sudbury, Prise de parole, 1984.

Dalpé, Jean Marc, *Gens d'ici*, Sudbury, Prise de parole, 1981.

Dalpé, Jean Marc, *Il n'y a que l'amour*, Sudbury, Prise de parole, 1999.

Dalpé, Jean Marc, « La nécessité de la fiction », dans Robert Dickson, Annette Ribordy et Micheline Tremblay (dir.), *Toutes les photos finissent-elles par se ressembler?*, Actes du forum sur la situation des arts au Canada français, Sudbury, Prise de parole et Institut franco-ontarien, 1999, p. 16-33.

Dalpé, Jean Marc, *Les murs de nos villages*, Sudbury, Prise de parole, 1980.

Dalpé Jean Marc, *Un vent se lève qui éparpille*, Sudbury, Prise de parole, 1999.

Dalpé, Jean Marc et Brigitte Haentjens, *Hawkesbury blues*, Sudbury, Prise de parole, 1982.

Dalpé, Jean Marc et Brigitte Haentjens, *1932, la ville du nickel : une histoire d'amour sur fond de mines*, Sudbury, Prise de parole, 1984.

Dickson, Robert, « Portrait d'auteur Jean Marc Dalpé », *Francophonies d'Amérique*, n° 15, 2003, p. 95-107.

Genette, Gérard, *Métalepse, De la figure à la fiction*, Paris, Seuil, 2004.

Labrecque, Marie, « Jean Marc Dalpé. Une plume protéiforme », *Le Devoir*, 20-21 mars 2004, p. F-1.

Mallarmé, Stéphane, « Vers de circonstances », dans *Œuvres complètes*, Paris, Gallimard, coll. « La Pléiade »,1945.

Nadeau, Michel, « *Blazzing* [sic] *bee to win* », postface, dans Jean Marc Dalpé, *Lucky lady*, Montréal et Sudbury, Boréal et Prise de parole, 1995.

« [...] DIFFÉRENTES OU SINON [...] » :
le jeu des traductions défaillantes dans *Un vent se lève qui éparpille*

CATHERINE LECLERC
Université McGill

POÉTIQUE DE LA TRADUCTION

La réflexion qui suit est celle moins d'une spécialiste que d'une visiteuse troublée de l'œuvre de Dalpé. Et encore, cette première approximation n'est pas tout à fait exacte puisqu'elle fait silence sur la partialité de ma position. Les chemins qui m'ont menée à l'œuvre de Dalpé ne sont pas tout à fait des chemins de hasard. J'y suis entrée au détour d'interrogations sur le plurilinguisme littéraire et sur la traduction. En ce sens, ma lecture d'*Un vent se lève qui éparpille* est orientée par une perspective spécifique — une perspective que l'on pourrait décrire comme traductologique[1]. Plus précisément, cette lecture est orientée par une compréhension de la traductologie qui cherche à mettre à l'avant-plan aussi bien « la *visée éthique* du traduire[2] » que le déséquilibre

---

[1] Antoine Berman, « La traductologie : la réflexion de la traduction sur elle-même à partir de sa nature d'expérience », dans *La traduction et la lettre ou l'auberge du lointain*, Paris, Seuil, 1999 [1985], p. 17.

[2] Antoine Berman, *L'épreuve de l'étranger : Culture et traduction dans l'Allemagne romantique*, Paris, Gallimard, coll. « NRF », 1984, p. 16

traductionnel existant entre langues dominantes et langues dominées[3].

Une telle perspective implique certains partis pris que je préfère énoncer d'emblée. Premier parti pris : je crois les œuvres littéraires porteuses d'une prise de position (implicite ou explicite) à l'endroit de la traduction — ce que l'on pourrait appeler, avec Sherry Simon, une poétique de la traduction[4]. Second parti pris : je crois les œuvres chargées de stratégies textuelles qui mettent en acte cette poétique et la rendent perceptible[5]. Enfin, il me semble que ce rapport à la traduction, bien qu'il s'y manifeste de manière infiniment imprévisible et variée, s'exprime de façon particulièrement aiguë dans les littératures de l'exiguïté. Au dire de François Paré, à qui l'on doit l'heureuse désignation — littératures de l'exiguïté, parce qu'elles tendent à se situer « à la limite de l'intelligibilité » —, celles-ci évoluent « dans l'univers du traduisible, seule chance pour l'inintelligible d'accéder à la lumière[6] ».

---

[3] Sur les liens entre la traductologie et le rapport entre langues dominantes et dominées, voir Michael Cronin, « The cracked looking glass of servants : Translation and minority languages in a global age », *The translator : Studies in intercultural communication*, vol. 4, n° 2, 1998, p. 145-162 ; et « Altered States : Translation and minority languages », *TTR : traduction, terminologie, rédaction*, vol. 8, n° 1, 1995, p. 85-103.

[4] Sherry Simon parle de poétique de la traduction dans les cas spécifiques où des « effets de traduction » se manifestent dans les textes, par exemple quand une œuvre fait cohabiter les langues, quand elle prend la traduction pour thème, ou quand elle utilise le rapport à une langue étrangère pour nourrir la création. On pourrait cependant élargir son propos et avancer que l'absence de telles caractéristiques est aussi le résultat d'un rapport (cette fois implicite) à la traduction. Voir *Le trafic des langues : Traduction et culture dans la littérature québécoise*, Montréal, Boréal, 1994, p. 17-33.

[5] Cette distinction entre poétique et stratégies s'inspire de celle faite par Lise Gauvin entre les poétiques de la langue (le discours que le texte tient sur la langue) et les stratégies textuelles par lesquelles se manifeste un rapport à la langue. Voir entre autres Lise Gauvin, *Langagement : L'écrivain et la langue au Québec*, Montréal, Boréal, 2000, p. 13.

[6] François Paré, *Les littératures de l'exiguïté*, Ottawa, Le Nordir, coll. « Essai », 1994 [1992], p. 19.

Aussi ma lecture témoigne-t-elle d'un envoûtement envers les figures de la traduction — qu'elles soient littérales ou métaphoriques — dont le roman de Dalpé effectue le tracé. Un envoûtement, d'abord, quant à leur cohérence étourdissante. Un envoûtement, surtout, à l'endroit de leur défaillance lucide et obstinée.

L'INTRADUISIBLE À TRADUIRE

Parler de défaillance à propos de la traduction n'a certes rien d'inhabituel. La traduction n'est-elle pas reçue — et à ce sujet les clichés abondent — avec infiniment de suspicion? *Traduttore, traditore*, affirme le célèbre adage italien. Mais, justement parce qu'elle semble s'imposer d'elle-même, la défaillance de la traduction recèle une portée épistémologique non négligeable à une époque où le lien entre langage et signification perd de sa transparence, où il nous apparaît comme sinueux, fuyant, insaisissable. Maurice Blanchot, par exemple, ce grand penseur de la modernité, fait valoir à propos de la traduction :

> La traduction, si elle est bonne, apporte avec elle, sans recours à une incohérence factice, le sentiment d'un léger écart entre les mots et ce qu'ils visent, d'une possibilité, pour eux, de glisser hors de cette forme qu'on leur a donnée pour retourner à leur point de départ, qui est ici la langue originale mais qui symbolise aussi le fond original sur lequel sont prélevés les mots à naître d'un langage qui se sépare à peine du vide[7].

Suivant sur ce point la tradition benjaminienne[8], Blanchot suggère en outre que cet écart entre les mots et ce qu'ils visent fait de la traduction «l'acte littéraire par excellence[9]». C'est que

---

[7] Maurice Blanchot, «Traduit de...», dans *La part du feu*, Paris, Gallimard, coll. «NRF», 1949, p. 184.
[8] Walter Benjamin, «La tâche du traducteur» («*Die Aufgabe des Übersetzers*»), Maurice de Gandillac (trad.), dans *Œuvres I : Mythe et violence*, Paris, Denoël, coll. «Les Lettres nouvelles», 1971, p. 261-275. Et, dans une traduction plus récente de Laurent Lamy et d'Alexis Nouss, «L'abandon du traducteur», dans *TTR : traduction, terminologie, rédaction*, vol. 10, n° 2, 2ᵉ semestre, 1997, p. 13-69.
[9] Maurice Blanchot, *op. cit.*, p. 186.

la traduction présenterait l'avantage de faire «voir les vides qu'[elle] ne peu[t] remplir[10]». Autrement dit, s'il faut traduire — voire s'il faut écrire —, c'est précisément pour tenter de s'approcher de ce qui est intraduisible, ce noyau qui dans la traduction résiste à la traduction[11].

Considéré dans une telle perspective, l'intraduisible me semble constituer une clé de lecture particulièrement féconde d'*Un vent se lève qui éparpille*. N'a-t-on pas ici affaire à un récit qui se construit depuis deux des plus profonds tabous de l'histoire de l'humanité, soit le meurtre et l'inceste? Comment rendre compte du meurtre et de l'inceste? Comment en traduire l'expérience? Face à cette tâche, à cette impossibilité, la narration tâtonne, bute contre une inadéquation toujours recommencée. Ainsi en est-il de Marcel:

> L'index sur la détente de la vingt-deux, il anticipe déjà la détonation, le contrecoup au creux de l'épaule et l'odeur de roussi qui suit, qu'il connaît bien
> Sauf c'fois-citte c'pas un lièvre
> non
> ni lièvre ni canard, ni outarde ni perdrix
> ni même écureuil ou corbeau non plus […] (*V*, 11)

Marcel, en tirant sur Joseph, répète des gestes familiers, mais à une différence près qui s'avère inassimilable, au point que ni lui ni la narration ne parviennent à expliquer son geste. D'où les blancs du texte dans cette énumération de proies dont aucune pourtant ne convient, cette ellipse qui nous fait saisir l'équivalence, en même temps que l'intervalle, entre Marcel le chasseur et Marcel le tueur. D'où, aussi, face au silence obstiné de Marcel quant à ses motivations, l'intervention d'un dialogue de voix qui, tel le chœur des tragédies antiques, tentent à leur tour de

---

[10] *Ibid.*, p. 185.
[11] Walter Benjamin, dans «L'abandon du traducteur», parle de l'intraduisible comme de «cet intouchable vers lequel tend le travail du véritable traducteur» (20). De même, pour Nouss, qui reprend ici la pensée bermanienne, «ce que l'on traduit, ce qu'il faut traduire, c'est l'intraduisible, à savoir ce qui manifeste l'opacité, la résistance, l'altérité, l'étrangeté de la langue et du texte d'origine» (174).

suppléer le manque en entrecoupant le texte pour en proposer une interprétation :

— *[...] Mais y'a jamais voulu que son avocat dise un mot.*

— *Peut-être qu'on lui a pas expliqué... Ou qu'il a pas compris...*

— *Ben voyons, « pas compris » ! J'sais que c'est pas une lumière, [...] mais ça prend quand même pas ton diplôme d'avocat pour comprendre qu'avoir une raison pour tirer sur quelqu'un — même si cette raison-là est pas assez bonne pour t'en sauver complètement — c'est mieux que de pas avoir de raison pantoute (V, 61) !*

Marcel s'essaie bien à quelques approximations. Par exemple, au début du texte : «"C'est parce que j'étais en colère que je l'ai fait"» (V, 16). Ou, plus loin : «"C'est parce que je l'aimais tellement que je l'ai fait"» (V, 32). Pourtant, chaque fois, l'explication s'avère inapte à recouvrir entièrement le geste. Comme l'énonce la voix narrative : «Sauf que oui, une bonne partie de ce qu'il croit se souvenir est inventée [...]. Parce que si les souvenirs sont les traces de ce qui s'est passé, la mémoire n'est peut-être qu'une fiction qu'on recrée avec le peu qui nous reste, une fiction qu'on recrée au présent et pour le présent [...]» (V, 32). En outre, l'incertitude du geste semble rejaillir sur le personnage. De Marcel, la narration nous apprend que son geste «évoque tout à coup l'araignée qui de sa parfaite immobilité se meut soudain» (V, 9) — évocation fugitive abandonnée pour une description de ses précédentes aventures de chasse. Marcel ressemble non «plus à un jeune coq» (ainsi il aurait ressemblé à un coq), «mais à un chiot naissant» (V, 27). Plus loin, la voix narrative le compare à «une espèce d'oiseau rapace, vautour ou busard» (V, 36) ; plus loin encore, à «une pauvre piteuse barque perdue quelque part sur la mer dans la brume» (V, 45). Après s'être ravisé à maintes reprises, le texte revient sur l'image du chiot, pour l'associer cette fois non pas à Marcel mais à Méo, le fils «débile» (V, 176) de Marie : «Un chiot c'est ça qu'il est Même pas un chien Juste un chiot Encore qu'un chiot Un chiot qui sera toujours chiot Qui sait même pas qu'il est censé devenir autre chose» (V, 174). Conséquence de ces multiples comparaisons — et notamment de celle, indirecte, avec Méo —, l'aliénation de Marcel se révèle : aliénation, c'est-à-dire étrangeté à soi-même qui est aussi absence de correspondance et qui condamne toute symbolisation à achopper à son objet. En témoigne ce fragment textuel dont la structure est récurrente et où l'identité et l'altérité semblent se livrer bataille : « et puis c'est comme si le visage se scindait en deux suivant l'axe de l'arête du nez, les deux moitiés semblant appartenir à deux personnes différentes ou sinon, si à une seule, si à la même, alors à la même, mais à deux moments différents [...] » (*V*, 10).

Si l'on peut faire de Marcel une figure de l'intraduisible et de la traduction défaillante, ainsi en est-il également de Marie, témoin du meurtre et victime participante de l'acte d'inceste à son origine. De Marie, la narration ne peut expliquer ni sa participation à l'inceste ni son inaction devant le meurtre : « je sais pas si c'était la peur ou si c'était parce qu'elle le haïssait pour ce qu'il lui avait fait ou se haïssait elle-même parce qu'il ne l'avait jamais obligée à le faire Non j'sais pas » (*V*, 182). À l'ignorance de la voix narrative répond d'ailleurs celle de Marie elle-même : « J'sais pas Je sais pas pourquoi j'ai pas bougé pourquoi j'ai pas essayé de l'empêcher pourquoi j'ai attendu que ça soit fini avant d'ouvrir la porte » (*V*, 181). Les hypothèses ont beau se multiplier, jamais elles n'épuisent le mystère qui génère le récit en même temps qu'il en montre toutes les insuffisances.

L'achoppement du sens, sa rencontre avec l'intraduisible se poursuivent encore avec le personnage de Joseph. Se débattant avec son désir incestueux, Joseph parvient mal à en évoquer la source pourtant si lancinante : « Il se laisse glisser contre le pick-up jusqu'au sol avec toujours ce désir de la retrouver dans sa chair, qu'un instant dans sa chair, ne serait-ce que comme ça, ici, au bord de la 11, en l'imaginant dans sa tête par bribes même imparfaites, fracturées, mais incapable comme si encore elle le fuyait » (*V*, 156). Joseph n'arrive pas à expliquer l'emprise de ce désir, tout comme il se montre perplexe devant la suite d'événements engendrés par son actualisation :

> Puis il s'est mis à parler à sa femme, à Rose... s'est mis à essayer de lui expliquer, non pas ce qu'il ne pouvait s'expliquer à lui-même (pourquoi il l'avait frappée), ni ce qu'il comptait faire au juste (il ne le savait pas), mais

tout simplement comment ça lui fait drôle de penser qu'il y aura un lendemain qui n'a rien à voir avec hier, un demain sans la terre, sans la maison, sans elle, [...] (*V*, 161).

Car comment expliquer l'inexplicable du désir de Joseph pour Marie ? Comment en assimiler la force événementielle ? La narration hésite de nouveau, s'emmêle dans ses métaphores, bute contre l'inadéquation du langage : « et ensuite ce n'est plus du désir mais quelque chose de plus sauvage, violent, qui relève de la bête (taureau, coq, matou, chien) en rut, aveuglée par cet appel impérieux, irrépressible [...] » (*V*, 156). Tout se passe comme si nous découvrions ici, ainsi que l'affirme Blanchot à propos de la traduction, « que les mots les plus faciles et les choses les plus naturelles peuvent soudain nous devenir inconnus[12] ». Si Joseph parvient mal à nommer son désir, ce désir fait à son tour en sorte que Joseph lui-même devienne difficile à désigner. Face à cette tâche de désignation, la voix narrative, ici focalisée sur le personnage du jeune prêtre, reste un instant bouche bée : « [...] et lui : l'oncle, le mari, le... » (*V*, 178). En butte à ce silence, le récit s'accomplit néanmoins, tandis que l'accomplissement ne résout en rien l'impossibilité conceptuelle que l'inceste se trouve à soulever. Joseph, « sa main rude massant son sexe dressé », s'efforce « de trouver le filon, la veine, la brèche qui lui permettrait de Mais il n'y arrive pas, il reste pris avec le manque » (*V*, 156). Et si Joseph, semblable au récit qui se déroule malgré ses manques, atteint néanmoins l'orgasme, cet orgasme est alors décrit comme « impalpable, informe » (*V*, 156).

Faisant face à sa mort, Joseph s'avère incapable de la reconnaître tant elle lui est inassimilable :

et même après le premier coup de feu qui l'a fait pivoter sur lui-même et qui donc lui a permis non pas de voir l'autre qui était à contre-jour mais de le savoir là et de savoir également que c'était bel et bien un coup de carabine pas un coup de tonnerre (ou une porte qui claquait), et bel et bien une balle qui venait d'y entrer dans le corps pas juste une roche qu'on lui

---

[12] Maurice Blanchot, *op. cit.*, p. 174.

avait lancée dans le dos, oui même après ça il continuait Ouain parce que tant que j'peux encore me mettre au travail que j'ai encore mes deux bras comme s'il refusait de s'arrêter ou ne savait plus comment s'arrêter ou peut-être parce qu'il était tout simplement trop épuisé pour se rendre compte qu'il pouvait s'arrêter (*V*, 163)

Joseph n'est d'ailleurs pas seul à ne pouvoir se projeter là où l'emmène le récit. On a vu ailleurs que Marcel était frappé par une aliénation similaire. Quant à Rose, essayant une paire de chaussures appartenant à son jeune temps ou encore observant les photos de son passé, elle doit faire face à la distance existant entre l'image de sa jeunesse et ce qu'elle est devenue à la suite des événements. Rose est confrontée à l'impossibilité de rapprocher deux images si distantes, de trouver entre elles une continuité où elle pourrait se glisser, de faire en sorte qu'elles puissent se traduire l'une l'autre — « ce qui fait qu'elle ne sait plus » (*V*, 82). D'un côté, Rose parvient mal à se reconnaître dans la jeune femme qu'elle a été et dont témoignent les chaussures :

> et même si elle savait très bien que c'était elle qu'elle voyait dans sa tête, elle ne pouvait toutefois s'empêcher d'en douter ; non, elle ne pouvait pas tout à fait se débarrasser de cette impression que c'était une autre, une inconnue, une étrangère — voire une espèce d'ingénue sortie tout droit d'un roman ou d'une pièce de théâtre — qui les avait portés ces souliers, ce dimanche de printemps vingt ans plus tôt, parce qu'elle n'arrivait pas à croire qu'elles puissent être une seule et même personne, ne parvenait pas à s'expliquer l'écart entre celle assise à cette table de cuisine et celle-là (l'ingénue souriante de la pièce) (*V*, 70).

D'un autre côté, cette image d'elle plus jeune vient mettre en doute celle qu'elle est devenue :

> puis, brusquement elle s'était demandé ce qu'elle dirait, l'ingénue, en la voyant ce soir ainsi vieillie (mais pire que ça : obèse, bouffie, un tas de chair flasque, adipeuse, le visage gonflé, les bras et jambes boursouflés, la poitrine pesante, le ventre rond) et vêtue de cette robe en polyester de couleur terreuse, brunâtre, par-dessus laquelle elle avait enfilé un gilet de laine Pareil comme une p'tite vieille [...] sans doute penserait-elle qu'on se trompait parce que vingt ans plus tôt, il était inimaginable que... (*V*, 72)

Et comme Joseph incapable de se reconnaître dans la mort, Rose fait face à l'innommable de la sienne, dont la désignation oscille entre suicide et accident.

UN SAVOIR DE L'INEXACTITUDE

L'intraduisible, c'est donc aussi cette absence d'équivalence, de coïncidence de soi à soi, de soi à l'autre, de la chose à nommer à sa nomination, voire d'un terme à un autre dans l'exercice de nomination. Sur ce point, *Un vent se lève qui éparpille* fait écho à la traductologie contemporaine, qu'Alexis Nouss décrit comme « un savoir de l'inexactitude[13] ». Selon Nouss, la traductologie peut devenir savoir de l'inexactitude « dans la mesure où elle établira précisément comment ne pas rechercher la coïncidence, comment procéder avec justesse par approximation[14] ». En ce sens, face à l'intraduisible avec lequel il ne cesse de se débattre, le roman de Dalpé adopte une approche qu'on pourrait qualifier de traductionnelle. Il reconnaît son échec[15] tout en lui opposant moins le silence qu'un foisonnement d'images approximatives — le foisonnement d'un style qui ne cesse de se corriger, de se reprendre, de passer juste à côté. En témoignent, pour ne donner que ce seul exemple, les nombreux retournements dans le passage suivant :

> [...] elle, la «p'tite» qui, au cours de sa dix-septième année, était devenue une jeune femme, *ou plutôt non*, parce que ça ne s'était pas passé au cours de l'année mais, lui semblait-il, en une seule nuit, *peut-être* celle-là même du solstice [...]; elle donc, la nuit du solstice, passant de l'enfance à l'âge adulte, basculant au même moment que le printemps basculait, devenait l'été (les astres et les cycles des astres étant liés aux saisons de nos corps, à celles de toutes choses vivantes comme le croit — *même s'il ne sait pas qu'il le croit* — tout homme qui assiste jour après jour [...] au travail de

---

[13] Alexis Nouss, «Éloge de la trahison», *TTR : traduction, terminologie, rédaction*, vol. 14, n° 2, 2ᵉ semestre, 2001, p. 169.
[14] *Ibid.*, p. 169.
[15] Incidemment, dans le texte de Benjamin mentionné plus haut, la tâche (*aufgabe* en allemand) du traducteur peut aussi signifier la défaite, l'abandon du traducteur — d'où le titre choisi par Lamy et Nouss.

> la terre [...]), et dès le lendemain matin, elle s'était mise à bouger autrement, à parler autrement et partout où elle allait, la suivait *cette chose nouvelle,* [...] *(un parfum?),* distillée par sa présence qui d'abord le trouble sans trop qu'il sache pourquoi, ensuite l'envoûte puis enfin l'effraie *(mais cela n'avait peut-être rien à voir* avec elle, *car peut-être que* c'était lui plutôt qui avait basculé durant la nuit, qui projetait sur elle et dans son corps à elle, son propre bouleversement) [...] (V, 119-120 ; je souligne)

Dans ce passage comme dans bien d'autres, on a affaire à une narration qui s'annule elle-même et qui pourtant persiste, multipliant ses recours alors même que, comme Joseph, elle reste prise «avec le manque».

Revenons un instant à ce foisonnement, et notons qu'il se répercute également sur les ressources langagières que le texte mobilise. Pour raconter les aventures de Marcel, de Marie, de Joseph et de Rose, Dalpé fait appel à une palette discursive impressionnante qui va du vernaculaire franco-ontarien au dialogue philosophique en passant par la poésie, oscillant de l'un à l'autre sans jamais se fixer. Il emprunte aux «*vieilles histoires*» (V, 164) grecques et bibliques autant qu'aux icônes de la culture populaire, et qu'à l'oralité et au dénuement propres à la modernité franco-ontarienne. Entre ces divers emprunts et son récit, il crée des liens qui s'apparentent à un exercice de traduction, et notamment de traduction générique. On n'a qu'à penser à Rose décrite en «espèce d'ingénue sortie tout droit d'un roman ou d'une pièce de théâtre» (V, 70). Ou à la traduction tous azimuts et toujours inexacte à laquelle s'adonne, plus éloquemment encore, un passage comme celui-ci :

> et si toutes ces images qui défilent dans sa tête sont issues des films de série B qu'il regardait à la télévision les samedis après-midi, ou des photos couleur dans les revues du *National Geographic* qui traînaient dans la salle d'attente du Dr Larose où il se rendait toutes les semaines de ses huit ans pour soigner son asthme chronique, elles puisent néanmoins à cette source des contes de voyage d'où nous reviennent Jason, Ulysse et consorts, qui ont fasciné, de génération en génération, de jeunes garçons imberbes et naïfs au point qu'un jour [...] quelques-uns parmi eux [...] partent dans le vaste monde en quête de cette chose qui souvent leur semblera à jamais fuyante mais qu'ils espéreront toujours rencontrer en tournant le coin

d'une rue dans une ville étrangère ou en montant à bord du train, de l'avion, du cargo qui les en éloignera... (V, 25-26)

Cette multiplication des traductions a pour effet de mettre en mouvement, de déstabiliser chacune des tentatives d'équivalence opérée, voire d'en mettre en doute la validité. Pareille mise en doute — qui n'est cependant pas tout à fait un rejet — est d'ailleurs rendue explicite par le métadiscours trivialisant que nous offre la narration au sujet des tentatives d'assimilation de son intrigue aux grands récits de la culture : « *Qu'est-ce que les Grecs ont à voir avec tout ça ? Avec un jeune énervé qui finit par clencher un vieux pour avoir fait c'que le jeune énervé aurait voulu faire à sa place ?*[16] » (V, 164). On a ici affaire à un récit qui ose franchir la distance créée par ses analogies, mais qui, dans cette démarche, insiste avant tout sur ses failles :

et même quand nous nous croyons à l'abri

il y a toujours
une faille (V, 115)

On a affaire, pareillement, à un récit qui, s'il multiplie les équivalences avec et entre les éléments qu'il convie, s'en méfie tout autant. Dans *Un vent se lève qui éparpille*, l'équivalence est donc aussi précautionneuse qu'elle est abondante. Elle fait place aux révisions et à la nuance. Et, des similitudes qu'elle persiste à suggérer, elle fait jaillir la différence.

Incidemment, le texte justifie *a contrario* son insistance à déceler les failles que ses équivalences recèlent, puisque la plus parfaite des équivalences y donne lieu à la plus erronée des traductions. En reconnaissant en Joseph « le gars [qui] fait pour une autre [ce qu'elle voulait] qu'un autre fasse pour [elle] » (V, 148), Rachel, la jeune strip-teaseuse qui aide Joseph à retrouver Marie,

---

[16] Le « chœur » qui s'exprime ici emprunte à la fois à la structure des tragédies grecques et à un vernaculaire qui leur est on ne peut plus éloigné. C'est peut-être là une autre indication de la manière dont le récit de Dalpé déstabilise les équivalences (et multiplie les ressources mises en œuvre dans le but de traduire l'intraduisible).

commet bel et bien une faute de traduction. Croyant Joseph à la recherche de sa fille fugueuse, Rachel voit en lui le père qu'elle aurait souhaité voir la chercher, elle, lors de ses propres fugues, de sorte qu'elle énonce : « Si c'est ça, si c'est ta fille, cours-y après Cours-y après parce que c'est peut-être rien qu'ça qu'a veut » (*V*, 144). Non que cette défaillance de la traduction soit néfaste. Au contraire, elle permet à Rachel de voir que « la porte » qu'elle avait « oubliée était là » (*V*, 148), et de rentrer chez elle recommencer sa vie. Rachel évoque donc une autre figure de la traduction défaillante — celle qui, au dire du traductologue George Steiner, permet au langage de se faire « *constant creation of alternative worlds*[17] ». Se mettant à la tequila, Rachel entreprend de « faire semblant [qu'elle est] au sacrament de Mexique ! […] jusqu'à c'que c'bar de trou d'cul-là le SOIT le sacrament de Mexique !... » (*V*, 150). En outre, Rachel connaît bien le caractère potentiellement fictif de l'équivalence, elle dont le métier consiste à prendre pour ses clients « les poses lascives et lubriques du désir (ou du moins ce qu'eux croient ou aiment croire, ou aiment faire semblant de croire qu'elles en sont) » (*V*, 141).

LA TRADUCTION MÉTAPHORIQUE ET LA PRÉSENCE ENCOMBRANTE DES LANGUES

Cette insistance sur l'altérité au cœur de l'équivalence est exprimée explicitement dans de nombreux passages, où se dessine en quelque sorte une philosophie de l'écriture et de la traduction. Par exemple :

> et sans vraiment s'en rendre compte, on se met à ajouter des détails, à en altérer d'autres, et finalement on se met à changer de grands bouts, non pas pour tromper celui qui nous écoute mais tout simplement parce qu'un jour, le raconter devient plus important que de s'en souvenir (*V*, 57)

---

[17] George Steiner, *After Babel: Aspects of language and translation*, 2ᵉ édition, Oxford et New York, Oxford University Press, 1992 [1975], p. 246.

Selon cette description, où les termes se substituent les uns aux autres de manière à ce que le récit impossible avance néanmoins, la chaîne du langage a préséance sur l'exactitude. Sans doute peut-on parler d'une approche métaphorique de la langue puisque le même et l'autre s'y déjouent, la métaphore servant aussi bien de moteur à une quête de similitude qu'elle est introductrice d'altérité au cœur de cette similitude recherchée. Qu'on pense au visage de Marcel scindé en deux, « les deux moitiés semblant appartenir à deux personnes différentes ou sinon, si à une seule, si à la même, alors à la même [...] », mais pas tout à fait à la même, puisque « à deux moments différents » (V, 10). Prise dans ce sens élargi, la métaphore est une figure de style récurrente dans le roman de Dalpé. Pour notre propos, il est sans doute éclairant de rappeler que le mot grec *metaphorein*, à l'origine du terme *métaphore*, signifie également en grec *traduction*, de même que *transport* et *transposition*. Ainsi le retour aux origines du terme *métaphore* a-t-il quelque chose de rassurant : il permet de constater que la métaphorisation de la traduction à l'œuvre dans ma lecture du roman de Dalpé n'est pas tout à fait une trahison. Antoine Berman l'affirme : « Parler de traduction, [...] c'est être pris dans un enivrant tourbillon réflexif où le mot *traduction* lui-même ne cesse de se métaphoriser[18]. » Il s'agit d'une démarche qui, comme dans *Un vent se lève qui éparpille* et comme dans la traduction elle-même, introduit de l'altérité (un certain éparpillement, justement) au cœur d'une quête de rapprochement.

Néanmoins, une telle métaphorisation de la traduction ne va pas sans problème et il me faut ajouter qu'elle me rend un peu mal à l'aise. En effet, généraliser la traduction à toute activité de transfert de sens en évacue la composante linguistique, ce frottement des langues les unes aux autres dans ce qu'il a de plus matériel, de plus spécifique. Comme le remarque encore Berman, s'il est souhaitable d'analyser tout type de translation linguistique à partir de l'horizon de la traduction, il n'en demeure pas moins qu'une équivalence

---

[18] Antoine Berman, texte inédit, 1999, cité par Alexis Nouss (167).

trop étroite entre ces métaphores et la traduction oblitère le savoir propre de cette dernière sur la multiplicité des langues — savoir encombrant, incontournable, dont les généralisations sur la traduction ont tôt fait de dissoudre la spécificité[19].

Sur ce point, *Un vent se lève qui éparpille* apporte une contribution qui m'apparaît essentielle. Bien que le texte s'abreuve à un imaginaire de la traduction généralisable à toute activité sémantique, il met également à l'avant-plan la spécificité de la relation interlangue que, dans une définition plus restreinte, la traduction met en jeu. Car la traduction défaillante, chez Dalpé, est tout aussi littérale qu'elle est métaphorique. Elle donne à lire le foisonnement et l'opacité des langues, leur rencontre heurtée, de même que les rapports de force qui président à cette rencontre. Qu'on pense à l'arrivée de Marcel au Greyhound Bus Depot, la gare des autobus de Toronto, alors qu'il ne reconnaît pas la langue dans laquelle on s'adresse à lui ni ne sait quelle langue utiliser de son côté :

> enjambant tout d'un coup de ses grandes pattes d'échassier la chaîne qui sépare la file de gens alignés au comptoir des billets de la foule nombreuse et entassée dans la salle d'attente, bousculant ainsi une dame d'un certain âge vêtue de noir en voulant éviter de trébucher sur ses valises, et qui aussitôt se met à l'engueuler sèchement dans une langue dure (de l'ukrainien?) qu'il ne reconnaissait pas en tout cas et tandis qu'il bredouille «*Sorry*, s'cuse», il se dirige vers la sortie principale (mais de reculons, donc en se butant «*Watch it kid!*» à d'autres personnes) [...] (*V*, 21)

Dans ce passage, l'absence d'équivalence entre les langues prend un tour autrement plus concret et abrupt que dans toute autre situation de transmission du sens.

---

[19] Ainsi Antoine Berman écrit : «Il convient donc d'articuler une théorie restreinte et une théorie généralisée de la traduction, sans toutefois dissoudre (comme c'est le cas chez les romantiques allemands) la première dans la seconde» (*L'épreuve de l'étranger*, 292). Et : «Et il est vrai qu'il faut "tenir" à la traduction restreinte (interlangues) en tant que c'est là, rigoureusement parlant, qu'il y a de la traduction» (*La traduction et la lettre...*, 20).

Et c'est peut-être sur le plan strictement linguistique, dans ce que Berman appelle la traduction restreinte, que Dalpé nous met en garde de la manière la plus urgente contre les dangers des équivalences et des recoupements trop parfaits. Car, dans le contexte franco-ontarien où Dalpé plante son œuvre, la traduction sans défaillance et l'équivalence des langues sont autant de synonymes de l'assimilation. Michael Cronin le signale : «*If a group of individuals or a people agree to translate themselves into another language, that is if they accept translation unreservedly, then the need for translation soon disappears. For the* translated *there is no more* translation[20]. » Ainsi en est-il lorsque Marguerite, la tatoueuse, devient Maggie. «*Marguerite, that's my real name ya know...*» (*V*, 22), affirme-t-elle à Marcel depuis l'anglais. Seule la défaillance de la traduction permet à l'identité francophone et minoritaire de ce personnage de commencer, dans toute sa fragilité, à prendre consistance : « c'est frannessèse *ya know... french!* Imagine Frannessèse du *Newfoundland for God's sakes!... So I get it every which way with the jokes ya know!*» (*V*, 22). Et si les défaillances dans la voix de Maggie peuvent nous paraître troublantes, que dire de leur absence dans celle du jeune prêtre qui enterrera Rose :

> [...] avec ce ton de voix qu'il imagine être celui qui convient aux circonstances En signe de vie et de renouveau, « courageusement » ils se... — c'est-à-dire celui d'un lecteur de poèmes à la chaîne culturelle de la radio d'État en fin de soirée, celui à la voix posée, grave, chaleureuse, qui module débit et intonations comme on le lui a appris (en même temps qu'on lui apprenait sans doute à ne plus rouler ses *r* et à éliminer ses diphtongues : celles de sa famille, de son quartier, de son bout de pays) tout en lui inculquant l'idée que ce n'était qu'avec cet accent-là qu'on pouvait parler de choses belles et profondes [...] (*V*, 172-173) ?

La traduction réussie ne possède-t-elle pas, chez ce personnage qui s'efforce « d'effacer toutes traces de son Acadie natale » (*V*, 173), une dureté autrement plus radicale ?

---

[20] Michael Cronin, *Across the lines : Travel, language, translation*, Cork, Cork University Press, 2000, p. 95.

Autrement dit, *Un vent se lève qui éparpille* (sans qu'on nous dise exactement *ce* qu'il éparpille) éparpille sans doute ses métaphores parce qu'aucune d'entre elles, à elle seule, ne serait suffisante. Pour notre plus grand bénéfice, il éparpille aussi *les langues*, rendant possible la traduction[21]. Reprenant dès lors la métaphore traductionnelle, on peut affirmer à la suite de Benjamin que :

> Dans les langues prises isolément, donc incomplètes, en effet, ce qu'elles visent ne peut jamais être atteint à travers une relative autonomie, comme dans les mots ou les phrases pris isolément, mais bien plutôt au cours d'une constante mutation, jusqu'à ce que de l'harmonie de tous ces modes de viser il puisse émerger comme pur langage[22].

Sans doute le propos benjaminien, dans son insistance sur la multiplicité, le mouvement et l'incomplétude des langues, résume-t-il admirablement la poétique de la traduction propre à *Un vent se lève qui éparpille*. À tout le moins, et en guise de conclusion, il me semble offrir une manière possible de comprendre — sans bien sûr qu'il y ait parfaite équivalence — les beaux vers qui donnent son titre au roman :

en chemin

à chaque réveil
un vent se lève
qui éparpille

nous restons là
le souffle coupé

d'avoir été si près (*V*, 65)

---

[21] Comme la traduction interlangues, il s'inscrit alors « dans le contre-discours qui, au sein de la métaphysique occidentale, valorise le singulier contre le général » (Nouss, 170).
[22] Walter Benjamin, « L'abandon du traducteur », *op. cit.*, p. 19.

BIBLIOGRAPHIE

BENJAMIN, Walter, «L'abandon du traducteur», Laurent Lamy et Alexis Nouss (trad.), *TTR : traduction, terminologie, rédaction*, vol. 10, n° 2, 2ᵉ semestre, 1997, p. 13-69.

BENJAMIN, Walter, «La tâche du traducteur», Maurice de Gandillac (trad.), dans *Œuvres I : Mythe et violence*, Paris, Denoël, coll. «Les Lettres nouvelles», 1971, p. 261-275.

BERMAN, Antoine, *La traduction et la lettre ou l'auberge du lointain*, Paris, Seuil, 1999 [1985].

BERMAN, Antoine, *L'épreuve de l'étranger : Culture et traduction dans l'Allemagne romantique*, Paris, Gallimard, coll. «NRF», 1984.

BLANCHOT, Maurice, *La part du feu*, Paris, Gallimard, coll. «NRF», 1949.

CRONIN, Michael, *Across the lines : Travel, language, translation*, Cork, Cork University Press, 2000.

CRONIN, Michael, «Altered states : Translation and minority languages», *TTR : traduction, terminologie, rédaction*, vol. 8, n° 1, 1995, p. 85-103.

CRONIN, Michael, «The cracked looking glass of servants : Translation and minority languages in a global age», *The translator : Studies in intercultural communication*, vol. 4, n° 2, 1998, p. 145-162.

DALPÉ, Jean Marc, *Un vent se lève qui éparpille*, Sudbury, Prise de parole, 1999.

GAUVIN, Lise, *Langagement : L'écrivain et la langue au Québec*, Montréal, Boréal, 2000.

NOUSS, Alexis, «Éloge de la trahison», *TTR : traduction, terminologie, rédaction*, vol. 14, n° 2, 2ᵉ semestre, 2001, p. 167-179.

PARÉ, François, *Les littératures de l'exiguïté*, Ottawa, Le Nordir, coll. «Essai», 1994 [1992].

SIMON, Sherry, *Le trafic des langues : Traduction et culture dans la littérature québécoise*, Montréal, Boréal, 1994.

STEINER, George, *After Babel : Aspects of language and translation*, 2ᵉ édition, Oxford et New York, Oxford University Press, 1992 [1975].

ÉCRITURE ROMANESQUE OU ÉCRITURE DRAMATIQUE ?
Décalages de tons et ruptures génériques dans *Un vent se lève qui éparpille*
JEAN MORENCY
Université de Moncton

Dans une très belle page de *L'arc et la lyre*, Octavio Paz écrit que « [l]e poème fonde le peuple, parce que le poète remonte le courant et boit à la source originelle. Dans le poème, la société rejoint les fondements de son être, sa parole première[1]. » En soulignant le rôle central, fondateur que peut jouer la poésie au sein de la société, le grand poète mexicain suggère du même coup la préséance du genre poétique sur les autres genres littéraires, et notamment par rapport au roman, qui apparaît généralement à un stade plus tardif du développement social et qui semble parfois jaillir de la poésie même. Dans cette dynamique intergénérique, il est permis de se demander ce qu'il en est du théâtre, notamment des liens prenant place entre l'écriture de théâtre et l'écriture romanesque. Comment, à la manière de la poésie, le théâtre est-il en mesure d'ouvrir la voie ou de donner

---

[1] Octavio Paz, *L'arc et la lyre*, traduit par Roger Munier, Paris, Gallimard, 1965, p. 47.

une voix au roman, que ce soit au sein de l'émergence d'une littérature ou dans l'œuvre singulière d'un écrivain ? L'étude exploratoire que je propose ici d'*Un vent se lève qui éparpille* pourra peut-être nous renseigner sur cette question. Comme expression d'une poétique fondée sur le mélange des genres, ce roman m'apparaît en effet remarquable, non seulement par les questions qu'il pose, mais aussi par les stratégies littéraires qu'il met en œuvre dans son effort d'adapter le genre du roman au contexte particulier qui caractérise la réalité socioculturelle de la collectivité franco-ontarienne.

DU THÉÂTRE AU ROMAN : CODES, ESTHÉTIQUES, ORALITÉS

On sait que, dans le contexte des littératures émergentes, l'écriture de la poésie précède souvent celle du roman. Considérée comme étant plus proche de l'oralité et du même coup de la collectivité, quand elle ne se trouve pas investie du pouvoir sacralisé de la parole, la poésie constitue ainsi une pratique de prédilection au sein des petites littératures, une pratique qui semble vouloir précéder et justifier toutes les autres. Les grands poètes québécois des années 1940 et 1950 nous ont ainsi montré que l'âge de la parole poétique précède le temps du roman, comme le suggérait déjà le critique Gilles Marcotte en 1958 quand il écrivait que le roman canadien-français « approche de sa maturité dans la mesure où la société canadienne-française se structure et se diversifie, et il n'est pas impossible qu'il prenne bientôt la relève de la poésie, comme le genre littéraire le plus apte à exprimer nos vérités[2] ». Certes, dans un essai subséquent[3], Marcotte remettra en question cette assertion voulant que la poésie soit liée à l'expression de l'origine et le roman à celle d'un stade plus avancé de l'organisation sociale, mais l'idée de la souveraineté de la poésie restera tenace, non seulement chez certains écrivains, comme l'a montré Pierre Nepveu dans son étude magistrale du rôle de la poésie dans

---

[2] Gilles Marcotte, *Une littérature qui se fait*, Montréal, HMH, 1962, p. 50.
[3] Gilles Marcotte, *Le roman à l'imparfait*, Montréal, La Presse, 1976, p. 7-8.

l'œuvre romanesque de Victor-Lévy Beaulieu[4], mais aussi dans les petites collectivités nationales, comme l'Acadie et l'Ontario français.

Il appert en effet que dans ces collectivités l'usage des genres littéraires ait emprunté, depuis 25 ans, un chemin assez différent de celui dans lequel s'est engagée la littérature québécoise, où le roman constitue désormais le genre littéraire majeur. Dans un article consacré à la représentation du poète dans les romans de Francine Noël, Gilles Marcotte observe comment la figure du poète Adrien Oubedon « exprime le jugement porté par la littérature québécoise des années quatre-vingt sur la poésie des décennies précédentes[5] » ; selon Marcotte, l'auteure de *Maryse* « porte sur la poésie le jugement d'une époque, celle des années quatre-vingt, qui serait non seulement "postmoderne", comme on le dit très souvent, mais aussi postpoétique[6] ». La littérature acadienne, du moins celle qui s'est profilée en marge des romans et des pièces d'Antonine Maillet, nous propose pour sa part une illustration éloquente du phénomène inverse, avec la publication, dans les années 1970, de certains textes poétiques très puissants, comme *Cri de terre* de Raymond Guy LeBlanc, *Acadie rock* de Guy Arsenault et *Mourir à Scoudouc* d'Herménégilde Chiasson, textes qui sont devenus programmatiques pour leurs successeurs et qui ont contribué à rendre presque synonymes, dans le contexte acadien, l'écriture, la littérature et la poésie, ainsi qu'à reléguer au second plan le genre romanesque, du moins en tant que pratique d'écriture. Dans *Les littératures de l'exiguïté*, François Paré parle ainsi de la sacralisation du poète dans les cultures minoritaires, « surtout celles qui souffrent de minorisation linguistique », qui « se fondent le plus souvent sur la préséance idéologique de l'écriture

---

[4] Pierre Nepveu, « Abel, Steven et la souveraine poésie », dans *L'écologie du réel. Mort et naissance de la littérature québécoise contemporaine*, Montréal, Boréal, 1988, p. 127-139.
[5] Gilles Marcotte, « La poésie Oubedon », *Urgences*, n° 28, mai 1990, p. 75.
[6] *Ibid.*

poétique, en tant que manifestation, douloureuse ou exaltante, du destin collectif de la nation[7] ».

C'est d'ailleurs en conformité avec cette idée de la préséance de la poésie que certains romanciers illustrent comment s'opère le passage de la poésie au roman, comme le fait un Jacques Poulin dans *Le cœur de la baleine bleue*[8] ou encore une France Daigle dans son œuvre en général, qui semble nous raconter la naissance du roman en montrant comment ce dernier se dégage peu à peu de l'écriture poétique, très présente dans *Sans jamais parler du vent*, pour atteindre progressivement ses pleines dimensions dans les titres subséquents de l'auteure, notamment dans *La vraie vie*, puis dans *1953, chronique d'une naissance annoncée* et enfin dans *Pas pire*, romans dont les titres apparaissent d'ailleurs emblématiques d'une écriture romanesque qui se cherche et s'affirme du même coup. À mon avis, c'est ce qui se produit dans *Un vent se lève qui éparpille* de Jean Marc Dalpé, mais à un autre niveau en ceci que le roman y prend non seulement ses distances avec la poésie mais aussi avec le théâtre.

Si on considère de façon générale les liens entre le théâtre et le roman, on peut observer un phénomène concomitant nous donnant à voir comment le genre romanesque est parvenu à se dégager du genre dramatique, non pas seulement en s'érigeant contre lui, mais en incorporant certains de ses traits essentiels. C'est ce que montre bien, par exemple, Jacqueline Viswanathan-Debord dans son ouvrage *Spectacles de l'esprit. Du roman dramatique au roman-théâtre*, en étudiant l'influence du modèle dramatique chez des auteurs comme Diderot, Balzac, Henry James, Virginia Woolf, William Faulkner et Aragon, ainsi que chez Cervantes et Melville. Selon Viswanathan-Debord, la question du rapport entre genre dramatique et genre romanesque forme un champ de recherche si vaste « qu'il coïncide

---

[7] François Paré, *Les littératures de l'exiguïté*, Hearst, Le Nordir, 1992, p. 101.
[8] Jean Morency, « *Le cœur de la baleine bleue* de Jacques Poulin : de la poésie au roman », *Urgences*, n° 28, mai 1990, p. 30-40.

souvent avec l'histoire même du roman moderne⁹». Dans un récent essai, *La pensée romanesque du langage*, Philippe Dufour corrobore ce jugement, en opposant le «roman philologique» des XIXᵉ et XXᵉ siècles au «roman dramatique» des XVIIᵉ et XVIIIᵉ siècles et par conséquent en faisant référence au théâtre en tant que genre précurseur et constitutif du roman.

Si on passe du point de vue des genres littéraires à celui des pratiques d'écriture, on observe néanmoins qu'en règle générale ce sont les romanciers qui vont vers le théâtre et non l'inverse, comme le remarque Dominique Lafon dans une étude sur les romans de Michel Tremblay, en mentionnant les exemples canoniques de Balzac et de Zola[10]. Plus près de nous, on pourrait penser à des auteurs comme Victor-Lévy Beaulieu, Antonine Maillet ou France Daigle, qui, soucieux de couvrir le plus complètement possible le champ du littéraire, ont progressivement incorporé à leur œuvre un volet dramatique bientôt perçu comme étant essentiel. Mais le mouvement contraire est plus rare, comme si les auteurs de théâtre ne ressentaient pas la nécessité de déboucher sur le roman. On ne trouve ainsi que très peu de dramaturges qui soient passés au roman, mais ceux qui ont choisi de le faire y sont souvent parvenus de façon magistrale. Dans le contexte québécois, les deux exemples les plus frappants de dramaturges devenus des romanciers de premier plan sont bien entendu Michel Tremblay et Marie Laberge, mais on pourrait aussi penser à des auteurs comme Yves Thériault, dont la pièce de théâtre *Le marcheur*, créée en 1950, préfigure les grands romans *Aaron*, *Agaguk* et *Ashini*, ou comme Jacques Ferron, qui a écrit lui aussi pour le théâtre avant de se tourner, à partir de 1962, vers le conte et le roman[11].

---

[9] Jacqueline Viswanathan-Debord, *Spectacles de l'esprit. Du roman dramatique au roman-théâtre*, Québec, Presses de l'Université Laval, 2000, p. 17.

[10] Dominique Lafon, «Michel Tremblay, romancier», dans *Le roman contemporain au Québec (1960-1985)*, Archives des lettres canadiennes, tome VIII, Montréal, Fides, 1992, p. 447.

[11] Plus récemment encore, Wajdi Mouawad s'est laissé tenter par l'écriture romanesque dans *Visage retrouvé*, paru chez Leméac / Actes Sud en 2002.

C'est ainsi que quelque part en marge de l'écriture romanesque, et parfois même antérieurement à celle-ci, se profile l'écriture de théâtre, qui, beaucoup mieux que le roman, semble coller, en tant que genre littéraire, à l'expression de la réalité sociale, tout particulièrement dans les collectivités où s'est creusé un écart grandissant entre les codes socioculturels et les codes littéraires. André Belleau a très bien analysé ce conflit entre les codes socioculturels nord-américains et les codes littéraires français chez les romanciers québécois des années 1950[12]. Or, ce conflit des codes, qui perdure dans les collectivités minoritaires du Canada d'expression française, est beaucoup moins présent dans le théâtre, ce qui peut expliquer en partie la popularité relative du genre dramatique chez les écrivains issus de ces cultures minoritaires. En effet, l'écriture dramatique est en mesure de composer directement avec l'oralité, ce que l'écriture romanesque parvient plus difficilement à faire. À cet égard, il est intéressant de mentionner que deux des auteurs cités plus haut, Yves Thériault et Michel Tremblay, sont venus à la littérature au moyen du conte, le premier faisant publier ses *Contes pour un homme seul* en 1944, soit six ans avant *Le marcheur*, et le deuxième ses *Contes pour buveurs attardés* en 1966, soit deux ans avant *Les belles-sœurs*. Ce rapport intime entretenu avec la langue orale, fût-elle fantasmée, et avec les dialogues, fussent-ils synonymes d'incommunicabilité, rejaillit tout naturellement dans l'univers du roman, qui s'en trouve transformé du même coup. Ceci est particulièrement manifeste dans les romans de Marie Laberge, qui inscrivent un rapport à la langue qui n'est jamais très loin de celui qu'on trouve au théâtre.

De plus, le théâtre sert souvent à explorer et à exprimer la face cachée de la famille et de la société, ce qui explique sans doute l'énorme charge émotionnelle contenue dans une foule de pièces québécoises mais aussi franco-ontariennes, qui sont souvent construites sur le schéma du *crescendo*, en ceci que la part essentielle de

---

[12] André Belleau, *Surprendre les voix*, Montréal, Boréal, 1986.

la tension dramatique s'y trouve orientée vers l'éclatement d'une crise finale, une crise qui permet aux personnages de se dévoiler et de se saisir enfin en pleine lumière. Plusieurs pièces de Michel Tremblay et de Marie Laberge sont construites sur ce modèle fondé sur la violence verbale et le climax, qu'il s'agisse des *Belles-sœurs*, du *Vrai monde?*, d'*Oublier* ou de *L'homme gris*[13]. Du coup, le théâtre devient un genre littéraire de prédilection quand il s'agit d'exprimer une certaine réalité non pas tant sociale que protosociale, ou, si l'on préfère, familiale ou clanique. Si le roman moderne semble apte à décrire une société fortement ramifiée et structurée, le théâtre semble mieux coller pour sa part à l'expression d'une réalité brute, presque archaïque[14].

UN VENT SE LÈVE QUI ÉPARPILLE : DE LA POÉSIE AU THÉÂTRE ET AU ROMAN

À un premier niveau de l'analyse, on est donc susceptible de trouver, dans le texte romanesque issu de l'écriture dramatique ou ayant maille à partir avec elle, les trois caractéristiques essentielles qui ont été dégagées dans la partie qui précède, c'est-à-dire l'adéquation des codes littéraires et socioculturels, la transposition de la tension dramatique dans le roman et l'inscription

---

[13] Il serait d'ailleurs intéressant de voir comment s'opère la transposition de cette esthétique dans les romans de ces deux auteurs et comment cette transposition a pu contribuer à l'immense succès de leurs romans.

[14] Dans *Les littératures de l'exiguïté*, François Paré fait le lien entre cette violence présente dans le théâtre franco-ontarien et la question de l'altérité : «[L]e théâtre, producteur du dédoublement et représentation de la complexité irréductible de l'altérité, est un outil puissant de savoir collectif. Dans le jeu théâtral, l'Autre peut être pensé ironiquement, non plus seulement comme agent de la dépossession (de cela le théâtre est aussi la représentation), mais également comme interlocuteur en lutte dialogique avec lui-même, avec nous-mêmes. Le jeu est violent, déterminant : les acteurs et actrices quittent la scène épuisés, exténués. Mais, en eux, de nos jours, la question de l'Autre est provisoirement réglée, c'est-à-dire que nous l'avons vue naître et mourir dans un cycle qui est celui de notre signification» (78-79).

particulière de l'oralité dramatique dans la trame romanesque. Essayons maintenant de voir comment cela se manifeste dans le roman de Jean Marc Dalpé.

Ce qui frappe d'entrée de jeu dans *Un vent se lève qui éparpille*, c'est comment le roman qui est annoncé semble émerger de la poésie, qui encadre et balise le récit au moyen de cinq poèmes ou fragments de poème placés en exergue, l'un au début du roman, les autres au début de chacune des quatre parties qui le composent. On peut d'ailleurs considérer ces cinq poèmes ou fragments comme un seul poème divisé en cinq parties : une introduction d'ensemble, suivie de quatre parties numérotées en chiffres romains. C'est ce déroulement poétique qui structure le roman, comme si ce dernier n'était qu'une excroissance du discours poétique dont il origine. On trouve ainsi figuré, comme en résumé, le parcours qui conduit de l'âge de la parole à l'âge du roman. Ceci étant dit, la situation se complique quand on se rend compte que le roman en question, qui semble prendre son origine dans la poésie, trouve bientôt son point d'aboutissement dans le théâtre puisque chacune des quatre parties débouche sur un chœur ou un dialogue reproduit en caractères italiques, un dialogue fortement marqué par l'oralité, une oralité d'autant plus complète que les personnages en question ne seront jamais nommés, de sorte qu'il est impossible de rattacher ce dialogue à la trame romanesque. Issu de la poésie monologique, le roman aboutit ainsi au pur discours dialogique, à une forme de théâtre dénuée d'indications scéniques.

Comme si les choses n'étaient déjà pas assez compliquées, les premières lignes du roman ressemblent à une longue didascalie qui ne va pas sans rappeler la manière d'un Samuel Beckett, de par la tonalité très littéraire de sa composition, comme on peut le constater dans le passage suivant :

> Le geste de la main dont la peau cuivrée paraît pourtant pâle, presque blême, contre le bois sombre, poli et lisse
>
> évoque tout à coup l'araignée qui de sa parfaite immobilité se meut soudain, ses fines pattes tâtant les fils à peine visibles de la toile gluante dans laquelle s'est prise la proie qui se débat, frénétique et affolée,

lorsque ses longs doigts effilés, d'un lent mouvement continu et gracile, se redressent les uns après les autres, se tendent et puis reviennent, se replacent, se referment, chacune de ses articulations étreignant mieux ainsi le métal froid de l'arme (*V*, 9)

Essentiellement descriptive, cette didascalie romanesque considère le personnage de l'extérieur en décomposant chacun de ses gestes, ou plutôt en suggérant une suite de gestes qui évoquent le mime ou le théâtre Nô, tout en y entremêlant un découpage de nature poétique. Le roman proprement dit ne commence qu'un peu plus loin, à la page suivante, quand le personnage cesse d'appartenir à l'univers du théâtre pour devenir un personnage de roman, non plus réifié, mais doté de sensations :

dans son dos, à travers la fausse soie de sa chemise de cow-boy vert lime et mauve — impeccable lorsque enfilée trente et quelques heures plus tôt, maintenant sale, délabrée et ayant perdue [*sic*] au cours de celles-ci, tous ses boutons sauf un —, Marcel sent la chaleur du soleil qui pourtant n'était qu'un disque inoffensif rouge rose voilà à peine une vingtaine de minutes lorsqu'il s'est hissé au-dessus de la ligne des cimes des épinettes noires derrière la maison, mais qui depuis s'est embrasé, passant au jaune éclatant et agressif qu'il retiendra sans doute tout au long de cette journée comme il l'avait fait hier et avant-hier et depuis ces deux semaines ahurissantes de sécheresse, cause de plusieurs feux de forêt partout au pays (*V*, 10-11)

Ce que nous donne à voir Jean Marc Dalpé dans les premières pages d'*Un vent se lève qui éparpille*, c'est donc un peu la naissance du roman, qui se dégage progressivement de la poésie et du théâtre.

Ceci étant dit, tout au long du récit, le théâtre va affleurer sans cesse à la surface de l'écriture romanesque. Il le fera entre autres au moyen de nombreuses ruptures instaurées, dans la trame du roman, par une oralité brute, totale, exigeante, une oralité qui tranche avec le code romanesque instauré par l'auteur, mais sans entrer en conflit avec lui, en ceci qu'elle se situe radicalement en marge de ce code, dans une autre sphère, d'essence dramatique celle-là, qui semble la seule apte à traduire la violence des sentiments et des individus. Voici un exemple de ces ruptures : « et quand Marcel avait entendu à la radio — est-ce que c'était hier ?

— qu'il y en avait un [un feu] qui menaçait à moins d'une vingtaine de kilomètres de la petite ville, Marcel avait pensé Qu'y brûle, ostie! Qu'y brûle! Qu'y brûle toute!» (*V*, 11). C'est ainsi que le roman et le théâtre semblent moins se fusionner que se juxtaposer dans *Un vent se lève qui éparpille*, se déployant parallèlement l'un à l'autre, selon une logique qui est propre à chacun des genres. Dans un certain sens, c'est tout le roman qui semble sans cesse menacé de verser dans le théâtre, de devenir du théâtre, de se transformer soit en monologue, soit en dialogue. C'est ainsi que chacun des personnages vient faire son tour de piste, Marcel, Odette, Rose, Joseph et le prêtre. Certes, le roman postmoderne nous a habitués à cette alternance des points de vue, mais le roman de Jean Marc Dalpé va plus loin en ceci qu'il fait clignoter, du même coup, le théâtre dans le roman. Par exemple, la confession de Marcel au jeune prêtre acadien prend la forme d'un dialogue qui décolle sans aucune transition du texte romanesque : ce dialogue ressemble moins à un dialogue romanesque qu'à une scène de théâtre qui pourrait être extraite d'un texte dramatique sans qu'on y perçoive de différence.

Bien plus, *Un vent se lève qui éparpille* est un roman qui débouche sur le théâtre, un roman qui est encadré étroitement par le théâtre, par ces quatre scènes dialoguées qui viennent clore chacune des parties du roman. Ces scènes ou ces conversations, qui pourraient avoir lieu dans une taverne entre des locuteurs suspendus à leurs paroles, visent à montrer comment la rumeur publique est apte à reproduire à sa façon le fil des événements, de manière beaucoup plus directe et définitive que le roman. En effet, quand ce dernier s'est tu, cette rumeur publique continue son petit bonhomme de chemin. On n'y trouve d'ailleurs aucune indication sur les locuteurs, comme si Jean Marc Dalpé nous donnait à entendre de la parole pure, détachée de locuteurs clairement identifiables, enfin bref une parole qui échappe à la littérature.

On peut s'interroger sur les raisons de cette réflexion et de ce flottement génériques dans *Un vent se lève qui éparpille*. En d'autres mots, on peut se demander pourquoi l'auteur nous propose d'aller de la poésie au théâtre en passant par le roman. À ce stade, il faut peut-être revenir sur les conditions qui président à l'émergence du genre romanesque, soit dans les petites collectivités, soit dans les sociétés neuves. On sait que cette émergence est parfois difficile, eu égard aux difficultés inhérentes à l'écriture romanesque dans des collectivités marquées par la préséance de la tradition orale sur la tradition écrite. De plus, le roman, ou à tout le moins le roman réaliste, présuppose une assez grande complexité du tissu social, culturel et historique. Dans son histoire du roman américain, Jacques Cabau montre ainsi comment les premiers romanciers américains, comme Fenimore Cooper et Nathaniel Hawthorne, ont été dans l'obligation de faire certains choix esthétiques qui se sont avérés déterminants, en l'absence des conditions socioculturelles qui avaient favorisé l'évolution du roman européen. Cabau rapporte par exemple les propos d'Hawthorne dans sa préface du *Faune de marbre* (1860) : « Personne n'a d'idée des difficultés d'écrire un roman sur un pays qui n'a pas d'ombre, pas d'ambiguïtés, pas de mystères, pas de pittoresque, ni rien d'autre qu'une bonne solide prospérité étalée au grand jour[15]. » Jacques Cabau écrit à ce sujet : « Le roman classique étant essentiellement un roman social et réaliste, et les États-Unis étant un pays sans "société", il fallait que la nature même du roman changeât pour que naquît le roman américain[16]. »

Dans *Un vent se lève qui éparpille*, Jean Marc Dalpé nous met justement en présence d'un pays sans société, du moins d'un pays dépouillé d'une partie de son tissu social, ce qui se traduit, dans le roman, par la solitude des personnages, une solitude qui est à la fois physique et métaphysique, dans ce « sobre nordique plat pays blanc où chaque année ressemble à la dernière » (*V*, 24) qu'est le nord de l'Ontario. Cette solitude des personnages, qui évoluent dans un décor littéralement vide ou dans la déréliction des « nowhere one-company towns » (*V*, 19), s'exprime assez mal dans le cadre du roman traditionnel, ce qui peut expliquer la

---

[15] Jacques Cabau, *La prairie perdue. Histoire du roman américain*, Paris, Seuil, 1966, p. 15-16.
[16] *Ibid.*, p. 16.

valse-hésitation de l'auteur entre la poésie, le roman et le théâtre. Car comment traduire une réalité aussi brute et brutale dans le cadre du roman, aussi protéiforme et polyphonique soit-il ? L'épisode qui nous montre Joseph au volant de son « pick-up rouge / flambant neuf » (*V*, 117) est révélateur de ce malaise. Au départ, le texte est découpé comme de la poésie, avant que le roman ne prenne forme, pour être bientôt envahi par la violence du texte dramatique. Ce flottement générique exprime admirablement la solitude terrible de l'individu, coincé qu'il est entre un corps social réifié (« De l'autre côté du moustiquaire, une femme figée pour toujours, la bouche ouverte : une statue de sel » [*V*, 117]) et une nature qui le nie (« Mais il n'y a personne, pas un chat, que la route vide qui s'étire parfaitement droite comme si on l'avait tracée en plantant d'un coup violent une hache dans le paysage immense, démesuré » [118-119]).

CONCLUSION

Dans son *Esthétique et théorie du roman*, Mikhaïl Bakhtine a bien schématisé l'opposition entre le monologisme de la poésie et le dialogisme du roman et de la prose en général. Il écrit ainsi : « Dans les genres poétiques, la conscience littéraire [...] se réalise entièrement dans son langage ; elle lui est entièrement immanente, s'exprime en lui directement et spontanément, sans restrictions ni distance. Le langage du poète, c'est son langage à lui. Il s'y trouve tout entier, sans partage[17]. » Au contraire du poète, le prosateur « tente de dire dans le langage d'autrui ce qui le concerne personnellement [...] ; il lui arrive souvent de mesurer son monde à lui d'après l'échelle linguistique des autres[18] ». Cette distinction entre

---

[17] Mikhaïl Bakhtine, *Esthétique et théorie du roman*, traduit par Daria Olivier, Paris, Gallimard, 1978, p. 108.
[18] Les données proviennent de trois projets de recherche dont j'ai assumé la direction : *Restructuration des services sociosanitaires et Pratiques familiales de soins : composantes du travail, statut des savoirs et enjeux éthiques* (projet CRSH 1998-2001) ; *Pratiques, Savoirs, Trajectoires de santé des femmes de l'Amazonie brésilienne* (Projet CRSH 1998-2001) ; et *La Construction de l'autre dans l'intervention humanitaire. Le cas des personnes handicapées brésiliennes* (Projet CRSH 2002-2005).

la poésie et la prose, entre le monologisme de la première et le dialogisme de la seconde, peut expliquer en partie les hésitations de nature générique qu'on trouve dans *Un vent se lève qui éparpille*. Dans le contexte d'une société extrêmement fragilisée où l'individu est privé de ses points de repère et laissé à lui-même, on comprendra que le roman ne se dégage que difficilement de la parole poétique et dramatique, mais que c'est justement en fonction de cette difficulté qu'il vient pleinement à l'existence et qu'il s'affirme d'une manière aussi magistrale. À cet égard, le roman de Dalpé s'avère une réussite incontestable.

BIBLIOGRAPHIE

BAKHTINE, Mikhaïl, *Esthétique et théorie du roman*, traduit par Daria Olivier, Paris, Gallimard, 1978.

BELLEAU, André, *Surprendre les voix*, Montréal, Boréal, 1986.

CABAU, Jacques, *La prairie perdue. Histoire du roman américain*, Paris, Seuil, 1966.

DALPÉ Jean Marc, *Un vent se lève qui éparpille*, Sudbury, Prise de parole, 1999.

LAFON, Dominique, «Michel Tremblay, romancier», dans *Le roman contemporain au Québec (1960-1985)*, Archives des lettres canadiennes, tome VIII, Montréal, Fides, 1992, p. 447-461.

MARCOTTE, Gilles, «La poésie Oubedon», *Urgences*, n° 28, mai 1990, p. 68-78.

MARCOTTE, Gilles, *Le roman à l'imparfait*, Montréal, La Presse, 1976.

MARCOTTE, Gilles, *Une littérature qui se fait*, Montréal, HMH, 1962.

MORENCY, Jean, «*Le cœur de la baleine bleue* de Jacques Poulin : de la poésie au roman», *Urgences*, n° 28, mai 1990, p. 30-40.

MOUAWAD, Wajdi, *Visage retrouvé*, Montréal et Arles, Leméac / Actes Sud, 2002.

NEPVEU, Pierre, «Abel, Steven et la souveraine poésie», dans *L'écologie du réel. Mort et naissance de la littérature québécoise contemporaine*, Montréal, Boréal, 1988, p. 127-139.

PARÉ, François, *Les littératures de l'exiguïté*, Hearst, Le Nordir, 1992.

PAZ, Octavio, *L'arc et la lyre*, traduit par Roger Munier, Paris, Gallimard, 1965.

VISWANATHAN-DEBORD, Jacqueline, *Spectacles de l'esprit. Du roman dramatique au roman-théâtre*, Québec, Presses de l'Université Laval, 2000.

LA THÉORIE DU DESCRIPTIF ET SES APPLICATIONS À L'ANALYSE DU THÉÂTRE :
l'exemple du *Chien* de Jean Marc Dalpé
NATHALIE DOLBEC
Université de Windsor

Depuis les années 1980, un groupe de chercheurs, parmi lesquels Philippe Hamon, Jean-Michel Adam, André Petitjean et Yves Reuter, élabore un appareil théorique permettant une approche systématique du descriptif[1]. À ce jour, leurs efforts se sont portés essentiellement sur le texte romanesque, enclin — surtout dans la tradition dite *balzacienne* — aux descriptions de longue haleine, plus facilement exploitables car aisément dissociables du flot narratif.

Philippe Hamon rappelle cependant que le théâtre offre « de très nombreux textes descriptifs, ne serait-ce que dans les

---

[1] Voir à ce sujet Philippe Hamon, *Du descriptif*, Paris, Hachette Supérieur, 1993 ; Jean-Michel Adam, *La description*, Paris, Presses universitaires de France, 1993 ; Jean-Michel Adam et André Petitjean, *Le texte descriptif. Poétique historique et linguistique textuelle*, Paris, Nathan, 1989 et Yves Reuter, *La description. Des théories à l'enseignement-apprentissage*, Paris, ESF éditeur, 2000.

"paysages-régies" (ou "didascaliques")²» — et plus particulièrement dans les didascalies³ liminaires de lieu, de temps et de personnage. Certes, sur le plan quantitatif, le «rapport textuel dialogue-didascalies est variable⁴». Les didascalies sont inexistantes dans l'Antiquité et d'une extrême discrétion dans le théâtre classique français (le décor du *Cid* de Corneille se résume à : «La scène est à Séville⁵»). Elles tendent cependant à se multiplier à partir du XVIIIe siècle, jusqu'à «concurrencer parfois, au XXe siècle, le dialogue, voire [...] l'effacer, dans le mimodrame» par exemple⁶. Mais parallèlement à cet accroissement quantitatif plus ou moins conséquent, on observe aussi un souci d'enrichissement sémantique sur lequel nous aurons loisir de revenir.

En dehors des didascalies, le descriptif peut trouver un terrain favorable dans les longues répliques — tirades, monologues, récits — que le public moderne a appris, sinon à aimer, du moins à tolérer. La plus invitante, dans cet ordre d'idées, c'est naturellement la «tirade du nez» du *Cyrano* d'Edmond Rostand puisqu'elle se présente explicitement comme un exercice de virtuosité descriptive.

Nous avons choisi la première pièce en solo de Jean Marc Dalpé, *Le chien*, pour en examiner quelques segments descriptifs d'une certaine ampleur — autrement dit des *macropropositions* descriptives — tant dans les didascalies que dans le texte proféré et selon une perspective essentiellement fonctionnelle.

Bien sûr, le terme *macroproposition*, qui désigne à ce jour le requis quantitatif minimal d'une analyse narratologique, doit être repensé à l'échelle du texte théâtral. Au théâtre, un segment

---

² Philippe Hamon, *Du descriptif*, Paris, Hachette Supérieur, 1993, p. 86.
³ On entend par didascalie «tout ce qui dans le texte de théâtre n'est pas proféré par l'acteur, c'est-à-dire tout ce qui est directement le fait du scripteur» (Anne Ubersfeld, *Les termes clés de l'analyse du théâtre*, Paris, Seuil, 1996a, p. 29).
⁴ Anne Ubersfeld, *Lire le théâtre I*, Paris, Belin, 1996b, p. 17.
⁵ Corneille, *Le cid. Théâtre complet I*, Paris, Gallimard, coll. «Bibliothèque de la Pléiade», 1950, p. 706.
⁶ Joëlle Gardes Tamine et Marie-Claude Hubert, *Dictionnaire de critique littéraire*, Paris, Armand Colin, 2004, p. 60.

descriptif d'une douzaine de mots semble déjà mériter cette appellation, surtout dans le texte proféré. Mais nous évoquerons également le cas où une galaxie de micropropositions descriptives du même objet équivaut, par cumul, à une macroproposition. Ce découpage, de plus en plus répandu dans le roman depuis la quasi-disparition du modèle balzacien, se prête plus particulièrement aux exigences rythmiques du théâtre — et s'organise volontiers en *métaphore filée*.

La relative brièveté des descriptions théâtrales, jointe au caractère très particulier de la microproposition cumulative, oblige néanmoins à repenser la terminologie du descriptif, celle surtout proposée par Hamon, Adam et Petitjean. Parler, par exemple, d'opérations descriptives comme l'« ancrage », l'« affectation », la « reformulation »[7], ou de procédés comme la mise en place d'un « mot-légende » ou encore d'un « connotateur tonal »[8], etc., n'a vraiment de sens que dans un ensemble de descriptions étoffées, arborescentes, lorsqu'il y a « expansion » de la « nomenclature » et/ou des « prédicats »[9] et lorsque le « pantonyme[10] », ou si l'on préfère le « thème-titre » de la description[11], est clairement identifiable — faute de quoi ces appellations deviennent des approximations, de simples métaphores, ce que nous avons voulu éviter. Ce n'est pas à dire qu'au théâtre en général, et dans la pièce de Dalpé en particulier, les opérations et procédés mentionnés ci-dessus ne sont jamais impliqués (on en relèvera d'exemplaires dans une tirade de la mère), mais qu'ils sont peu signifiants de par leur faible fréquence.

L'approche fonctionnelle, en revanche, n'est pas forcément liée au volume des segments descriptifs. Voilà pourquoi nous nous réclamerons surtout d'Yves Reuter et de son relevé des

---

[7] Jean-Michel Adam et André Petitjean, *Le texte descriptif. Poétique historique et linguistique textuelle*, Paris, Nathan, 1989, p. 112-116 et 129.
[8] Philippe Hamon, *op. cit.*, p. 153.
[9] *Ibid.*, p. 127-128.
[10] *Ibid.*, p. 127.
[11] Jean-Michel Adam et André Petitjean, *op. cit.*, p. 108.

fonctions du descriptif — une entreprise assez récente au demeurant puisque l'ouvrage intitulé *La description. Des théories à l'enseignement-apprentissage* date d'à peine cinq ans.

FONCTIONS DES DIDASCALIES

Dans un entretien avec Robert Dickson, en 2002 à Montréal, Jean Marc Dalpé s'interroge sur le statut du personnage de théâtre et évoque, chemin faisant, le cas des didascalies :

> Tout ce qu'on écrit, tout ce qu'on a dans une pièce de théâtre, ce sont les noms des personnages et ce qu'ils disent. Puis des fois, des petites didascalies sur le jeu physique («il tombe») ou sur la situation, tel lieu, telle heure. Tout ce qu'on a, c'est ça. Les personnages n'existent pas, c'est juste des mots sur la page[12].

Ces « petites didascalies », plutôt discrètes en effet dans *Le chien*, ont mérité cependant notre attention parce que leur volume nous a semblé inversement proportionnel à leur charge sémantique — et celles d'abord qui interviennent en position liminaire.

Dans la pièce de Dalpé, le cadre de l'action est décrit en deux mouvements. D'abord en « didascalie autonome », c'est-à-dire en dehors de l'action (Ubersfeld dirait en dehors du « texte[13] »), et sous les rubriques attendues « Décor » et « Temps » (*C*, 1987, 6). Puis en « didascalie interne », avant les premiers échanges verbaux mais alors que l'action est déjà engagée[14] (*C*, 1987, 7). La description de l'espace-temps aura pris, en tout et pour tout, une cinquantaine de mots.

Première constatation : en didascalie autonome, la description du décor convoque un intertexte connu. Elle inscrit la pièce dans

---

[12] Robert Dickson, «Portrait d'auteur Jean Marc Dalpé», *Francophonies d'Amérique*, n° 15, 2003, p. 106.
[13] Anne Ubersfeld, *op. cit.*, 1996a, p. 31.
[14] Ubersfeld appelle «didascalie interne» les «indications données au metteur en scène [...] à l'intérieur du texte» (1996a, 31). Nous posons ici que le début du «texte» coïncide avec le début de l'action : «*L'éclairage monte et on entend le chien qui aboie*» (*C*, 1987, 7).

une tradition moderne qui *vide l'espace* (l'aire d'action se réduit à une «cour») tout en augmentant sa teneur métaphorique — ce qui distingue le procédé des conventions du théâtre classique, où la banalisation du décor est essentiellement affaire de commodité. Avant que n'intervienne le texte proféré, lecteur et spectateur sont invités ici à régler leur réception du texte sur une longueur d'onde familière, héritée de l'existentialisme et abondamment fréquentée par les dramaturges de l'absurde, à savoir la rhétorique *mobilité/ immobilité* — celle que révèle d'emblée, par exemple, le décor de pièces de Beckett comme *Fin de partie* ou de Languirand comme *Les grands départs*. Yves Reuter invoquerait ici la «fonction positionnelle» du fait que le paysage didascalique indexe d'emblée la pièce à ce qu'il nomme «un champ de pratiques déterminées[15]».

Dans sa nomenclature des fonctions du descriptif, Reuter parle également de «fonction régulative-transformationnelle», qu'il définit comme «les multiples façons par lesquelles la description assume un rôle fondamental dans la progression sémantique et dans le mouvement de lecture, pour poser, recomposer, annoncer, transformer, manifester, dissimuler [...] les contenus[16]». Ici, dirait Reuter, la description opère en «modalité prospective» — en clair, elle programme la pièce. Dans les didascalies liminaires du *Chien*, il s'agit non seulement d'opposer les deux choix vitaux de mobilité et immobilité, mais de les porter à l'extrême : d'une part la bougeotte (parlant de la «maison mobile» du père, un oxymore de fait, Mariel O'Neill-Karch évoque les «roulottes des romanichels[17]»), d'autre part l'ensevelissement. Ce dernier mot n'est pas excessif. La métaphore usuelle d'une personne qui va *s'enterrer* (en province, à la campagne, dans un *trou* quelconque) est pratiquement réactualisée ici dans le syntagme «au bout d'un petit chemin de terre» (*C*, 1987, 6), dont les termes pourraient facilement s'agencer en représentation littérale du *dernier voyage*.

---

[15] Yves Reuter, *La description. Des théories à l'enseignement-apprentissage*, Paris, ESF éditeur, 2000, p. 145.
[16] *Ibid.*, p. 137.
[17] Mariel O'Neill-Karch, *Théâtre franco-ontarien. Espaces ludiques*, Vanier, L'Interligne, 1992, p. 142.

Ces deux tendances, mobilité et immobilité, peuvent s'organiser en paradoxe, comme chez le père : d'une part le repli (il a choisi l'isolement), d'autre part un vague souci de proximité (il vit « près du village »). La cour de la maison est à la fois un accès à la maison et un *no man's land* où le père retient les intrus, y compris son propre fils. Espace de confrontation en tout cas, sous un soleil d'été qui s'éternise et en présence du chien, image, entre autres, du destin : tout est fait, ici, pour recréer l'atmosphère de la tragédie antique — et d'un de ses avatars modernes, le western. La tenue vestimentaire de Jay et les accessoires qu'il traîne avec lui vont à peu près dans ce sens : «*bottes de cowboy, jeans délavés et t-shirt* [...]. *Dans une main, il porte une veste de cuir et un sac de voyage alors que dans l'autre, il porte une caisse de douze bières*» (*C*, 1987, 7).

C'est pourtant le deuxième mouvement de la description du décor, en didascalie interne, qui, dans *Le chien*, suscite le plus d'intérêt. Après avoir donné le temps précis de l'action *(« Il est dix heures et demie du soir »)*, la didascalie ajoute une précision insolite : «*le soleil ne veut pas aller se coucher* » (*C*, 1987, 7). Insolite, d'abord, par sa formulation : elle déroge, *a priori*, au *bon usage* de la didascalie, dans la mesure où elle ne s'énonce pas sur le ton neutre, imperturbable que l'on associe habituellement avec ce genre de discours, surtout quand il s'agit de décor — on lit par exemple, un peu plus haut et en didascalie autonome, la formule consacrée : « L'action principale se déroule [...]», etc. (*C*, 1987, 6). La didascalie «*le soleil ne veut pas aller se coucher* », bien qu'elle soit par définition «le fait du scripteur[18]», pourrait déjà être mise dans la bouche d'un des personnages. Quasiment *proférée*, elle anticipe le ton des dialogues, une langue colorée, populaire, qui attribue volontiers la capacité de *ne pas vouloir* à des objets inanimés : l'auto, par exemple, qui ne veut pas démarrer, le linge qui ne veut pas sécher, la pluie qui ne veut pas tomber, etc.

Toujours selon la taxinomie de Reuter, cette même didascalie détient une fonction «évaluative» dans la mesure où le soleil semble surpris en flagrant délit de *caprice*, comme l'enfant qui refuse d'aller au lit. Ici, cependant, la fonction évaluative est subordonnée

---

[18] Anne Ubersfeld, *op. cit.*, 1996a, p. 29.

à la fonction régulative-transformationnelle : la personnification, accompagnée d'*affect*, confirme l'impression que la tension fondatrice de la pièce, *mobilité* vs *immobilité*, telle que suggérée en didascalie autonome, va engendrer des comportements extrêmes, par exemple la rébellion — une rébellion que Jay associera aux personnages mythiques incarnés à l'écran par James Dean et Peter Fonda, au point de s'identifier à eux : «*Free Spirit* ostie! James Dean *Easy Rider* Sacrament! C'est ça que j'suis moé!» (*C*, 1987, 47) — et tout cela en réponse probable à la démission, celle surtout du père, dans *Le chien* comme dans *Rebel without a cause*. Bref, le syntagme «*ne veut pas aller se coucher*» indexe la pièce, sémantiquement parlant, au «non-vouloir» — et du même coup au *vouloir*, pour la simple raison que nous sommes au théâtre.

Aux fonctions déjà évoquées, il faudra ajouter la plus importante peut-être dans le cas du *Chien*, la fonction dite «de textualisation» du descriptif, ainsi nommée par Yves Reuter parce qu'elle vise à renforcer la «cohésion du texte» et sa «progression sémantique»[19] — une préoccupation avouée de Jean Marc Dalpé lui-même, ne serait-ce que sur le plan de la mise en scène (nous y reviendrons). En cela, la phrase «*le soleil ne veut pas aller se coucher*» signale et inaugure une démarche qui se poursuivra aussi bien dans les didascalies internes que dans les fragments descriptifs du texte proféré.

TEXTUALISATION

La première preuve tangible du souci de textualisation, même si elle n'est perceptible qu'au lecteur, c'est que le «scripteur» fragilise d'emblée la frontière convenue entre didascalie et texte proféré. D'abord, nous venons de le voir, par le ton, le parti pris d'oralité, dans la didascalie préalable; ensuite, et surtout, par la reprise presque textuelle de la didascalie solaire, un peu plus loin dans le texte, sous forme proférée. Décrivant le quotidien de son père, le père de Jay nous apprend qu'il «travaillait de 6 heures du matin à 11 heures du soir, les jours que *l'soleil veut rien savoir d'aller se coucher*...» (*C*, 1987, 33; je souligne). Ce débordement de la

---

[19] Yves Reuter, *op. cit.*, p. 140.

didascalie — trop évident pour relever d'une coïncidence — non seulement cimente le texte en liant les deux types de discours, mais enrichit le sens en développant la rhétorique solaire : le capricieux soleil d'été qui, dans la didascalie liminaire, semble vouloir retarder l'heure du repos et surtout de l'oubli, devient ici un complice, un ami. En procurant à l'agriculteur un éclairage optimal, il lui laisse au moins entrevoir la récompense de ses peines.

Le projet de textualisation apparaît encore, vers la fin de la pièce, dans deux didascalies internes évidemment reliées. La première nous apprend que *«Jay tire deux autres coups en direction de son père qui ne bronche pas»* (*C*, 1987, 52). La seconde, plus étonnante, s'énonce ainsi : *«Jay tire son père, trois fois, mais celui-ci ne tombe pas»* (*C*, 1987, 61). Certes, on pourra imputer cette seconde didascalie à la recherche d'un effet scénique (liée à un moment de forte tension dramatique) : on peut imaginer, sans trop forcer les choses, qu'elle souffle au metteur en scène un effet original, hérité sans doute du cinéma, celui d'un « arrêt sur l'image ». L'arrêt sur l'image offrira au spectateur un meilleur angle de vue au moment où Jay fera apparaître le sang des trois blessures : *«Jay touche la poitrine de son père. Là où il touche apparaît le sang sur sa chemise blanche du dimanche»* (*C*, 1987, 62). Cependant, l'anomalie, la *non-chute* du père, surprendra beaucoup moins le lecteur de la pièce, qui a eu accès à la didascalie liminaire *(«le soleil ne veut pas aller se coucher»)*, une didascalie assez insolite, nous l'avons remarqué, pour frapper l'imagination — mais aussi le spectateur, qui va se souvenir des paroles du père, « les jours que l'soleil veut rien savoir d'aller se coucher... » (*C*, 1987, 33). Lecteur et spectateur seront alors en droit de comprendre que le père, pour la dernière fois de sa vie, refuse lui aussi de *se coucher*[20].

---

[20] De son côté, Mariel O'Neill-Karch, dans la préface de la nouvelle édition (2003) du *Chien*, explique ainsi la non-chute du père : « Chose certaine, à la fin, l'espace de la vie et l'espace de la mort se rejoignent quand le grand-père reprend l'arme des mains de Jay. Ce geste ne peut appartenir qu'à l'espace psychique. Si Jay remet le revolver entre les mains d'un mort qui le lui réclame, c'est que le meurtre qu'il vient de commettre n'a eu lieu que dans sa tête. C'est pourquoi aussi son père ne tombe pas, même s'il est troué de balles. Tout se tient si tout a lieu dans le cerveau de Jay, embrumé par la bière » (*C*, 2003, 16).

Cela dit, il est maintenant permis de jalonner, tout au long du descriptif de la pièce, cette métaphore filée du *vouloir et/ou ne pas vouloir se coucher*. Ainsi, le grand-père sait pertinemment que renoncer, c'est « crev[er] de faim » (*C*, 1987, 26), donc se coucher *pour de bon* :

> Mon père, c'était un homme! Pas comme toé, Charbonneau, assis sur ton cul depuis quinze ans, sur une gimmick de compensation à marde! Y'en avait pas de compensation quand y'est arrivé icitte lui, pis y'a failli y passer en tombant à l'eau au mois de février en traversant une charge de billots su'a rivière, pis la glace avait lâché là où a'l'avait pas d'affaire à lâcher. Y'en avait pas de compensation, pis y s'est remis à travailler la semaine d'après, parce que sans ça y crevait de faim, pis c'était tout. C'était de même (*C*, 1987, 26)!

Ailleurs, la même image va sous-tendre plusieurs récits qui pourraient paraître plaqués s'ils ne prolongeaient la métaphore et, du même coup, enrichissaient le sens. Un de ces épisodes permet d'introduire une connotation insolite. Il s'agit du duel entre le père et une bouteille de vin français qui lui résiste (*C*, 1987, 23-25). Censée accompagner une fête de famille, un repas pris en plein air au mois d'août, la bouteille refuse d'obéir au tire-bouchon — réduit à une simple vis. Qu'à cela ne tienne, le père s'arme d'une paire de pinces, mais le bouchon s'enfonce dans la bouteille, éclaboussant la belle « chemise propre » (*C*, 1987, 24). Nouvelle tentative du moderne Sisyphe, et nouvel échec. Le père décide de servir le vin, tant bien que mal, mais le liège bloque le goulot, le vin tombe sur la nappe et sur le pantalon du père, qui, à bout de patience, « garroche la bouteille par terre » (*C*, 1987, 24) et s'en prend au rôti de bœuf, qu'il menace de lancer au visage de sa femme et qui finira dans l'estomac du chien. Dans cette description d'action où l'abondance de « prédicats fonctionnels[21] » est à la mesure de l'obstination du père — « trouver », « chercher », « visser », « tirer », « sortir », « revisser », « pousser », « rentrer », « revoler », « tirer », « revoler », « garrocher », « verser », « bloquer », « shaker », « renverser » et

---

[21] Jean-Michel Adam et André Petitjean, *op. cit.*, p. 156.

«garrocher» —, le refus de céder prend une couleur particulière. La colère aidant, la «*bonne* bouteille de vin *français*» (je souligne) devient un objet hostile. Ici intervient une opération que les théoriciens du descriptif nomment «reformulation locale[22]» — et qui, le temps d'un point de suspension, transforme le «*bon* vieux bouchon de liège *français!...*» (je souligne) en «maudit cork à marde!» (*C*, 1987, 21). Chez le père, le refus de «se faire avoir», de *déchoir*, convoque le ressentiment héréditaire vis-à-vis une nation censément amie mais taxée parfois d'arrogance : "Ces sacraments de français là [*sic*] vont pas m'avoir de même"» (*C*, 1987, 23).

Dans plusieurs de ses tirades descriptives, Jay lui-même illustre, directement ou par procuration, le refus de tomber. Il a, dit-il, rencontré en Californie un étrange personnage, un musicien, victime d'un «*loan shark,* pis un jour qu'y'avait pas pu payer, y'ont coupé deux doigts de sa main gauche» (*C*, 1987, 14). Au lieu d'abattre cet autre Sisyphe, le mauvais sort stimule son imagination d'artiste : «Fait que y'a r'viré sa guitare à l'envers, changé les cordes de bord pis y'a réappris à jouer les accords de sa main droite» (*C*, 1987, 14). L'artiste, en fait, «joue mieux maintenant parce que c'est [s]on âme qui a remplacé [s]es doigts!"» (*C*, 1987, 14). L'allégorie se prête à toutes sortes de lectures, sociohistorique par exemple : à moitié amputée, par la faute de qui l'on sait, la population francophone de l'Ontario va-t-elle s'assimiler ou tout simplement *changer de main?*

Jay lui-même refuse, à l'occasion, de *lâcher prise*. En Alabama, il s'acharne à sauver de l'oubli une «vieille Harley des années cinquante, rouillée, maganée» n'ayant pas roulé depuis «peut-être dix ans» (*C*, 1987, 45). La moto sera sauvée : «j'me suis mis dans tête qu'a marcherait tabarnac!» (*C*, 1987, 45-46). Jay connaît mal la mécanique (*C*, 1987, 46). Qu'à cela ne tienne, il va l'apprendre jusqu'à pouvoir «patenter» lui-même les pièces devenues introuvables (*C*, 1987, 46). Le *vouloir* et le *non-vouloir* tournent ici à l'obsession : «Me suis même vu pas m'endormir pis m'enligner un trente heures, tellement j'étais décidé» (*C*, 1987,

---

[22] *Ibid.*, p. 129.

46). La description est violemment scandée par tout un chapelet d'adjectifs indéfinis, aussi volontaires que les jurons qui les accompagnent : « Je l'ai toute défaite, la tabarnac, pis je l'ai r'bâtie. J'ai nettoyé *chaque* piston, *chaque* valve, *chaque* bolt, *chaque* p'tite guédolle. J'ai changé *tous* les câbles, r'shiné *chaque* boutte de chrome » (*C*, 1987, 46 ; je souligne). En fait, l'obsession est telle qu'elle en devient contagieuse : « Même qu'à un moment donné, le gars qui l'avait perdue, est venu m'aider... y voulait la voir marcher lui itou » (*C*, 1987, 46) — l'hypothèse d'une connotation sociohistorique trouverait peut-être ici un répondant.

Si l'acharnement de Jay à réparer sa moto est une façon de ne pas se coucher devant l'obstacle, la description du voyage à moto vers San Francisco fournit au refus de se coucher un moyen idéal, la vitesse :

> Cent milles à l'heure qu'a faisait sur les lignes drettes dans le désert, la vieille Harley ! Cent milles à l'heure ! Pas un chat su'a route. Pas un nuage dans le ciel. Chriss, le monde est beau à cent milles à l'heure. L'espace. J'roulais pas, j'flottais. J'flottais pas, j'volais. Un ange ! Pareil comme un ange ! C'est à ça que j'pensais à cent milles à l'heure. Pas de casque. Le ciel tout bleu. Les montagnes... (*C*, 1987, 46)

« Cent milles à l'heure », répété trois fois. Comme dans les dessins animés, que le texte proféré évoque à l'occasion (*Bugs Bunny* est une des idoles de la mère [*C*, 1987, 25]), le souci de ne pas tomber provoque le désir d'apesanteur, de lévitation, celui qui permet au personnage de *cartoons* de retarder la chute en pédalant dans le vide. À l'apesanteur succède ici le rêve ascensionnel : Jay se sent comme « un ange ». Tout ce qui pourrait gêner le mouvement ascensionnel est écarté par une rafale de prédicats fonctionnels : « J'roulais pas, j'flottais. J'flottais pas, j'volais » et de négations : « [p]as de casque », « [p]as un chat su'a route » « [p]as un nuage dans le ciel ». La didascalie solaire, ce soleil qui ne veut pas aller se coucher, tient ses promesses : Le refus d'abdiquer trouve dans le descriptif de la pièce son expression la plus enfantine, la plus ludique. Au reste, la mère de Jay voyait déjà l'avenir de son fils de façon tout aussi prodigieuse : Jay allait échapper à l'écrasement social en devenant un « prince »

(*C*, 1987, 9) ou encore un justicier mythique, un futur saint Georges capable de «tuer des dragons pis des géants» (*C*, 1987, 9). Mais le vœu de réussite, le refus de tomber convoquent d'autres référents mythologiques. C'est d'abord le rêve américain d'ascension sociale fulgurante, celle du «gars qui a commencé livreur de journaux, pis qui a fini gros boss du même maudit journal!» (*C*, 1987, 9) ou celle du «business man qui fait des millions pis qui couraille partout dans le monde avec son avion privé» (*C*, 1987, 8). C'est aussi le rêve national de devenir «le meilleur joueur de hockey des Canadiens» (*C*, 1987, 8), une équipe mythique et réputée pour sa vitesse d'exécution. Il y a enfin le rêve d'avoir peut-être mis au monde un artiste de renom: «Quand j'le voyais dessiner, j'rêvais qu'y'allait être un grand peintre… Quand y s'est mis à lire, là y'allait être un autre Victor Hugo!» (*C*, 1987, 8). Si ces images d'ascension ont peuplé les rêves de la mère, elles trouvent leur expression la plus naïve peut-être chez Jay lorsqu'il se représente, sur une carte postale, au sommet du mythique Empire State Building (*C*, 1987, 32).

La mère elle-même refuse de déchoir, même si ce refus se limite parfois à un cri de haine. Dans une longue tirade dont la facture classique, ponctuée par une anaphore rhétorique, n'est pas sans rappeler la célèbre imprécation de Camille dans *Horace* de Corneille («Rome, l'unique objet de mon ressentiment! / Rome, à qui vient ton bras d'immoler mon amant! / Rome […][23]»), elle décrit avec véhémence sa haine de ce qui l'entoure:

> J'hais toute icitte. Toute. Nomme-le pis j'l'hais. J'hais les arbres. Les osties d'épinettes. Rachitiques, grises pis tassées comme dans une canne de sardines. On dirait qu'y s'égorgent, qu'y s'boivent, qu'y s'mangent les unes, les autres… Pareil comme le monde.
>
> J'hais les rues, soit y vont au grand chemin pour partir, soit c'est des culs-de-sac qui mènent à track d'la CN ou au cimetière derrière l'église… Pareil comme le monde.
>
> J'hais les maisons parce qu'y se ressemblent toutes, oui… pareil comme le monde itou.

---

[23] Corneille, *Horace. Théâtre complet I*, Paris, Gallimard, coll. «Bibliothèque de la Pléiade», 1950, p. 829.

> J'hais ça icitte parce que soit t'es dans l'hiver, soit tu l'attends, pis parce que tout l'monde sait tout c'que tout l'monde pense avant même que tout l'monde le pense... parce que c'est triste ça. Câlice que c'est triste !
> J'hais les ciels au coucher du soleil à l'automne, pis les aurores boréales, pis les matins de printemps, le jour que tout s'met à dégeler... parce qu'y sont beaux ces sacraments-là, pis qu'y devraient pas avoir le droit d'être aussi beaux (*C*, 1987, 34).

Si on examine attentivement l'organisation de cette séquence descriptive, on constate un effort soutenu de cohésion interne. *Primo*, le recours à un thème-titre (« J'hais ») — dégagé ici par ancrage, c'est-à-dire en début de segment[24] — qui assure la « cohésion sémantique référentielle » de toute la séquence[25]. *Secundo*, localement, l'anaphore rhétorique, qui introduit chaque fois un aspect nouveau du thème-titre — un sous-thème —, contribue pour sa part à la « chaîne de liage[26] ». *Tertio*, la cohésion interne de la séquence est renforcée par le recours répété à la reformulation locale, en clôture des quatre premiers segments, précédée d'un signe démarcatif annonciateur — les points de suspension : «...pareil comme », « ... parce que ». Enfin, en clôture du dernier segment, une ultime reformulation — globale cette fois — vient tout remettre en question en présentant les sentiments de la mère comme un rapport d'amour et de haine, « a love-hate relationship with Northern Ontario[27] ». Ainsi, une des opérations descriptives les plus spectaculaires (car créant généralement un effet de surprise) — la « reformulation-réaffectation » — vient donner à la séquence, *in extremis*, une progression sémantique et un surcroît de cohésion formelle[28].

---

[24] Jean-Michel Adam, *La description*, Paris, Presses universitaires de France, 1993, p. 104.
[25] *Ibid.*, p. 105.
[26] Jean-Michel Adam, *Éléments de linguistique textuelle. Théorie et pratique de l'analyse textuelle*, Liège, Mardaga, 1990, p. 59.
[27] Jane Moss, « Le théâtre franco-ontarien : *Dramatic spectacles of linguistic otherness* », *University of Toronto Quarterly*, vol. 69, n° 2, 2000, p. 597.
[28] Jean-Michel Adam, 1990, *op. cit.*, p. 172.

C'est le même refus de se coucher qui guide le comportement de Céline pendant le viol incestueux dont elle est victime :

> Pis j'ai pas braillé non plus. J'étais pas niaiseuse, j'savais ce qu'y faisait. Mais j'ai pas braillé. J'avais la tête par en arrière le plus que j'pouvais. J'donnais pas des coups, mais je forçais fort, fort, le plus que j'pouvais. Pis mes yeux aussi... j'les ai pas fermés, parce que là y'aurait fait noir, pis j'voulais pas qu'y fasse noir. J'les ai envoyés le plus par en arrière que j'pouvais. Fait que j'voyais juste le mur en face d'la fenêtre. J'voyais la découpe de la lumière sur le mur d'en face. Pis j'ai pas fermé les yeux une fois, pis j'ai pas braillé non plus [...] (*C*, 1987, 61).

Le *non-vouloir* de Céline lui inspire une attitude aisément indexable à la métaphore solaire : loin de fermer les yeux et de se réfugier dans le noir, elle s'oblige à garder les yeux ouverts, elle cherche dans la lumière, dans un soleil de permanence (et qui, pour ainsi dire, *en a vu d'autres*), la force au moins de ne pas pleurer. Chaque personnage de la pièce trouve en somme dans le comportement solaire une réponse possible à l'amertume de sa condition.

Il y a dans *Le chien* une autre métaphore filée — mitoyenne de la métaphore solaire — et c'est celle du trou. L'image récurrente du trou est la plus « exploitée » de la pièce, au dire de O'Neill-Karch qui l'a étudiée attentivement[29]. L'image donne lieu, ici, à un nombre impressionnant de micropropositions descriptives qui épuisent, ou presque, le champ sémantique du mot *trou*, ainsi que son champ lexical. Mises bout à bout, ou regroupées de toute autre façon, ces micropropositions forment en fait une macroprosition descriptive cumulative — appellation possible de la métaphore filée pour les théoriciens du descriptif comme Philippe Hamon[30]. Si on s'en remet au *Nouveau petit Robert* ou au *Nouveau dictionnaire analogique* de Larousse, on remarquera que cette macroproposition par cumul représente

---

[29] Mariel O'Neill-Karch, *op. cit.*, p. 145.
[30] Hamon considère la métaphore filée comme un « système descriptif qui décline systématiquement et de façon homogène les éléments d'une nomenclature et leurs prédicats respectifs, ces prédicats étant choisis systématiquement dans un même champ de référence » (153).

quasiment *un système descriptif à saturation prévisible*, à l'instar, par exemple, d'une description littéraire qui commence à partir d'un point cardinal, et, à plus forte raison, de toute description à vocation notariale. Ici, peu de rubriques manquent à l'appel. Le trou comme cavité dans le sol : fossé («ditch», C, 1987, 59), «tranchée» (*C*, 1987, 27), «trou de bouette» (*C*, 1987, 48), entonnoir de bombes (*C*, 1987, 28), trou d'eau, trou dans la glace (*C*, 1987, 26), mines d'or et de diamants (*C*, 1987, 9), tombes, bien sûr (*C*, 10, 53) mais aussi réceptacles secrets, la «petite boîte de biscuits en métal» par exemple (*C*, 1987, 32), et d'autres évoqués à la faveur de simples dérapages verbaux, de sacres comme «câlice» (*C*, 1987, 8) et «tabarnac» (*C*, 1987, 11); les cavités anatomiques : «cul» (*C*, 1987, 26), «you asshole» (*C*, 1987, 47) (autre dérapage); ou encore l'œil comme «un petit trou noir» (*C*, 1987, 24); les cavités anatomiques accidentelles : blessures béantes : «Ç'a fait un gros trou noir» (*C*, 1987, 30), les trous de balles dans le corps du père (*C*, 1987, 61); également les trouées dans la forêt (défrichement, *C*, 1987, 33, ou rachitisme, *C*, 1987, 34) — et naturellement tout le cortège des métaphores : le trou financier (*C*, 1987, 12), le coin perdu («trou de marde», *C*, 1987, 9), la résignation («[j]'ai pris mon trou», *C*, 1987, 18), le trou de mémoire (*C*, 1987, 17) et les trous temporels («*Temps*», «*Pause*» et «*Longue pause*») qui émaillent le texte, une centaine au bas mot, etc.

Faut-il parler de procédé? L'épuisement d'un champ lexical, assorti de l'épuisement du champ sémantique afférent, peut indisposer à la longue, banaliser un texte en le vouant à l'exercice de style. Mais il y a ici des précédents, et non des moindres. *Le roi se meurt* d'Eugène Ionesco est un répertoire, voire une histoire de trous. Le palais du roi est criblé de gouttières, les uniformes sont constellés de trous — même l'École polytechnique du royaume a sombré dans un trou. Toutefois, et comme dans *Le chien*, l'épuisement des champs, tant sémantique que lexical, n'est plus un procédé, mais l'expression d'une hantise, que la pièce d'Ionesco affiche dans son titre et que Dalpé anticipe dans la didascalie solaire. Il existe donc, dans la pièce, tout un dispositif de textualisation qui s'organise à la fois à partir d'une thématique robuste et à partir d'une technique originale — l'exploitation insolite de la didascalie de décor et la démarche transdiscursive qui *file la métaphore* au gré du descriptif.

CONCLUSION

Dans une interview accordée à *L'Express de Toronto* en 1988, Jean Marc Dalpé disait ses difficultés à assurer la cohésion de la mise en scène du *Chien* : « Pour moi, le travail le plus difficile demeurait la mise en scène. Il fallait trouver les modes de transition adéquats pour assurer une cohésion à ce condensé de la vie d'une famille où s'entremêlent passé et présent[31]. » Nous n'avons pas abordé ce genre de réflexion, mais notre étude voudrait avoir prouvé que l'auteur a peut-être surestimé ces difficultés, dans la mesure où le discours descriptif de la pièce, fortement charpenté par les moyens que l'on vient de voir, autorise une certaine liberté dans les « modes de transition ».

Une réflexion s'impose cependant : la métaphore solaire n'est naturellement accessible, au tout début du texte, qu'au lecteur des didascalies. Sa formulation insolite peut s'expliquer, généralement parlant, par « cette recherche de l'oralité de l'œuvre littéraire » qui, selon François Paré, « occupe toute l'œuvre de Jean Marc Dalpé[32] » et, anecdotiquement, par la réticence de l'auteur à fournir une version écrite de sa pièce : Dalpé aurait, en somme, marqué sa réticence en oralisant un discours, la didascalie, qui par convention ne s'y prête guère.

Cela dit, le bénéfice de la textualisation demeure, et sans détriment du spectateur puisque la métaphore solaire resurgit opportunément dans le texte proféré, avec l'exemple de l'aïeul refusant d'abdiquer quand le soleil est de son côté, et qu'elle intervient assez tôt, en même temps qu'assez tard, presque au milieu de la pièce, pour rendre perceptible la réactualisation de ce refus lors de

---

[31] Mariel O'Neill-Karch, *op. cit.*, p. 139.
[32] François Paré, *Les littératures de l'exiguïté*, Hearst, Le Nordir, 1992, p. 107.

la non-chute du père pourtant blessé à mort. Le dispositif est d'autant plus ingénieux qu'en somme l'effort de textualisation provoque ici un nouveau trait de transdiscursivité : la résurgence, mais proférée, de la didascalie liminaire du *soleil qui refuse d'aller se coucher* constitue elle-même une didascalie *de facto*, une didascalie *proférée* si l'on peut risquer l'oxymore, qui anticipe le sens d'une didascalie ultérieure, une vraie celle-là, qui signale la *non-chute* du père.

Cette esquisse de saisie d'un texte théâtral à partir des efforts des théoriciens du descriptif aura eu au moins le mérite, espérons-le, de montrer que cette entreprise n'est pas tout à fait hors saison. Elle nous a inspiré des réflexions sur les possibles interférences transcursives entre les didascalies et le texte proféré. Elle nous a montré que la description assume effectivement deux fonctions importantes, au théâtre tout comme ailleurs : une fonction de programmation et une fonction de textualisation, et tout cela au double bénéfice du spectateur et du lecteur, sans oublier le metteur en scène. Elle soulève enfin un point délicat : le sort qu'il faut réserver aux macropropositions descriptives de type *cumulatif*, c'est-à-dire un ordre de réflexion qui semble se prêter plus particulièrement, et comme par défaut, à l'analyse du texte théâtral, plus avare en micropropositions descriptives. Cet ordre de réflexion, cependant, risque de devenir une priorité dans l'analyse du texte romanesque avec la quasi-disparition du modèle dit balzacien. Ce serait, à coup sûr, un retournement presque ironique de situation si l'analyse du descriptif théâtral, jugée parfois impertinente, finissait par ouvrir la voie à celle du texte romanesque moderne.

BIBLIOGRAPHIE

ADAM, Jean-Michel, *Éléments de linguistique textuelle. Théorie et pratique de l'analyse textuelle*, Liège, Mardaga, 1990.

ADAM, Jean-Michel, *La description*, Paris, Presses universitaires de France, 1993.

ADAM, Jean-Michel et André PETITJEAN, *Le texte descriptif. Poétique historique et linguistique textuelle*, Paris, Nathan, 1989.

BECKETT, Samuel, *Fin de partie*, Paris, Éditions de Minuit, 1957.

CORNEILLE, *Le cid. Théâtre complet I*, Paris, Gallimard, coll. «Bibliothèque de la Pléiade», 1950, p. 695-776.

CORNEILLE, *Horace. Théâtre complet I*, Paris, Gallimard, coll. «Bibliothèque de la Pléiade», 1950, p. 779-843.

DALPÉ, Jean Marc, *Le chien*, Sudbury, Prise de parole, 1987.

O'Neill-Karch, Mariel, préface, dans Jean Marc Dalpé, *Le chien*, Sudbury, Prise de parole, 2003.

DICKSON, Robert, «Portrait d'auteur Jean Marc Dalpé», *Francophonies d'Amérique*, n° 15, 2003, p. 95-107.

GARDES TAMINE, Joëlle et Marie-Claude HUBERT, *Dictionnaire de critique littéraire*, Paris, Armand Colin, 2004.

HAMON, Philippe, *Du descriptif*, Paris, Hachette Supérieur, 1993.

IONESCO, Eugène, *Le roi se meurt. Théâtre complet*, Paris, Gallimard, coll. «Bibliothèque de la Pléiade», 1991, p. 737-796.

LANGUIRAND, Jacques, *Les grands départs*, Montréal, Pierre Tisseyre, 1958.

MOSS, Jane, «Le théâtre franco-ontarien : *Dramatic spectacles of linguistic otherness*», *University of Toronto Quarterly*, vol. 69, n° 2, 2000, p. 587-614.

O'NEILL-KARCH, Mariel, *Théâtre franco-ontarien. Espaces ludiques*, Vanier, L'Interligne, 1992.

PARÉ, François, *Les littératures de l'exiguïté*, Hearst, Le Nordir, 1992.

NICHOLAS, Ray (dir.), *Rebel without a cause*, Warner Bros., 1955.

REUTER, Yves, *La description. Des théories à l'enseignement-apprentissage*, Paris, ESF éditeur, 2000.

ROSTAND, Edmond, *Cyrano de Bergerac*, Paris, Bordas, 1988.

UBERSFELD, Anne, *Les termes clés de l'analyse du théâtre*, Paris, Seuil, 1996a.

UBERSFELD, Anne, *Lire le théâtre I*, Paris, Belin, 1996b.

PARLER, ÉCRIRE ET TRADUIRE DANS LA LANGUE DE DALPÉ
Louise Ladouceur
Université de l'Alberta

Ce texte poursuit une réflexion amorcée il y a quelques années dans une étude portant sur l'oralité et l'hybridité du texte de théâtre canadien-français en traduction anglaise[1]. Les versions anglaises du théâtre de Jean Marc Dalpé avaient alors fait l'objet d'une analyse que ce colloque m'a invitée à poursuivre. Avant de parler plus précisément du répertoire de Dalpé, j'aimerais le situer dans la problématique plus large du théâtre franco-canadien en traduction anglaise, et plus particulièrement du répertoire de Michel Tremblay, avec lequel il partage un « rapport à la langue populaire devenue langage théâtral[2] ». La comparaison des procédés de traduction appliqués à chaque répertoire permettra ensuite de dégager les représentations auxquelles ils donnent lieu en relation avec le contexte dans lequel s'effectue la traduction.

---

[1] Voir Louise Ladouceur, « Oralité et hybridité du texte de théâtre franco-canadien en traduction anglaise », dans Jean Morency, Hélène Destrempes, Denise Merkle et Martin Pâquet (dir.), *Des cultures en contact : visions de l'Amérique du Nord francophone*, Québec, Nota bene, 2005, p. 411-425.
[2] François Paré, « La dramaturgie franco-ontarienne : la langue et la loi », *Cahiers de théâtre Jeu*, n° 73, 1994, p. 31.

Au Canada, tout ce qui touche à la langue et aux questions de langue est façonné par le rapport de force qu'entretiennent deux langues officielles inégales qui, à leur tour, se frottent à plusieurs autres langues dont la présence est plus ou moins marquée selon les régions. Les effets de cette dynamique linguistique à la fois dualiste et multilingue sont particulièrement visibles dans l'écriture dramatique puisque le texte de théâtre, plus que les autres textes dits littéraires, est ancré dans son contexte socioculturel immédiat et s'en fait le reflet auprès d'un public qui peut venir s'y voir et s'y entendre par l'entremise du spectacle. L'oralité du texte de théâtre l'investit d'une fonction identitaire accrue dans les communautés francophones du Canada car c'est un texte prétexte à une prise de parole collective. Faire résonner la spécificité orale de sa langue sur la scène est un acte d'affirmation et de résistance pour une communauté linguistique inquiète dont l'identité tient en grande partie à la façon dont on y parle la langue. Les signes distinctifs de cette spécificité étant les plus marqués dans la langue vernaculaire, c'est dans un parler populaire local que s'écrit une dramaturgie cherchant à se démarquer de la norme, à se constituer un répertoire qui lui est propre et à le nommer comme tel. Ainsi, parallèlement à la littérature québécoise, se sont constituées les littératures acadienne, franco-ontarienne, franco-manitobaine, fransaskoise, franco-albertaine et franco-colombienne[3].

Lorsque, à la fin des années 1960, s'élabore une dramaturgie qui se veut désormais québécoise, c'est le joual qui est chargé de lui donner une voix spécifique. Tremblay ouvre la marche, puis le joual s'impose rapidement. On passe alors plusieurs années à affirmer cette voix à travers des personnages qui doivent décidément parler une langue populaire très accentuée. Le joual domine donc l'écriture dramatique québécoise jusqu'en 1980. Puis, le vent tourne. Après le référendum, le discours nationaliste perd sa pertinence; on veut dire autre chose et autrement. Mais comment s'écarter du joual sans retomber dans le français

---

[3] On pourrait concevoir aussi l'élaboration de répertoires franco-terreneuvien, franco-ténois et franco-yukonnais.

normatif, duquel justement on avait voulu se démarquer en adoptant le joual? Parallèlement au théâtre de l'image, qui privilégie le geste et l'aspect visuel du spectacle, se développe alors une écriture aux antipodes de la langue quotidienne et dégagée de l'obligation de faire vrai. On passe de la langue de la vérité à une parole exubérante qui va dorénavant occuper toute la scène. Loin de disparaître avec le joual, la préoccupation dont la langue fait l'objet va ainsi continuer de travailler en profondeur la dramaturgie franco-québécoise à travers des pièces qui composeront un « théâtre de la parole » dans lequel l'action principale consiste à parler.

Présente chez toutes les communautés francophones du Canada, l'inquiétude dont la langue fait l'objet est ressentie à des degrés variés et exprimée de façon différente selon la dynamique linguistique propre à chacune d'entre elles. Qu'elle s'éprouve dans le parler quotidien ou dans une parole pléthorique, l'oralité insistante du théâtre francophone pose problème à la traduction anglaise car elle donne à entendre un rapport à la langue qui tranche vivement avec les attentes d'un public anglophone habitué à une façon de parler un peu plus sage au théâtre. Comme le fait remarquer Linda Gaboriau, qui a traduit de nombreuses pièces québécoises en anglais, ce que les critiques anglophones reprochent le plus souvent au théâtre québécois contemporain, c'est d'être bavard : « *When critics have difficulty with Quebec theatre, their main criticism is that : the plays are verbose, Quebec playwrights use theatre as a forum*[4]. »

Cette perception peut tenir à plusieurs facteurs. Selon Gaboriau, elle serait attribuable aux différents styles de jeu qu'ont privilégiés les traditions théâtrales anglophone et francophone : l'un psychologique et plutôt naturaliste ; l'autre émotif et flamboyant. Toutefois, elle peut aussi résulter de l'inégalité des langues en cause dans le contexte canadien. Les artistes et le public anglophones unilingues n'étant pas confrontés à l'épreuve identitaire que vit une minorité linguistique menacée, ils conçoivent mal que l'acte de parler puisse être le lieu d'un tel investissement. Il en résulte un

---

[4] Linda Gaboriau, « The cultures of theatre », dans Sherry Simon (dir.), *Culture in transit : Translating the literature of Quebec*, Montréal, Vehicule Press, 1995, p. 85.

trop-plein de langue qui traduit la préoccupation dont le français fait l'objet dans le contexte canadien et nord-américain. Enfin, certains procédés de traduction appliqués aux versions anglaises des pièces franco-canadiennes créent des effets de langue qui peuvent alimenter cette perception.

Sous ce dernier aspect, le répertoire de Jean Marc Dalpé est très révélateur. Non seulement propose-t-il une langue de théâtre spécifiquement façonnée par le contexte qui lui est propre, mais certaines pièces font aussi l'objet de traductions anglaises qui témoignent d'une conscience linguistique particulière à ce contexte. Pour cette étude, j'ai retenu trois pièces qui portent le même titre en français et en traduction anglaise, soit *Le chien*, *Lucky lady* et *Trick or treat*, et je me suis intéressée surtout aux façons dont la traduction anglaise a négocié l'hétérolinguisme du texte original, car c'est une caractéristique fondamentale de la langue populaire parlée en contexte minoritaire.

Que ce soit par l'emploi d'anglicismes et d'emprunts lexicaux ou syntaxiques, à travers une alternance de codes ou une exploration plurilingue souvent associée au théâtre de l'image, l'hétérolinguisme et l'hybridité ne sont pas rares dans les dramaturgies québécoise et franco-canadienne. Quelle que soit leur forme, ces croisements linguistiques donnent du fil à retordre aux traducteurs et traductrices anglophones car ils correspondent à une réalité linguistique étrangère à la majorité anglophone du Canada, laquelle est unilingue et peu exposée au contact avec d'autres langues. L'hybridité des textes francophones a donné lieu à des représentations anglaises plus ou moins heureuses, dont l'exemple le plus connu demeure celui des pièces de Michel Tremblay. Écrites dans un parler populaire dont la syntaxe et le lexique empruntent généreusement à l'anglais, les pièces de Tremblay sont traduites par John Van Burek et Bill Glassco, alors directeur du Tarragon Theatre de Toronto. Devant le défi que pose la transposition du joual en anglais[5], on choisit d'appliquer certaines stratégies de

---

[5] Voir Louise Ladouceur, « Canada's Michel Tremblay : des *Belles-sœurs* à *For the pleasure of seeing her again* », *TTR Études sur le texte et ses transformations*, vol. XV, n° 1, 2002, p. 137-164.

traduction non usuelles, dont l'emploi de gallicismes par emprunt ou calque du texte français original. C'est ainsi que certaines pièces conservent en anglais le titre original français, comme c'est le cas des versions anglaises intitulées *Les belles-sœurs*, *Bonjour, là, bonjour*, *En pièces détachées*, *La duchesse de Langeais*, *Trois petits tours*, *Damné Manon, sacrée Sandra* et *La maison suspendue*. Plusieurs de ces versions anglaises comportent en outre des gallicismes plus ou moins nombreux, ainsi qu'on peut l'observer dans les extraits suivants de *Hosanna*, *La maison suspendue* et *Marcel pursued by the hounds*, trois traductions signées par John Van Burek et Bill Glassco entre 1974 et 1996, dans lesquelles les gallicismes ont été mis ici en italique.

HOSANNA : Precisely. It's less complicated. That way you know where they are and they don't bother you... Me, I'm just not up to it tonight. « *Les poses voluptueuses et provocantes* » will have to wait...[6]

JOSAPHAT : And off we all go to *ma tante* Blanche, or to *ma tante* Ozéa! The forest slides away beneath us, Duhamel is *tout petit*, *les Laurentides* disappear completely into the darkness... The house sways gently... Me and your mother, we just sit here on the verandah and watch the sky go by. Usually all we see from here is a big black hole where Lac Simon is, but now it's the Big Dipper, the Little Dipper, *la planète* Mars [...][7].

MARCEL : Don't worry, it will be... This afternoon I went to the pool room on *la rue Mont-Royal*, even though Moman says I shouldn't. I'd just finished « *Les enfants du capitaine Grant* ». I had nothing to do and I was all excited 'cause the end of the book was great[8].

---

[6] Michel Tremblay, *Hosanna*, John Van Burek et Bill Glassco (trad.), Vancouver, Talonbooks, 1974, p. 29.
[7] Michel Tremblay, *La maison suspendue*, John Van Burek et Bill Glassco (trad.), Vancouver, Talonbooks, 1991, p. 34-35.
[8] Michel Tremblay, *Marcel pursued by the hounds*, John Van Burek et Bill Glassco (trad.), Vancouver, Talonbooks, 1996, p. 49.

Si ces gallicismes se voulaient représentatifs d'une langue de départ farcie d'emprunts et de calques anglais, ils ne correspondent toutefois à aucun usage réel dans un contexte anglophone non exposé à la friction constante avec une langue dominante. Ce qui était l'expression d'une aliénation dans le texte de départ devient, dans le texte traduit, un effet d'exotisme chargé de souligner l'altérité du texte emprunté et du portrait social qu'il propose. L'insistance artificielle mise ainsi sur la langue aurait pu contribuer à créer l'impression de verbosité ressentie par un public anglophone unilingue peu qualifié pour comprendre un tel amalgame linguistique.

Bien que ces traductions aient fait l'objet de vives critiques, le public anglophone demeure très attaché à cette façon de représenter le joual et le modèle a encore ses adeptes. Tout récemment, Judith Thompson a appliqué un procédé semblable à sa version anglaise de la pièce de Serge Boucher, *Motel Hélène*, dans laquelle plusieurs expressions et la majeure partie des sacres ont été conservés en français, comme en témoigne l'extrait suivant, où les gallicismes ont été mis en italique :

> MARIO : Saturday, eh ? *Calvaire*, that makes me think ! What's today ? Wednesday ? *Tabernak*. Did I tell you my story about the ticket ? [...] *Ben Tabernak* that pissed me off. I start yellin' at him « You lie, cop, it was green it changed after I was already in the middle ». I mean like as if I would go right through the light with a cop right there, right ? Like I just love gettin' tickets, right ? He gives me the ticket anyway the fat pig *hosti* you know what it cost me ? 110 bucks *hosti*. I've got to pay it before Friday, and Ti-Poil owes me money *câlice* and I can't get it off him. I mean where am I going to get it ? It's always the same when you lend someone money you have to go running after them I can't take it no more, Johanne, I'm telling you I'm not lending money ever again *c'est fini*[9].

Il faut préciser que Judith Thompson a conservé ces emprunts malgré la mise en garde du Centre des auteurs dramatiques de Montréal, qui supervisait le projet et lui avait déconseillé la chose.

---

[9] Serge Boucher, *Motel Hélène*, version anglaise de Judith Thompson à partir d'une traduction de Morwyn Brebner, Toronto, Playwrights Union of Canada, 2000, p. 18.

Dans les textes de l'auteur franco-ontarien Jean Marc Dalpé, l'hétérolinguisme offre à la traduction anglaise un autre type de difficultés. Les dialogues contiennent plusieurs interférences de codes qui reflètent l'inévitable infiltration dont le français fait l'objet dans un contexte bilingue où l'anglais domine. Les personnages s'expriment dans un assemblage de français et d'anglais difficilement transposable en anglais, comme le montrent ces extraits tirés des pièces *Le chien* et *Lucky lady*.

> PÈRE : Fait que j'les laisse entrer. «Was tryin' to get to the hospital, ya see.» J'ai amené la femme tu-suite sur not'lit. «Goddamn car swerved in front of us, we went down into the ditch just over here. Fuckin' asshole didn't even stop!» Là, à lumière pis proche d'elle, j'ai vu que la femme, ben c'était vraiment une fille. J'veux dire, elle avait l'air d'avoir dix-huit ou dix-neuf ans, même pas. J'sais pas trop. […] (C, 1987, 59).

> BERNIE : Let's go!
> *Ils courent se trouver des places. Shirley va dans une autre direction.*
> ZACH : C'est fait'!
> CLAIRE : C'est ça.
> ZACH : C'est *do or die, get down!*
> CLAIRE : C'est ça.
> ZACH : *Get down!*
> MIREILLE : Icitte! Icitte! Y'a d'la place icitte!
> BERNIE : *Hey* Claire, c'tait quoi l'histoire tantôt de ses ancêtres à elle?
> CLAIRE : Son père c'tait un sorcier indien.
> ZACH : O! Le *rush* (*LL*, 1995a, 156)!

La première, créée en 1988 au Théâtre du Nouvel-Ontario, est traduite en anglais par Maureen LaBonté et Jean Marc Dalpé et produite la même année au Factory Theatre de Toronto. La seconde, créée en 1995 par le Théâtre Niveau-Parking et le Théâtre de la Vieille 17, est traduite en anglais par Robert Dickson et produite à la Great Canadian Theatre Company d'Ottawa en 1997. Ce dernier traduira une autre pièce, *Trick or treat*, qui avait été créée au Théâtre de la Manufacture en 1999 et sera produite en version anglaise au Centaur Theatre de Montréal en 2001. Les deux traducteurs sont d'origine ontarienne et connaissent bien l'œuvre de Dalpé, avec qui ils travaillent en étroite collaboration.

D'entrée de jeu, on remarque que les titres originaux ont été conservés en traduction anglaise. Si cela va de soi pour les deux pièces dont les titres étaient anglais à l'origine, on se demande pourquoi avoir choisi de conserver le titre français de la première pièce. La difficulté qu'une traduction littérale offrait, puisqu'elle aurait pu prendre un sens péjoratif par connotation — l'expression « *this is a dog* » signifiant que « c'est nul » —, aurait pu aisément être surmontée en modifiant le titre en anglais. Comme le fait remarquer Alan Filewod, « *[t]he attention to cultural origin was part of the buzz that made the play an audience success*[10] » et on devine dans ce choix une volonté de souligner l'origine d'une pièce dont le succès a contribué à faire connaître une dramaturgie et un auteur franco-ontariens. S'il fait penser aux titres des nombreuses versions anglaises des pièces de Tremblay qui reproduisent le titre original français, cet emprunt à la langue de départ est toutefois peu représentatif des procédés de traduction employés dans la pièce de Dalpé. On ne trouve en effet aucun autre terme français dans le texte, à l'exception des noms d'un personnage, Céline, et de personnes auxquelles on fait allusion : « Bouchard, Briand, Paquette [...] Dieudonné St Cyr » (*C*, 1988, 23). On conserve aussi les noms originaux dans les versions anglaises de *Lucky lady* et *Trick or treat*, sauf lorsque leur prononciation est jugée trop ardue pour les locuteurs anglophones. Ainsi, Mireille devient Mimi dans la première et Létourneau remplace Dutrissac dans la seconde.

Avec *Le chien*, on assiste aux retrouvailles douloureuses de Jay et de sa famille qu'il a quittée sept ans plus tôt pour s'éloigner

---

[10] Alan Filewod, « Au fond de la mine, au fond du théâtre : Jean Marc Dalpé and the English Canadian theatre institution », communication présentée au colloque intitulé *Jean Marc Dalpé. Ouvrier d'un dire*, Université de Guelph, 16-18 septembre 2004, p. 6.

d'un père autoritaire et violent. Les personnages s'expriment dans un français populaire très marqué, entrecoupé d'expressions et de phrases entières dites en anglais, ce qui reflète le contexte franco-ontarien où se déroule l'action. Dans un tel contexte, les francophones sont nécessairement bilingues et peuvent aisément aller d'une langue à l'autre au besoin. La traduction anglaise fait aussi appel à une langue populaire fortement marquée, mais les alternances de langue sont effacées pour faire place à un texte unilingue anglais, comme on peut le voir dans la version anglaise de l'extrait fourni plus haut :

> FATHER : So I let them in. « Was tryin' to get to the hospital, ya see. » So right away, I lead the woman into our bedroom so she can lay down. « Goddamn car swerved in front of us, we went into the ditch just over there. Fuckin' asshole didn't even stop! » Then, in the light, and close up, I could see that the woman was really just a girl. I mean, she looked eighteen or nineteen, maybe not even that old. I wasn't too sure. [...] (C, 1988, 74-75).

L'auteur approuve ce choix puisqu'il a travaillé à la traduction anglaise de sa pièce en collaboration avec Maureen LaBonté, traductrice et dramaturge très active dans le cadre des programmes d'échanges de pièces en traduction mis sur pied au Centre des auteurs dramatiques en 1985.

Il faut dire qu'avec ces programmes la traduction anglaise du répertoire francophone effectue un virage important. Au lieu d'être importées au Canada anglais et traduites pour les besoins de l'institution théâtrale anglophone, le plus souvent torontoise, les pièces sont désormais prises en charge par l'institution théâtrale francophone, en l'occurrence québécoise, qui préside à la sélection des œuvres à traduire et à leur traduction avant de les exporter ensuite en version anglaise. Plutôt que de répondre à un besoin externe, la traduction relève ici d'un désir interne de promouvoir une dramaturgie francophone auprès du public anglophone du Canada et d'ailleurs. Cette nouvelle fonction accordée à l'œuvre traduite modifie la visée de la traduction et les procédés qu'on lui applique, d'autant plus que ces traductions sont désormais effectuées par des traducteurs et traductrices qui connaissent bien le contexte sociolinguistique du texte de départ et sont par conséquent sensibles à la délicate question de la langue et des enjeux dont elle est investie dans la dramaturgie canadienne d'expression française. On hésite donc à employer des procédés linguistiques qui auraient pour effet de sonner faux ou de faire exotique dans des traductions destinées à un auditoire anglophone unilingue non exposé à la friction avec une langue dominante et pour lequel l'alternance des codes aurait enlevé toute vraisemblance aux dialogues.

Si elle a le mérite d'éviter le piège de l'exotisme, cette stratégie a toutefois pour résultat d'annuler la dualité linguistique inhérente au texte de départ, une dualité qui est au cœur même de la problématique identitaire et culturelle des communautés francophones minoritaires du Canada. Selon Kathy Mezei, le recours à l'anglais dans des textes francophones est investi d'un sens symbolique important et l'effacer a pour effet de subvertir le texte en l'assimilant à une réalité unilingue anglophone[11]. Mezei propose d'avoir recours à l'italique, aux parenthèses, aux notes du traducteur, aux paraphrases ou à tout autre procédé textuel pouvant signaler au lecteur les interférences de codes présentes dans le texte original. De tels procédés, s'ils peuvent convenir au texte destiné à la lecture, sont toutefois inapplicables au texte produit sur scène. L'hétérolinguisme dans le texte de théâtre pose donc à la traduction un défi de taille, car sa transposition n'est possible que dans la mesure où elle n'entrave pas la réception du texte en représentation.

Dans *Lucky lady*, cinq personnages marginaux en arrivent à miser tout leur argent et tous leurs rêves sur une course de chevaux. Ici encore, on parle un français populaire entremêlé d'expressions anglaises et, ici encore, la traduction fait disparaître les alternances de langue, sauf pour une portion du texte où un commentateur sportif décrit la course de chevaux à laquelle assistent les personnages et où on a reproduit un modèle de bilinguisme public tout à fait plausible pour l'auditoire

---

[11] Kathy Mezei, « Speaking white : Translation as a vehicle of assimilation in Quebec », dans Sherry Simon (dir.), *Culture in transit : Translating the literature of Quebec*, Montréal, Vehicule Press, 1995, p. 136.

d'Ottawa à qui la version anglaise était destinée (mais qui aurait été impensable dans un autre contexte comme celui de l'Alberta). Voici l'extrait en question dans les versions originale et traduite :

> VOIX : *It's...!!!... a photofinish at the wire! Too close to call.* Il va falloir attendre la décision des juges ! Quelle belle course ! *What a race !* Gardez vos billets, s'il vous plaît. *Keep your tickets, please* (*LL*, 1995a, 164-165) !

> VOICE : *And it's... a photo finish at the wire! Too close to call. We'll have to wait for the judges' decision.* Quelle belle course ! *What a race !* Gardez vos billets, s'il vous plaît ! *Keep your tickets, please* (*LL*, 1995b, 100) !

Vivant en milieu francophone minoritaire ontarien, le traducteur est sensible aux enjeux linguistiques du texte de départ et de son contexte. Il connaît aussi le contexte du destinataire de la traduction et ses usages linguistiques. S'il a évité l'alternance de codes dans une pièce destinée à un auditoire pour lequel elle est impensable dans la langue du quotidien, il a su toutefois la conserver dans une langue véhiculaire publique où elle est tout à fait acceptable. Le traducteur a donc approprié le texte au public précis auquel la traduction était destinée de façon à éviter des effets d'étrangeté indésirables dans une pièce qui emprunte à une esthétique linguistique de la vraisemblance, laquelle lui est d'ailleurs essentielle comme le souligne Rémy Charest dans sa critique de la production originale : « Ce que Dalpé saisit à merveille, c'est que, au-delà du rythme, il faut absolument que l'on croie à ces cinq personnes et qu'elles aient tout à perdre ou tout à gagner pour que l'édifice tienne[12]. » On fait donc preuve ici d'une recherche d'appropriation au public auquel la pièce est destinée sans chercher à la rendre tout à fait conforme aux attentes d'un public anglophone unilingue. On évite de reproduire une alternance ou une hybridité linguistique qui aurait dénaturé le texte, mais on prend soin d'inclure le français là où

---

[12] Rémy Charest, « À bride abattue », *Le Devoir*, 13 janvier 1995, p. B-8.

la situation l'invite sans nuire à l'authenticité des dialogues. C'est une façon de ne pas tout à fait éradiquer le français dans le texte anglais.

La version anglaise de *Trick or treat* va plus loin dans le même sens. On y évite les alternances de langue qui pourraient sembler artificielles, on conserve celles qui s'intègrent bien aux dialogues et on va même jusqu'à en ajouter. Ainsi, on reproduit des extraits de texte en polonais, mais en les modifiant légèrement. On conserve aussi la seule phrase que connaît le père en français :

BEN : *(au téléphone et en polonais)* O co chodzi? Dlaczego tato znowu wali tą szczotką a nie dzwoni przez telefon? Nie, nie, to w telewizji. [Papa, quoi? Pourquoi tu fais ça avec le balai au lieu de prendre le téléphone?... Non, non, c'est la tv…]
[…]
BEN : *(en anglais)* It's just the movie, Papa. A stupid movie, ok? *(en polonais)* Niech się tato potozy. [Couche-toi, puis dors…] *(en français)* Tout va bien, très bien. Tout va pour le mieux dans le meilleur des mondes (*TT*, 1999a, 218).

BEN : *(On the phone, in Polish)* O co chozi? Dlacego ojciec znowu z ta szczotko a nie prez telefon? Nie, nie, to w telewizji. (Papa, what? Why do you do that with the broom instead of using the telephone?... No, no, it's the T. V.)
[…]
BEN : *(In English)* It's just the movie, Papa. A stupid movie, OK? *(In Polish)* Ojciec sie pokozi. (Go to bed and sleep.) — *(In French)* Tout va bien, très bien. Tout va pour le mieux dans le meilleur des mondes (*TT*, 1999b, 99).

Ailleurs, la version anglaise reprend l'expression espagnole *no problemo*, qu'emploient successivement Cracked et Mike, à laquelle elle ajoute un *perfecto* moqueur dans la bouche de Cracked :

MIKE : C'est pas n'importe où, n'importe quel dépanneur. Non, non, non. J'ai checké la place, pis plus' qu'un soir. Avec un gun, no problemo.
[…]
CRACKED : Parfait. Parce que j'avais dit à fille vers minuit fait que…
[…] (*TT*, 1999a, 180, 186).

MIKE : *It's not just any place, any convenience store. No, no, no... I've checked it out, and more than once, too. With a gun... no problemo.*
[...]
CRACKED : *Perfecto. Cause I told the chick round midnight so...* [...] (TT, 1999b, 70, 74).

On a donc ici un modèle qui résiste à l'unilinguisme anglophone en reproduisant certaines alternances de codes présentes dans le texte original et en les amplifiant si possible dans la mesure où cela ne nuit pas au naturel des dialogues en anglais.

Il faut dire que la traduction des pièces de Dalpé se fait dans des circonstances fort avantageuses : l'auteur y contribue étroitement et elles sont confiées à des collaborateurs de longue date avec qui il partage une expérience intime du contexte linguistique et culturel dans lequel elles sont ancrées. Chacun connaît bien les enjeux du texte de départ et les a à cœur. La traduction procède donc ici par affinité, en misant sur une compatibilité maximale entre auteur et traductrice ou traducteur. Robert Dickson est aussi un auteur chevronné qui a écrit une importante œuvre poétique et développé une pratique de l'écriture qu'il met au service de la traduction. En outre, il maîtrise aussi bien le français que l'anglais puisqu'il écrit et traduit dans les deux langues. On est donc en présence d'un traducteur remarquablement équipé pour défendre le texte dans sa traversée des langues et des cultures.

Les conditions favorables dont bénéficie la traduction des pièces de Dalpé sont en quelque sorte tributaires du contexte particulier dont l'auteur et ses traducteurs sont issus. Ayant vécu en milieu francophone minoritaire, ils ont acquis une conscience de la diversité linguistique du Canada et la mettent à l'œuvre en insérant dans le texte anglais des énoncés en français, en polonais ou en espagnol là où c'est plausible sans entraver la compréhension du texte ni porter atteinte à la vraisemblance des dialogues. En outre, puisqu'ils sont par nécessité bilingues, ils connaissent bien les langues et les cultures francophone et anglophone et peuvent aisément naviguer de l'une à l'autre. Selon Robert Dickson, «[c]ette extrême perméabilité à la langue et à la culture secondes pourrait bien constituer une des conditions de base de la traduction dans le théâtre franco-ontarien des dernières années[13] ». Il s'agit en effet d'un atout indiscutable pour la traduction puisque cette connaissance partagée des langues et des cultures de départ et d'arrivée permet une adéquation maximale entre pièce originale et version traduite. On poursuit un même projet et le passage de l'une à l'autre se fait dans la continuité plutôt que dans la rupture. Il y a une correspondance d'idées et de visée dans la réécriture du texte qui fait en sorte qu'on dit les choses autrement, peut-être, mais sans cesser de parler la langue de Dalpé.

---

[13] Robert Dickson, « La traduction théâtrale en Ontario français », *Cahiers de théâtre Jeu*, n° 73, 1994, p. 61.

BIBLIOGRAPHIE

BOUCHER, Serge, *Motel Hélène*, version anglaise de Judith Thompson à partir d'une traduction de Morwyn Brebner, Toronto, Playwrights Union of Canada, 2000.

CHAREST, Rémy, « À bride abattue », *Le Devoir*, 13 janvier 1995, p. B-8.

DALPÉ, Jean Marc, *Le chien*, Sudbury, Prise de parole, 1987.

DALPÉ, Jean Marc, *Le chien*, traduction Maureen LaBonté et Jean Marc Dalpé, manuscrit déposé au Centre des auteurs dramatiques, Montréal, 1988.

DALPÉ, Jean Marc, *Lucky lady*, Montréal, Boréal, 1995a.

DALPÉ, Jean Marc, *Lucky lady*, traduction Robert Dickson, manuscrit déposé au Centre des auteurs dramatiques, Montréal, 1995b.

DALPÉ, Jean Marc, *Trick or treat*, dans *Il n'y a que l'amour*, Sudbury, Prise de parole, 1999a.

DALPÉ, Jean Marc, *Trick or treat*, traduction Robert Dickson, manuscrit déposé au Centre des auteurs dramatiques, Montréal, 1999b.

DICKSON, Robert, « La traduction théâtrale en Ontario français », *Cahiers de théâtre Jeu*, n° 73, 1994, p. 60-66.

FILEWOD, Alan, « Au fond de la mine, au fond du théâtre : Jean Marc Dalpé and the English Canadian theatre institution », communication présentée au colloque intitulé *Jean Marc Dalpé. Ouvrier d'un dire*, Université de Guelph, 16-18 septembre 2004.

GABORIAU, Linda, « The cultures of theatre », dans Sherry Simon (dir.), *Culture in transit : Translating the literature of Quebec*, Montréal, Vehicule Press, 1995, p. 83-90.

LADOUCEUR, Louise, « Oralité et hybridité du texte de théâtre franco-canadien en traduction anglaise », dans Jean Morency, Hélène Destrempes, Denise Merkle et Martin Pâquet (dir.), *Des cultures en contact : visions de l'Amérique du Nord francophone*, Québec, Nota bene, 2005, p. 411-425.

LADOUCEUR, Louise, « Canada's Michel Tremblay : des *Belles-sœurs* à *For the pleasure of seeing her again* », *TTR Études sur le texte et ses transformations*, vol. XV, n° 1, 2002, p. 137-164.

MEZEI, Kathy, « Speaking white : Translation as a vehicle of assimilation in Quebec », dans Sherry Simon (dir.), *Culture in transit : Translating the literature of Quebec*, Montréal, Vehicule Press, 1995, p. 133-148.

PARÉ, François, « La dramaturgie franco-ontarienne : la langue et la loi», *Cahiers de théâtre Jeu*, n° 73, 1994, p. 28-34.

TREMBLAY, Michel, *Hosanna*, John Van Burek et Bill Glassco (trad.), Vancouver, Talonbooks, 1974.

TREMBLAY, Michel, *La maison suspendue*, John Van Burek et Bill Glassco (trad.), Vancouver, Talonbooks, 1991.

TREMBLAY, Michel, *Marcel pursued by the hounds*, John Van Burek et Bill Glassco (trad.), Vancouver, Talonbooks, 1996.

UN TRAGIQUE SE LÈVE

LA PART DU TRAGIQUE DANS *UN VENT SE LÈVE QUI ÉPARPILLE*

Johanne Melançon
Université Laurentienne

> — *C'qui est grec, c'est que comme le vieux avait pas d'affaire à faire c'qu'y a fait en partant, c'est sûr que le jeune énervé va finir par faire c'qu'y'a fait, pis qu'y va finir là où y'a fini. Y'a pas l'choix. Y peut penser qu'y'a un choix mais dans l'fond y'en a pas.*
> — *[...] Ce que tu m'dis c'est qu'elle non plus, elle a jamais eu de choix dans l'fond ? C'est-tu ça que tu m'dis ?*
> — *C'est ça que j'te dis.*
> — *Pis c'est grec, ça ?*
> — *Oui, monsieur ! T'en rappelles pas ?*
>
> Jean Marc Dalpé,
> *Un vent se lève qui éparpille.*

Pourquoi vouloir essayer de cerner ce qui est tragique (« c'qui est grec ») dans *Un vent se lève qui éparpille*, œuvre qui n'est pas une tragédie mais bien un roman ? Parce que ce premier récit de Jean Marc Dalpé a bel et bien quelque chose de grec dans sa structure même, avec le chœur qui, entre chaque partie, vient commenter, résumer, interpréter ou éclairer l'action[1], ainsi que par le thème de l'inceste, au cœur de ce récit qui s'apparente à quelque chose comme une tragédie. En fait, ces éléments, donnés par l'œuvre elle-même, nous invitent à la lire avec cette clé. Or, nous verrons que ce ne sont pas tant cette structure et ce thème qui constituent les éléments les plus propres au tragique dans *Un vent se lève qui éparpille*, mais plutôt les actions et les personnages (en action) eux-mêmes.

Et d'abord, posant d'emblée qu'il peut y avoir du tragique en dehors de la tragédie comme genre, comment le définir? Ce que nous suggère la voix du chœur d'*Un vent se lève qui éparpille*, c'est qu'il doit y avoir transgression d'un interdit (ici l'inceste) ou une faute, et la punition de cette faute; s'ajoute à cela une certaine fatalité (puisque les personnages n'ont pas le choix). Toutefois, les ressorts du tragique sont beaucoup plus complexes.

DÉFINITION DU TRAGIQUE

Le tragique naît d'une action. Au cœur de la définition de la tragédie, espace privilégié du tragique chez les Grecs, Aristote place l'action bien avant les personnages ou «caractères»: si la tragédie est l'«imitation qui est faite par des personnages en action et non au moyen d'un récit[2]», «[l]a plus importante de ces parties est l'assemblage des actions accomplies [...]» car «sans action il ne peut y avoir de tragédie, mais il peut y en avoir sans caractères[3]». Bref, «[l]a fable est donc le principe et comme l'âme de la tragédie; en second lieu seulement viennent les caractères[4]». Il faut également un «changement de fortune», que ce soit au moyen d'une péripétie — «revirement de l'action dans

---

[1] On pourrait aussi considérer les poèmes insérés entre les différentes parties comme un second chœur ou comme les paroles du choryphée, puisque le chœur dans la tragédie grecque était en partie chanté ou du moins n'avait pas la même métrique que le reste du texte.
[2] Aristote, *Poétique*, texte établi et traduit par J. Hardy, Paris, Société d'édition «Les Belles Lettres», 1979 [1932], §1449b.
[3] *Ibid.*, p. 1450a.
[4] *Ibid.*, p. 1450b.

le sens contraire» — ou d'une reconnaissance — «un passage de l'ignorance à la connaissance, amenant un passage ou bien de la haine à l'amitié ou bien de l'amitié à la haine chez les personnages destinés au bonheur ou au malheur[5]».

Aussi, «[...] la tragédie présente des individus en situation d'agir; elle les place au carrefour d'un choix qui les engage tout entiers; elle les montre s'interrogeant, au seuil de la décision, sur le meilleur parti à prendre[6]» et «le fait tragique naît de la lutte, victorieuse ou vouée à l'échec, d'un être contre une force qui le dépasse[7]». C'est donc dire que le tragique est tension et qu'il a partie liée avec la fatalité et le divin, incarnation d'une force qui dépasse l'humain.

D'abord la fatalité. Seraient-ce les «limites inhérentes à la condition humaine[8]» qui font que l'homme, même s'il veut se battre contre certaines forces ou certains événements, est vaincu d'avance? C'est effectivement un des sens que donne André Lalande dans son *Vocabulaire technique et critique de la philosophie*: «caractère de ce qui est fatal, c'est-à-dire tel que cela ne puisse manquer d'arriver, malgré tout désir et tout effort contraires[9]». La fatalité est donc une limite à la liberté humaine, ou du moins, pour qu'il y ait tragique, il faut que la fatalité s'exerce malgré la liberté, malgré l'homme qui exerce sa liberté envers et contre tout, et même s'il sait le combat perdu d'avance[10].

---

[5] *Ibid.*, p. 1452a.
[6] Jean-Pierre Vernant et Pierre Vidal-Naquet, *Mythe et tragédie en Grèce ancienne*, Paris, François Maspero, 1972, p. 37.
[7] Alain Couprie, *Lire la tragédie*, Paris, Dunod, coll. «Lettres SUP», 1998, p. 8.
[8] Jacqueline de Romilly, *La tragédie grecque*, cité dans Marc Escola, *Le tragique*, Paris, Garnier Flammarion, coll. «Corpus», 2002, p. 45.
[9] André Lalande, *Vocabulaire technique et critique de la philosophie*, 15e édition, Paris, Presses universitaires de France, coll. «Société française de philosophie», 1985, p. 344.
[10] Voir Henri Gouhier, *Le théâtre et l'existence*, Paris, Aubier, 1952.

La fatalité s'incarne dans une « puissance naturelle ou surnaturelle, mais supérieure à l'homme, dont l'action se manifeste par ce fait que certains événements sont fatals[11] ». Chez les Grecs, la fatalité se concrétise par l'intervention des dieux dans la vie des hommes. En ce sens, les tragédies grecques seraient, comme le propose Jacqueline de Romilly, « [...] une interrogation universelle sur les limites de la responsabilité humaine. Mais cette question universelle trouve son fondement dans un trait spécifique à la pensée grecque ancienne : la possibilité de regarder un même événement sur deux plans à la fois, selon deux ordres de causalité [...] » : le divin et l'humain. Car « [r]ien de ce qui arrive n'arrive sans le vouloir d'un dieu ; mais rien de ce qui arrive n'arrive sans que l'homme y participe et y soit engagé[12] ». Il y a donc toujours une tension, une « responsabilité » en question : « [...] dans quelle mesure l'homme est-il réellement la source de ses actions ? » s'interrogent Jean-Pierre Vernant et Pierre Vidal-Naquet avant de poser que « le sens tragique de la responsabilité surgit lorsque l'action humaine fait une place au débat intérieur du sujet, à l'intention, à la préméditation, mais qu'elle n'a pas acquis assez de consistance et d'autonomie pour se suffire entièrement à elle-même[13] ».

Ce qui nous amène à la question du divin, ou, pour employer un mot grec, le δαιμων *(daimon)*, mot qui signifie « dieu ou déesse » et, dans son sens général, « égal ou semblable à un dieu, d'où la puissance divine, la divinité ». Par périphrase (δαιμονος τυχη), le mot signifie également « la fortune, le hasard, et par suite : destin, sort (d'ordinaire en mauvaise part)[14] ». Cette action des dieux sur l'homme est sanction d'une faute qu'il aurait commise (la violation d'un interdit), soit l'αμαρτια *(hamartia)*, faute ou erreur que l'on peut commettre par ignorance, aveuglement ou

---

[11] André Lalande, *op. cit.*, p. 343.
[12] Jacqueline de Romilly, dans Escola, *op. cit.*, p. 43.
[13] Jean-Pierre Vernant et Pierre Vidal-Naquet, *op. cit.*, p. 39.
[14] Anatole Bailly, *Dictionnaire grec français*, 26e édition, édition revue par L. Séchan et P. Chantraine, Paris, Hachette, 1963 [1950], p. 425.

de façon involontaire ou par méprise; soit l'υβριξ *(ubris* ou *hybris)*, qui est «tout ce qui dépasse la mesure, excès» (par exemple, orgueil, insolence, violence, fougue). Ou encore, l'αμαρτια serait une «maladie de l'esprit, délire envoyé par les dieux, engendrant nécessairement le crime [...][15]», d'où la violence des gestes et des émotions. Qui agit? Le «caractère» (personnage) ou une force qui l'habite? «*Êthos-daimon*, c'est dans cette distance que l'homme tragique se constitue[16].»

LE TRAGIQUE DANS *UN VENT SE LÈVE QUI ÉPARPILLE*

Qu'en est-il des actions faites par les principaux personnages de Dalpé? Il y a bien une faute, la violation d'un interdit (l'inceste) par Joseph, action qu'il a tenté de réprimer sans y arriver. Cette faute a engendré la violence *(υβριξ)*, la mort (violente). Joseph est puni pour sa faute, tué par Marcel qui à son tour paiera pour la sienne (homicide) en passant 10 années en prison. Joseph a aussi renié ses promesses, faites à son père, à sa femme et à son frère, conséquence de sa première faute (inceste). Autre conséquence de l'inceste: le suicide / la mort de Rose. Au centre de ces actions: Marie et ses 17 ans.

Ce simple résumé des actions et de leurs conséquences ne donne pas toute l'ampleur de ce qui se joue dans *Un vent se lève qui éparpille*. Il faut aussi chercher ce qui a provoqué ces gestes. Dans chaque cas, c'est une émotion tellement forte qu'elle habite le personnage et le fait agir malgré lui, comme le δαιμων. Si Marcel Collin allume un feu dans l'espoir «[q]u'y brûle, ostie! Qu'y brûle! Qu'y brûle toute!» (V, 11), c'est à cause de sa colère (V, 34 et 50). S'il tue Joseph avec sa 22, avec trois balles, comme un animal — un orignal —, c'est aussi à cause de la colère: «"C'est parce que j'étais en colère que je l'ai fait"» (V, 16; voir aussi V, 59). Mais c'est aussi à cause de sa passion pour Marie. Marcel a été «foudroyé» par elle, un après-midi qu'il l'a aperçue

---

[15] Jean-Pierre Vernant et Pierre Vidal-Naquet, *op. cit.*, p. 55.
[16] *Ibid.*, p. 30.

— une véritable vision, un authentique coup de foudre — au bord du « crique à Bissonnette » :

> [...] parce que de temps en temps une image lui traversait l'esprit, celle de Marie se transformant comme dans un conte en oiseau ou en animal pour se sauver et même parfois pour l'attaquer [...] pourtant, une fois partie Chriss que c'est que j'ai et il n'avait pas bougé pendant un long moment (*non pas « comme foudroyé » mais foudroyé pour le vrai*) en se disant Ah ben ! Moé qui pensais que c'était rien que des histoires de film [...] J'vas toujours me souvenir de ça Toujours (*V*, 31 ; je souligne) !

Ainsi, ce n'est pas seulement à cause de la colère qui l'habite depuis que Marie lui a confié qu'elle est enceinte de son oncle et lui a demandé d'aller la reconduire à Timmins en moto pour se rendre chez un médecin dont Odette lui a donné l'adresse, mais aussi à cause de sa passion pour elle : «"C'est parce que je l'aimais tellement que je l'ai fait"» (*V*, 32). À cette fatalité, ce coup du destin qui lui ravit celle qu'il aime — « Ma femme, ça allait être ma femme » (*V*, 57) —, Marcel répond par deux actes violents, le feu et le meurtre : «[...] "Ouain. J'sais. L'amour pis la colère. J'vois. Ouain. — Parc' quand t'es en colère... — C'est ça. — ... tu vois p'us clair. — C'est ça. J'sais. — Comme pour le feu. — Celui que t'as allumé. — J'voulais qu'y brûlent tout' ! Tout' Ostie !» (*V*, 34). Marcel est aveuglé par sa colère parce qu'il est aveuglé par sa passion pour Marie ; il agit (mais agit-il vraiment en tant que lui-même ?) sous le coup de l'émotion, comme si une force — un $\delta\alpha\iota\mu\omega\nu$? — l'habitait. Mais il en assume aussi la responsabilité.

La fatalité frappe également Rose, qui n'a pourtant rien fait : sa vie bascule (revirement du bonheur au malheur par reconnaissance) lorsqu'elle trouve (« par hasard ? » [*V*, 91], se demande-t-elle) le petit mot de Marie sous l'oreiller de son mari ; encore plus lorsque, demandant des explications à Joseph, celui-ci, au lieu de répondre, la gifle et sort de la maison en claquant la porte, montant ensuite dans « son pick-up rouge / flambant neuf » (*V*, 117) pour retrouver Marie. Depuis, une « fureur intacte "Tu m'écœures ! m'écœures !" sans cesse renouvelée » l'habite (*V*, 92) et son corps dépérit (*V*, 93), métaphore du mal intérieur qui la ronge. La fatalité, c'est aussi Marie qui, n'ayant pu se résoudre à se faire avorter, revient chez sa tante, qui accepte ce nouveau coup du destin : «[...] "Icitte, c'est chez toi, tu l'sais bien. Ça changera pas, ça. Y'a rien qui peut changer ça" [...] "C'est d'même" [...]» (*V*, 97). Son «c'est d'même» n'est cependant pas l'acceptation passive de son sort, qu'elle combat à sa façon :

> [...] plutôt répondant «C'est d'même» parce qu'elle avait pensé Ça va lui montrer Ça va leur montrer, imaginant déjà les regards et les chuchotements des gens à l'entrée de l'église [...] Oui, ça va tous leur montrer [...] et même s'ils ne savent pas encore toute l'histoire, devront attendre encore six mois avant que deux et deux fassent quatre et qu'ils saisissent le pourquoi du geste de Collin et donc l'ampleur du sien Ça va leur montrer certain! parce qu'elle se voulait irréprochable et qu'elle s'imaginait ainsi augmentant sa faute à lui, la rendant encore plus odieuse, irrémissible aux yeux des Lapierre, Perrault, Bissonnette, Ladouceur, Sarrazin du monde [...] (*V*, 97-98)

Tout comme pour Marcel, c'est la colère qui devient le moteur de sa vie, sa façon de lutter contre la fatalité ; non seulement la colère, la haine, mais une

> [...] fureur [qui] pouvait la nuit, en pleine nuit, la forcer soudain de son lit, la forcer à s'habiller à la hâte [...] et à sortir pour se mettre à courir, courir, courir [...]
>
> oui, elle courait sans qu'elle puisse s'arrêter, se raisonner, parce que trop plein de fiel [...] elle partait, courait, courait, courait jusqu'à ce que ses jambes n'en puissent plus [...] crachant encore avec la même hargne, la même violence «Écœurant! Cochon!» que cette fois où il avait été là devant elle, les yeux baissés, et puis elle frappait, cognait sauvagement de toutes ses forces n'importe quoi [...] frappait et refrappait [...] et elle finissait à quatre pattes, s'abandonnant aux séismes, ignorant la douleur aiguë dans ses genoux [...] et alors, enfin à bout, sale, trempée de sueur et grelottante, elle se mettait à penser qu'elle était folle, ou allait devenir folle, tout en sachant au fond, même si elle n'arrivait pas à se l'exprimer clairement, que non, Non! au contraire, c'était justement ça qui l'empêchait de sombrer : sa haine (*V*, 93-94)

Et ce soir-là, 10 ans après les événements, si elle décide d'en finir et de partir vers la rivière — lieu de retraite et de réconfort de son enfance —, c'est qu'elle n'arrive plus à ressentir cette même colère (*V*, 90). Au bord de la rivière, elle lutte avec elle-même, hésite à faire le saut et, au moment où elle renonce à son projet et décide de revenir chez elle, elle se tord la cheville et tombe (*V*, 102-103), autre coup du destin, de la fatalité. Mais si Rose est le jouet du destin, peut-on dire qu'elle a commis une faute? Peut-être, en choisissant la colère plutôt que la rédemption pour pouvoir vivre?

> si elle continue, ce n'est pas parce qu'elle aurait retrouvé, comme dans les contes ou mythes, une fois purgée par l'épreuve, une foi renouvelée [...]; celle en un Être ou Principe suprême qui régit, ordonne et donc donne un sens, même s'il nous échappe, demeure inconnu, reste innommé, à l'Univers qui ne serait pas qu'un fol chaos
>
> non ce n'est pas cette foi-là [...]
>
> non, ce n'est ni la foi, ni l'espoir, ni même l'instinct animal de la survie
>
> mais seulement sa rage, sa colère (*V*, 108-109)

Ou alors, c'est qu'elle n'a pu protéger sa nièce comme elle l'avait promis à son beau-frère — mais en avait-elle le pouvoir?

Car le nœud de ce drame n'est pas le meurtre que commet Marcel, mais bien la transgression de Joseph, l'inceste. Pourtant, Joseph a lutté contre cette passion qui l'a submergé : «Pendant longtemps, c'était juste dans sa tête» (*V*, 119). C'est un mal qui s'est insinué de façon graduelle et sournoise, puis brusquement, dans la nuit du passage au solstice d'été, Marie a changé : «[...] la suivait cette chose nouvelle [...] qui d'abord le trouble sans trop qu'il sache pourquoi, ensuite l'envoûte puis enfin l'effraie [...] mais, au début, il croyait encore que ça s'en irait [...]» (*V*, 120), comme un mal dont on peut guérir. Car Joseph a cru en la rédemption par le travail, «cette foi peut-être naïve peut-être aveugle» (*V*, 120). Et effectivement, il parvenait à oublier en travaillant, en parlant à Rose, en écoutant seulement les mots de «l'autre», mais la nuit, lorsqu'il était seul, «il faisait face à ce pont au-delà duquel il savait qu'il trouverait non pas la paix (c'était même tout le contraire) [...]» (*V*, 122). Au fil des jours, son désir ne cessait de croître :

> oui, juste dans sa tête...
> et rien n'arrivait à atténuer (encore moins à faire disparaître) ce qu'il ressentait, et un jour il s'était rendu compte que ça faisait déjà un an...
> non, rien...
> même plus ce qui aurait dû l'empêcher de commencer à le ressentir, qui aurait dû le rendre malade juste à l'idée d'être capable de le ressentir, c'est-à-dire le souvenir du soir, sept ans auparavant, où on lui avait demandé de la prendre sous son toit [...] (V, 123)

Les événements eux-mêmes semblent (c'est le point de vue de Joseph) être provoqués de l'extérieur — la fatalité ? : « La porte de la grange s'ouvre / Il sait que c'est elle, il la sent dans son dos ; sa tête se redresse d'un coup et son cœur cogne, cogne, cogne d'imaginer enfin venu le moment [...] » (V, 127-128) ; et Joseph ne fera rien, sera incapable de faire quoi que ce soit pour retenir son geste :

> [...] peut-être s'il avait parlé [...] peut-être que tout aurait été évité ou du moins remis encore une fois, et à plus tard, parce que plus tard, peut-être que cela aurait été plus facile, même que plus tard, peut-être que cela aurait disparu comme disparaît toujours un mal de tête, un mal de ventre parce que Peut-être c'était juste ça ou que cela aurait pu être juste ça, parce que tant qu'elle était à contre-jour et sans visage, il sentait qu'il était encore capable de se dérober ; [...]
> *mais poussée par un coup de vent, la porte se referme* derrière elle en claquant [...] et elle n'est plus la silhouette noire sans visage de tantôt, et ils savent ; et après un moment de silence, sauf pour le vent, sauf pour leurs souffles Tu viens Tu viens vers moi Ô chriss ! [...] (V, 128 ; je souligne)

Un vent se lève qui éparpille, qui fait éclater le feu qui couvait tout ce temps — l'attise même —, qui fera éclater en morceaux la vie de tous les personnages. Parce que Joseph n'a pu parler, pas plus qu'il n'a pu le faire pour s'expliquer à Rose : « L'homme pourrait se retourner ; il pourrait se retourner et défaire le sort d'un geste, d'une parole / Mais il monte dans son pick-up rouge [...] » (V, 117). Dans son monde, la parole est « non seulement superflue mais inutile et vaine » :

> [...] ils repartent ensemble sans un mot, sans avoir besoin de parler, de s'expliquer ci ou ça ou pourquoi, parce qu'il imagine qu'il y a une place

> dans ce monde où la parole n'est pas nécessaire (et non seulement superflue mais inutile et vaine), parce qu'il imagine qu'il y a une place dans ce monde pour lui, pour elle, une place où elle aura toujours dix-sept ans, une place où chaque matin, ce serait comme s'il ne l'avait jamais fait, et où chaque soir il le ferait comme pour la première fois, et donc tous les jours seraient le jour de sa chute mais le désir serait toujours aussi ardent et terrifiant, et l'assouvissement du désir toujours aussi bouleversant
>
> et il y aurait le vent aussi, le vent de l'ouest, printemps et sauvage [...] tous les deux sachant que oui, encore une fois, il est trop tard [...] (*V*, 131)

Plus tard, lorsque Joseph part à la recherche de Marie après avoir giflé Rose et claqué la porte, c'est la colère qui remplace la passion ; le texte anticipe la suite des événements : « Dans son dos / la porte claque / comme un coup de vingt-deux » (*V*, 117) et Joseph est « comme une bête avec une balle de vingt-deux dans ses tripes, affolée par la douleur, qui tente furieuse de s'enfuir du marécage » (*V*, 118). C'est bien une sorte de fureur qui s'empare de Joseph qui, aveuglé par cette émotion, part dans l'espoir de retrouver Marie, conduisant comme un fou son « pick-up rouge / flambant neuf », sur la route étroite : « et quand il n'est plus qu'à dix pieds de la charge de billots (comme la bête toujours, de plus en plus frénétique, de plus en plus enragée, de plus en plus aveuglée, démente) [...] » (*V*, 118).

Un peu plus tard, la colère aura remplacé son désir de Marie, une colère mêlée de désespoir à la pensée de ne plus jamais la revoir, désespoir qui permet seul de faire à nouveau surgir le désir :

> et ensuite ce n'est plus du désir mais quelque chose de plus sauvage, violent, qui relève de la bête (taureau, coq, matou, chien) en rut, aveuglée par cet appel impérieux, irrépressible, sa main rude massant son sexe dressé mais insensible, engourdi, il s'efforce de trouver le filon, la veine, la brèche qui lui permettrait de Mais il n'y arrive pas, il reste pris avec le manque
>
> Je ne la verrai plus jamais ? Je ne la toucherai plus jamais ?
>
> Puis, moins de rage que de désespoir Chriss ! Ma Chriss !
>
> puis d'abord impalpable, informe, enfin surgit de la tourmente en lui comme s'il avait fallu aller jusque-là, jusqu'à dire ça (*V*, 156)

Mais Joseph n'a pas que commis cette transgression d'un interdit ; il a aussi brisé deux promesses : « c'est-à-dire qu'en partant de la maison, en lui tournant le dos, en prenant la route, il avait rompu non seulement la promesse faite à Rose, le jour de leurs noces, mais aussi et surtout celle plus ancienne, plus sacrée faite à son père » (*V*, 158), Joseph ayant juré de ne jamais quitter la terre (*V*, 159-160). Les événements le rattrapent comme une fatalité, sans qu'il le veuille vraiment ; même qu'il a lutté autant qu'il a pu contre ce désir qui s'installait en lui. Et il en assume le poids et les conséquences : « et donc (puisqu'il s'est rendu jusque-là, puisqu'il a renoncé à tout, même à ça), il vient de comprendre qu'il n'a pas d'autre choix que de continuer » (*V*, 160). Et s'adressant — enfin !... mais dans sa tête — à sa femme : « Parce que t'sais Rose un homme comme moi peut pas faire autrement que d'penser qu'y peut faire quelque chose » (*V*, 162). Il veut arranger les choses, bien qu'il sache qu'il ne peut revenir en arrière. Agent et agi, victime et coupable, aveugle et lucide tout à la fois, Joseph incarne toutes les tensions tragiques.

Reste Marie, celle par qui tout arrive, celle qui (malgré elle ?) déclenche la tragédie. Serait-elle la fatalité ? La faute première qui fait peser la fatalité sur la famille de Joseph viendrait-elle de ce pacte que Maurice, le père de Marie et le frère de Joseph, aurait rompu (*V*, 125) ? Marie est-elle une incarnation du δαιμων — sa mère serait une déesse (*V*, 126) ? Est-elle victime ou coupable ? Elle-même ne peut s'expliquer pourquoi elle a agi ainsi qu'elle l'a fait (n'ayant fait aucun geste pour empêcher Marcel de tuer Joseph), comme si une force extérieure — colère ? peur ? haine ? pitié ? — agissait en elle, non sans développer chez elle un sentiment de culpabilité :

> [...] J'sais pas Je sais pas pourquoi j'ai pas bougé pourquoi j'ai pas essayé de l'empêcher pourquoi j'ai attendu que ça soit fini avant d'ouvrir la porte
>
> je sais pas si c'était la peur ou si c'était parce qu'elle le haïssait pour ce qu'il lui avait fait ou se haïssait elle-même parce qu'il ne l'avait jamais obligée à le faire Non j'sais pas
>
> car si souvent elle se disait que c'était parce qu'elle était en colère, souvent aussi elle se disait que c'était pour lui, pour que s'éteigne d'un coup sec ce qui n'aurait jamais dû naître et qui depuis n'avait cessé de le consumer, et

> donc que c'était, non par amour (elle n'a jamais pu parler d'amour entre elle et lui) mais plutôt par pitié, celle qu'on ressent pour une bête blessée gémissante qu'on abat en vitesse afin que cesse la douleur
>
> à moins qu'elle ait laissé Marcel abattre la bête pour qu'elle se taise tout simplement
>
> à moins qu'elle l'ait fait plutôt en espérant ainsi taire cette voix (méchante, enragée) en elle qui lui répétait sans cesse que tout était de sa faute [...] (*V*, 181-182)

Ce serait donc elle qui aurait commis la faute. Et la fatalité la suit aussi, puisqu'elle deviendra enceinte. Et parce qu'elle n'a pas pu se résoudre à l'avortement (*V*, 96), Méo incarne à son tour cette faute. Et c'est non pas à cause du vent que Marie échappe la boîte contenant les cendres de sa tante qui va ainsi se cogner sur la stèle de Joseph, épisode final qui devient la métaphore du drame qui s'est joué, mais à cause de Méo. Jusqu'à la fin, alors que Marcel la retrouve à sa sortie de prison et qu'ils achètent un garage à Cochrane avec l'argent de la vente de la terre de Joseph, le comportement de Marie reste incompréhensible, non seulement pour elle mais aussi pour les autres :

> *Mais peut-être que quelqu'un comme elle voit pas ça de la même façon. Peut-être que quelqu'un qui a fait ce qu'elle a fait ou à qui on a fait ce qu'on a fait voit ça autrement. Tellement autrement que du monde comme toi pis moi, on arrivera jamais à s'expliquer les pourquoi du comment qu'y font c'qu'y font. Même si on s'essayait. Même si on avait envie de s'essayer* (*V*,189).

En fait, dans *Un vent se lève qui éparpille*, les personnages semblent agir non seulement sous le coup d'une émotion qui les habite — passion, désir, colère, haine, rage, fureur —, qui les aveugle, mais c'est comme si ce n'étaient pas eux qui agissaient. À quelle logique obéissent donc ces personnages ?

LA LOGIQUE DU SUJET TRAGIQUE

> *La tragédie grecque, pour ce qu'il nous en reste, aurait ainsi porté [...] sur l'impossibilité pour ce que nous appelons un « sujet » de se constituer.*
> Pierre Gravel,
> *Pour une logique du sujet tragique*

Le philosophe Pierre Gravel, dans son essai *Pour une logique du sujet tragique*, formule l'hypothèse que « le tragique a lieu au moment de la constitution de quelque chose comme un sujet[17] », hypothèse qui l'amènera à « tenter d'articuler, et d'abord d'approcher, la manière suivant laquelle se manifeste un sens du divin à partir de ce que, dans et par le jeu tragique qui en est ainsi la *monstration*, l'humain est amené à reconnaître comme sien[18] ». Partant de la *Poétique* d'Aristote, le philosophe rappelle que le tragique est une manière d'agir plutôt qu'une manière d'être[19] et qu'on peut voir la tragédie comme étant la mise en jeu des différentes « forces » qui l'animent[20]. Il rappelle également que « les notions de sujet, de volonté, d'individu, etc. » n'avaient pas d'équivalent dans la langue grecque du Ve siècle, ajoutant que la notion de héros est absente de la *Poétique*. La fonction de l'action tragique n'est pas de dévoiler le caractère des personnages, mais l'essentiel tient dans les revirements de l'action elle-même (péripéties et reconnaissances). Selon Gravel, nous aurions donc pensé la tragédie, jusqu'à maintenant, à travers un certain « psychologisme[21] » et cette attitude nous aurait empêchés « de penser que ce concept du sujet peut être en question dans la tragédie[22] ». Il faut aussi remettre en perspective les schémas de

---

[17] Pierre Gravel, *Pour une logique du sujet tragique. Sophocle*, Montréal, Presses de l'Université de Montréal, 1980, p. 90.
[18] *Ibid.*
[19] *Ibid.*, p. 20.
[20] *Ibid.*, p. 24.
[21] *Ibid.*, p. 65.
[22] *Ibid.*

pensée qui nous permettent d'articuler le rapport entre l'humain et le divin — notre conception judéo-chrétienne nous suggérant la séparation du Bien et du Mal et nous prescrivant le Dieu unique, alors que le paganisme grec permettait de penser un dieu multiple qui n'était jamais en position de sujet[23]. À cela s'ajoute la notion de désir : la tragédie serait un « désir de savoir [...] qui, au moment où il se constitue, s'inscrit non seulement dans et par le refus du tragique comme tel, mais se veut également et très précisément comme sa relève[24] » et donc la possibilité de se constituer en tant que sujet.

À partir de ces principes, Pierre Gravel s'oriente « vers une conception du tragique suivant laquelle le tragique, principalement sophocléen, joue de l'impossibilité pour le sujet de se constituer. En d'autres termes, la tragédie, comme forme de la représentation, serait le lieu parfaitement utopique, l'espace particulier où serait tenu en échec le concept du sujet [...][25] ». Ce que propose Gravel, c'est de considérer que le concept même de sujet est ce qui est tenu en échec dans la tragédie[26], le sujet étant multiple :

> Or, que la tragédie soit ainsi la monstration, au sens fort, de l'impossibilité pour le sujet de se constituer et qu'elle nécessite, pour être développée une systématisation, en quelque sorte, de la formule de Rimbaud, cela implique également, à titre de pure possibilité formelle, que ce sujet en question puisse être multiple, qu'il puisse être autre en tellement de sens que cette multiplicité même soit ce qui le confonde[27].

Il développe ainsi une « logique du sujet tragique » qui comporte trois éléments :

> des personnages, tout d'abord, ou des « caractères » qui sont tous des modalités de l'être-là ; ensuite, nous avons la manifestation de quelque chose qui pour eux vaut comme une extériorité, en quoi ils sont amenés à s'investir

---

[23] *Ibid.*, p. 66-68.
[24] *Ibid.*, p. 69-70.
[25] *Ibid.*, p. 82.
[26] *Ibid.*, p. 82-83.
[27] *Ibid.*

pleinement dans le désir de la faire leur au point d'en être parfaitement indissociable ; enfin, nous avons ce qui permet le rapport de l'un à l'autre et que nous avons appelé la dimension d'origine. Et poussant les choses plus loin, nous avons également cru montrer que les personnages comme modalités de l'être-là n'étaient pas l'expression chaque fois différente ou différemment focalisée de « qualités » ou de « traits » fondamentaux qui servent à reconnaître ce que nous appelons un « caractère », mais qu'ils étaient, tout au contraire, la très fine exploitation des « possibles » que requérait, pour son plein développement, une situation[28].

Cette définition du tragique comme « la mise en question radicale de la possibilité même de quelque chose comme un sujet[29] », de la tragédie comme l'éclatement du principe de subjectivité, de l'impossibilité pour un sujet de se constituer comme sujet (métaphysique) et sa tentative de coïncider avec ce qu'il sait de lui-même nous permettra de jeter un nouvel éclairage sur la part de tragique chez les personnages de Dalpé. L'impossibilité de se constituer comme sujet dans *Un vent se lève qui éparpille* pourrait se traduire ainsi : agir en n'étant plus soi, lorsque « je » n'égale plus « je ».

LE « SUJET TRAGIQUE » DANS *UN VENT SE LÈVE QUI ÉPARPILLE*

Dans *Un vent se lève qui éparpille*, Marcel, Rose, Joseph, Marie sont-ils vraiment eux-mêmes lorsqu'ils agissent ? Le jour du drame — Rose qui découvre la note sous l'oreiller, la gifle de Joseph, Marie qui a tout raconté à Marcel et qui lui a demandé de la reconduire à Timmins —, Marcel a tenté d'apaiser sa colère en allumant un incendie. Le soir même, à la fin du party en l'honneur de l'anniversaire d'Odette, qui se transforme en une beuverie violente, Marcel n'est plus lui-même, soudain davantage bête qu'homme, un δεινοζ, être qui inspire la crainte et l'effroi :

---

[28] *Ibid.*, p. 129.
[29] *Ibid.*, p. 130.

> [...] une ronde d'enfants surexcités et bruyants qui s'amusent dans une cour d'école primaire ; bientôt cela bascule brusquement du carnaval à la corrida pendant ce moment de silence qui suit cet étrange hurlement rauque que Marcel a poussé tout d'un coup, sorti d'on ne sait quel nœud, quel feu, quelle tumeur au ventre, et qui n'a rien d'humain et qui, oui, s'apparente ici au mugissement du taureau, bête massive et noire [...] (V, 46-47)

Odette a peur : «[...] leurs regards se croisent mais l'un des deux n'est plus celui d'un être humain, évoque plutôt dans sa tête à elle quelque bête préhistorique, mi-reptile mi-vautour [...]» (V, 50). Lorsque la fête se termine en bataille, Marcel, passablement éméché, est dans un état second quand il affronte celui qui l'a insulté : «[e]t si c'est bien sûr Ayotte qui s'avance vers lui (souriant, confiant), ce n'est pas sur Ayotte qu'il se rue (non pas furieux ni enragé mais plutôt à froid et déterminé), et ça ne redevient Ayotte qu'une trentaine de secondes plus tard [...]» (V, 54). Et lorsque Joseph tente de le réveiller le lendemain aux petites heures du matin, il n'a presque pas dormi et il a du mal à reprendre conscience :

> [...] puis il perd connaissance
> Le cerveau de Marcel s'allume et s'éteint plusieurs fois avant de s'allumer pour de bon
> à un moment donné,
> il est dans les bras de sa mère [...]
> à un moment donné,
> il se voit il se regarde dans un miroir il porte un costume de cow-boy neuf [...]
> à un moment donné,
> il est dans les bras d'une femme à tête de loup et
> « Chriss Collin, réveille ! »
> et *tout le reste se passe dans le même brouillard le même flou*
> Sauf que cette fois-ci ce n'était pas un lièvre (V, 55-56 ; je souligne)

C'est donc en n'étant pas vraiment lui-même que Marcel va chercher la carabine, qu'il la charge, qu'il l'arme et qu'il tue Joseph. Lorsqu'il tire sur celui qui a commis l'inceste, qui a violé « sa » Marie, Marcel est une personnalité multiple : il est en même temps tous les Marcel qui ont tiré sur un orignal, un corbeau, une perdrix, un lièvre... « Sauf c'fois-citte c'pas un lièvre » (*V*, 11). Au moment où il vise, ce sont toutes ces proies qu'il voit devant lui, alors que Joseph vient de lui tourner le dos. À l'instant même où il fait ce geste, violent et fatal, il ne coïncide pas avec lui-même, ce sont la colère et la passion qui le font agir (*V*, 16, 32) ; il se dédouble :

> [...] et puis c'est comme si le visage se scindait en deux suivant l'axe de l'arête du nez, les deux moitiés semblant appartenir à deux personnes différentes ou sinon, si à une seule, si à la même, alors à la même, mais à deux moments différents : l'une toute froissée, plissée comme sous l'effet d'un effort suprême ou d'une douleur aiguë [...] tandis que l'autre — et la différence est d'autant plus marquée parce qu'au-dessus du sourcil, il y a la plaie d'une coupure, et qu'une tache bleue, jaune et mauve recouvre entièrement la joue —, ce côté-ci du visage n'exprime rien ou peu ; c'est le visage calme d'une personne qui serait sur le point d'accomplir froidement un acte simple et nécessaire (peut-être même utile), un visage fixe et immobile [...] (*V*, 10)

De même, quand Marcel, en prison, fait le récit de ce moment, il en invente des bouts (*V*, 57-58), ce dont il croit se souvenir est inventé (*V*, 15-16, 32) :

> « Tout c'que j'savais c'est qu'il l'avait violée, tu vois-tu ? Pis j'le *voyais dans ma tête, j'me l'imaginais* en train d'y faire mal, en train d'y... t'sais.
> — Ouain.
> — D'la tenir, t'sais. D'la prendre pis...
> — *C'est elle qui t'as conté ça ?*
> — *Non, mais y faut.*
> — Ouain ?
> — C'est sûr. »
> Un jour, ce qu'on invente, ce qu'on fabrique, on ne se souvient plus de l'avoir fabriqué [...]
> — J'entends, t'sais, ses cris... J'les entends pis... Ma femme, ça allait être ma femme.
> — Tu vois bleu.
> — Fait que quand y part en riant, j'veux dire...
> — Tu peux pas prendre ça.
> — Comment tu veux qu'un homme prenne ça ? »
> La carabine dans le placard, les balles dans la boîte sur la tablette

> « J'ai couru, man. J'suis allé la charcher... entéka, *j'ai dû*... parc' là c'est comme *j'm'en rappelle plus trop*.
> — Ça s'est effacé?
> — Ouain.
> — Ça arrive.
> — Mais *j'me vois avec la carabine*, man. Ça... Ouain, j'me vois avec la carabine. Mais *c'est comme j'suis pas là*, t'sais. Tout c'que j'entends c'est ses cris à elle, pis *j'me l'imagine* en train d'y faire mal. *Pis c'est plus fort que moé* » (*V*, 56-58 ; je souligne).

Pas plus que Marcel, Joseph ne semble être lui-même lorsqu'il succombe à son désir pour Marie : c'est un autre — un être habité par un désir intense et incontrôlable — qui fait les gestes interdits :

> Sa main *Qu'est-ce que j'ai?* Sa main tremble, son bras, tout son *Qu'est-ce qu'y m'arrive?* tout son corps grelotte Pis ton épaule toute blanche quand j'fais glisser la manche et tu m'laisses faire Ô chriss! *Qu'est-ce que j'ai à trembler de même?* L'épaule blanche, et même ses dents maintenant se mettent à claquer sans qu'il puisse s'arrêter et elle ne se ferme pas les yeux, le regarde qui fixe son épaule [...] elle s'approche encore un peu jusqu'à ce qu'ils se touchent là à travers le linge [...] (*V*, 129 ; je souligne)

Il n'est pas davantage lui-même lorsque, aveuglé par la passion et surtout par la colère, il part à la recherche de Marie : « [...] et même en plein brouillard il ralentit à peine, conduisant le pick-up comme s'il voyait à travers, ou croyait voir à travers, ou était convaincu qu'une partie de lui pouvait voir à travers [...] » (*V*, 151). Lucide, il a pourtant lutté contre ce désir :

> C'est juste dans ma tête fait que j'suis encore celui qui a promis à son frère, v'là sept ans, de la prendre, de l'élever, de la protéger J'suis toujours celui que j'suis, celui que j'ai toujours été [...]
>
> pis c'est ça que j'suis, ça que j'ai toujours été, pis c'est ça que j'vas rester parce que tout l'reste c'est juste dans ma tête
>
> oui, juste dans sa tête
>
> jusqu'au moment où ça ne l'était plus, que c'était pour vrai (*V*, 127)

Il a lutté contre la fatalité — les événements, dans sa tête en tout cas, sont inévitables, provoqués par une force extérieure —

et il continue même s'il sait qu'il ne peut rien changer, après avoir désiré ne plus être :

> [...] il a envie [...] de tout oublier et de s'endormir [...], de tout quitter, de partir loin, loin, se rendre là où il n'a plus à penser à ce qu'il veut ou à ce qu'il a fait (ou n'a pas fait, ou fera, ou ne fera pas), là où il n'a plus à décider ce qui serait bien ou mal, ou ce qui serait mieux ou moins pire ou plus juste ou ce qu'il devrait ou ce qu'il pourrait, là où il n'a plus à mesurer, peser, jauger, là où il n'a plus à choisir ni à faire face aux conséquences de ses choix ;
> Mais il ne le fait pas [...] (V, 157)

Puis il se met à imaginer une vie différente de la sienne où il ne s'identifierait plus à sa terre, où il ne vivrait plus avec Rose, où il deviendrait un autre (V, 161-162).

Dix ans plus tard, la nuit du second drame, celle de la noyade dans la rivière Waba, Rose cherche (enfin ?) à comprendre (V, 99). Le tragique vient de ce « désir de savoir[30] ». Elle semble être arrivée à un point de non-retour : « Vous pouvez pas me demander d'aller plus loin, Seigneur ! les yeux levés vers le gros crucifix lugubre et sinistre avec son Christ en cuivre patiné dans sa pose de supplicié cloué au bois sombre [...] » (V, 77). Le premier élément déclencheur de cette « crise » est le rêve — sorte d'oracle ? — qu'elle a fait au cours de la nuit, un rêve où elle s'est vue en train de se décomposer morceau par morceau, métaphore de la décomposition de sa vie depuis le premier drame, la trahison et le meurtre de Joseph :

> Non Vous pouvez pas Vous pouvez juste pas, Seigneur
>
> se le répétant ni choquée, ni avec hargne, mais à présent comme si elle parlait d'une évidence
>
> Elle ne peut pas, c'est tout ;
>
> Car elle ne peut blâmer personne, ni pour cela, ni pour le reste
>
> C'est ce qu'elle avait compris à son réveil ce matin-là, troublée par les dernières images de son rêve durant lequel, obsédée et fébrile, elle avait cherché quelque chose (un objet ? un bijou ? une lettre ? peut-être un mot ?) et plus tard, elle avait tenté de remonter le cours du rêve afin de trouver

---

[30] *Ibid.*, p. 69-70.

> mais en vain) et les gens [...] elle avait eu l'impression de les avoir rencontrés cette nuit au cours de sa quête obstinée d'un insaisissable et toujours fuyant secret [...] puis [...] elle s'était mise à se défaire, à se démonter [...] remettant aux gens qui lui offraient leur aide [...] des morceaux d'elle-même [...] puis, une fois réveillée [...], elle pensa à lui :
> à Joseph [...] (V, 79-81)

Ce rêve, à mettre en relation avec la liquidation de ce qui a été sa vie avec Joseph qu'elle évoquera plus tard au bord de la rivière (V, 90-91), lui fait prendre conscience que le souvenir de celui qui a été son mari pendant 18 ans s'efface peu à peu — ce qu'elle ne peut accepter parce que cela voudrait dire qu'elle n'a plus de colère, plus de raison de vivre — en même temps qu'elle prend conscience qu'elle n'est plus celle qu'elle était :

> [...] car du même coup, sa rage et sa colère étaient devenues aussi des photos : des photos d'elle à une autre époque, dans un autre corps, et donc dépourvues de vie et de chaleur, elles ne lui signifiaient plus rien Parce que c'est pas moi C'est plus moi! mais une autre, une autre qu'elle reconnaissait certes mais qui n'était plus elle, ce qui fait qu'elle ne sait plus [...] (V, 82)

Le second déclencheur est la paire de souliers blancs ; les chaussant, elle redevient celle qu'elle était il y a 20 ans :

> En les enfilant plus tôt ce soir, après les avoir retrouvés dans le coffre en cèdre qu'elle avait retiré du cabanon poussiéreux sous l'escalier (tout étonnée qu'ils lui fassent encore Mon Dieu, juste mes pieds qui ont pas grossi!), elle s'était ressouvenue non seulement de ce dimanche de Pâques précis [...], mais également de toute cette tranche de sa vie : celle de ses trente ans [...] et même si elle savait très bien que c'était elle qu'elle voyait dans sa tête, elle ne pouvait toutefois s'empêcher d'en douter ; non, elle ne pouvait pas tout à fait se débarrasser de cette impression que c'était une autre, une inconnue, une étrangère — voire une espèce d'ingénue sortie tout droit d'un roman ou d'une pièce de théâtre — qui les avait portés ces souliers, ce dimanche de printemps vingt ans plus tôt, parce qu'elle n'arrivait pas à croire qu'elles puissent être une seule et même personne, ne parvenait pas à s'expliquer l'écart entre celle assise à cette table de cuisine et celle-là (l'ingénue souriante de la pièce) (V, 69-70)

Chaussée de ses « insolites souliers blancs vernis » (V, 69), elle retire du coffre les robes qu'elles y a rangées, en commençant par celle « à grosses fleurs rouges et noires avec feuilles et tiges imprimées sur un coton toujours aussi impeccablement blanc et encore soigneusement pliée comme au jour où elle l'avait rangée dix ans auparavant [...] » (*V*, 72-73), juste pour « [s]e faire mal un peu plus » (*V*, 73). Rose n'est donc plus elle-même, ou plutôt elle est à la fois elle et une autre. Un troisième déclencheur, l'album de photos de famille qu'elle se met à feuilleter (pour reconstruire sa vie ? échapper à son destin ?), où elle reconnaît tout le monde, accentue ce sentiment qu'elle ne sait plus qui elle est.

En fait, tant qu'elle était habitée par sa colère, sa haine, sa rage, sa fureur, elle pouvait continuer puisque c'est ce qu'elle était devenue mais, ne retrouvant plus ces émotions avec force, ne coïncidant plus avec aucune des Rose qu'elle avait été, elle décide d'en finir, même si son action — le suicide projeté — transgresse un interdit :

> C'est un gros péché, hein Seigneur ? Un gros
>
> Un pas encore, elle le fait ; encore un pas
>
> Si j'pouvais encore l'haïr, j'le ferais pas Seigneur Vous m'comprenez-vous ? Si même j'pouvais juste encore le voir comme y faut dans ma tête Si j'pouvais encore l'entendre ou le sentir Mais c'est rien qu'une photo astheure [...]
>
> Parce que tant qu'elle le haïssait, il y avait tout au moins ça qui continuait à donner un sens aux gestes à poser [...]
>
> oui, tant qu'elle pouvait retrouver en elle cette femme-là, et des années plus tard, cette même fureur intacte « Tu m'écœures ! m'écœures ! » sans cesse renouvelée — semblable à celle qui pousse vers la bouteille ou la seringue [...] (*V*, 90 et 92)

Pendant 10 ans, ces émotions ont motivé tous les gestes de Rose, ont défini qui elle était. Le retour dans le passé (le rêve, les souliers blancs et les robes, les photos) trouve son dénouement avec sa sortie, en pleine nuit de février, pour aller au bord de la rivière, d'abord avec l'intention de s'y jeter. Mais la Waba représente aussi pour Rose un lieu de pèlerinage et un retour dans le passé ; elle permet d'évoquer des moments heureux de l'enfance, le printemps de ses neuf ans et l'interdit d'aller jouer près de la rivière toute seule (qu'elle transgresse sans remords).

Surtout, la Waba représente la possibilité de renouer avec elle-même :

> [...] et peut-être Rose se retrouve-t-elle sur ce même rocher après tant d'années par espoir de renouer, non seulement avec cette petite fille intrépide qui ose braver ainsi la menace de la correction sévère, ultime [...], mais surtout avec celle qui croit (aime croire) que c'est un lieu magique, une espèce de chapelle personnelle qu'elle imagine habitée par un esprit bienveillant comme ceux des légendes et mythes qu'on lui raconte en classe : un lieu sûr qui n'a jamais été profané par la présence d'un autre, un lieu connu d'elle seule ; oui, peut-être qu'elle s'est rendue ici parce qu'elle croit (ou aimerait croire ou tout simplement aime se faire accroire) que c'est un lieu de miracle possible, comme dans le temps qu'elle y venait observer ce bouleversement dans son petit monde [...] (*V*, 86)

Pourtant, au moment où elle est sur le point, pense-t-elle, de comprendre, de savoir, de coïncider avec elle-même, tout s'efface à nouveau : « puis elle reste là, aux prises avec cette impression tenace qu'elle est à deux doigts de comprendre, de saisir ce qui immanquablement lui a toujours échappé, et bouche bée, figée, elle regarde le moment passer » (*V*, 99). L'instant d'après, elle décide de retourner dans son lit mais, glissant sur une roche, elle tombe dans la rivière. Une dernière fois, sa colère et la haine deviennent, paradoxalement, principes de vie, une colère qui se fond dans le tonnerre de la Waba et qui la fait renoncer à comprendre : « et le désir violent, fou, brutal et soudain de s'accrocher à la vie, à cette brûlure, sans comprendre, sans vouloir comprendre [...], parce que comprendre ne compte plus, n'a peut-être jamais compté, parce que comprendre ce n'est rien [...] » (*V*, 105). Mais il est trop tard et Rose meurt en écoutant la voix rassurante de son père : « "Regarde, Rose, la poussière qui brille... Le Bon Dieu est dans chaque poussière, Rose, dans chaque poussière" » (*V*, 111).

Seule Marie semble échapper à cette logique du sujet tragique, du sujet multiple, et pourtant... Pas plus que les autres, elle ne sait pourquoi elle a agi ainsi qu'elle l'a fait. Les événements arrivent de l'extérieur alors qu'elle n'y peut rien ou qu'elle est incapable de prendre une décision. Elle n'a pas choisi d'être orpheline, elle n'a pas choisi sa famille d'accueil, elle n'a pas pu opter pour l'avortement, elle tente de faire taire la voix en elle qui lui dit qu'elle est coupable et le seul moment où elle semble désirer vraiment quelque chose, vouloir se constituer comme sujet, lors de l'enterrement de sa tante Rose (elle veut bien faire les choses; c'est son seul moment de réflexion), elle ne réussit pas.

CONCLUSION : LA PART DU TRAGIQUE CHEZ MARCEL, JOSEPH, MARIE ET ROSE

Dans *Un vent se lève qui éparpille*, les personnages de Marcel, Joseph, Marie et Rose ont tous une part de tragique en eux à cause des gestes qu'ils font, mais aussi parce qu'ils ne sont jamais entièrement les «agents» de ces gestes.

Marcel est un personnage tragique dans la mesure où le meurtre de Joseph (pour lequel il purgera une peine de 10 ans de prison, n'ayant pas voulu plaider de «circonstances atténuantes») s'impose à lui comme une évidence, sans qu'il fasse un choix ou même qu'il en débatte avec lui-même. Marcel est un personnage tragique surtout parce que ce n'est pas vraiment lui qui agit, mais la colère et la passion qui l'habitent.

Joseph est un personnage tragique parce qu'il agit malgré lui, malgré un débat intérieur qui le ronge pendant des mois. Joseph n'a pas choisi — n'a jamais choisi —, n'a jamais été pleinement un «sujet» (son père et son frère aîné ont choisi pour lui).

Marie est un personnage tragique parce qu'elle déclenche, malgré elle, désir et passion qui poussent Marcel et Joseph à commettre des actes irrémédiables et violents. Elle est un jouet du destin, n'ayant rien choisi de sa vie, étrangère à elle-même, ne pouvant expliquer pourquoi elle a agi comme elle l'a fait.

Rose est un personnage tragique, peut-être le plus tragique de tous, parce qu'elle vit le plus intensément son drame, sa tragédie, sa mort, jouet deux fois plutôt qu'une du destin alors qu'elle n'a rien fait pour «mériter» ce qui lui arrive. Rose n'a pas de véritable choix : sa vie bascule, d'abord lorsqu'elle apprend le geste de Joseph, puis après une nuit à fouiller dans son passé pour comprendre qui elle est (et 10 ans de ressentiment), après qu'elle a décidé d'en finir puis s'est ravisée, sa cheville se tord et la rivière l'engloutit, la broie, la noie.

La part du tragique dans *Un vent se lève qui éparpille* ne se limite pas à l'allusion aux «vieilles histoires des Grecs» (*V*, 164) ou à la présence du «chœur» qui commente les événements. Marcel, Rose, Joseph et Marie sont marqués par le destin ou la fatalité. Les événements arrivent malgré eux, qu'ils soient sous le coup d'une forte émotion qui les habite et les aveugle (le désir et la colère de Joseph, la passion et la colère de Marcel, la fureur de Rose) ou qu'ils soient le jouet du destin (Marie, Rose). Peut-être même une faute plus lointaine (le pacte brisé de Maurice) pèse-t-elle sur eux et leur fait-elle faire des gestes qu'ils n'ont pas nécessairement voulu faire.

La part de tragique chez Marcel avec sa rose tatouée, chez Joseph avec son «pick-up rouge / flambant neuf», chez Rose avec ses souliers blancs, chez Marie et ses 17 ans, c'est surtout l'«éparpillement» de leur être. Qui sont-ils? Aux moments les plus tragiques, ils ne sont plus eux-mêmes, leur discours même ne parvenant pas à se constituer : si Marcel invente une partie de l'histoire pour justifier son geste, si Rose tente de recomposer son passé, si Joseph imagine un dialogue avec Rose et un avenir où il décidera qui il est, enfin si Marie, à l'enterrement de sa tante, essaie de s'expliquer pourquoi elle a agi comme elle l'a fait, reconstituant à son tour l'histoire, n'est-ce pas pour tenter d'échapper — en vain — au tragique?

BIBLIOGRAPHIE

ARISTOTE, *Poétique*, texte établi et traduit par J. Hardy, Paris, Société d'édition «Les Belles Lettres», 1979 [1932].

BAILLY, Anatole, *Dictionnaire grec français*, 26e édition, édition revue par L. Séchan et P. Chantraine, Paris, Hachette, 1963 [1950].

COUPRIE, Alain, *Lire la tragédie*, Paris, Dunod, coll. «Lettres SUP», 1998.

DALPÉ, Jean Marc, *Un vent se lève qui éparpille*, Sudbury, Prise de parole, 1999.

ESCOLA, Marc (dir.), *Le tragique*, Paris, Garnier-Flammarion, coll. «Corpus», 2002.

GOUHIER, Henri, *Le théâtre et l'existence*, Paris, Aubier, 1952.

GRAVEL, Pierre, *Pour une logique du sujet tragique. Sophocle*, Montréal, Presses de l'Université de Montréal, 1980.

LALANDE, André, *Vocabulaire technique et critique de la philosophie*, 15e édition, Paris, Presses universitaires de France, coll. «Société française de philosophie», 1985.

VERNANT, Jean-Pierre et Pierre VIDAL-NAQUET, *Mythe et tragédie en Grèce ancienne*, Paris, François Maspero, 1972.

LE RAPPORT ENTRE JAY ET SON PÈRE DANS *LE CHIEN* DE JEAN MARC DALPÉ :
Une dynamique dans l'impasse
Cory A. Burns
Université de Toronto

Depuis sa lecture publique à Québec en 1987, *Le chien* a été le sujet d'innombrables analyses. La variété de ces perspectives critiques sert à mettre en évidence une œuvre dense et riche. Mariel O'Neill-Karch l'affirme dans sa préface à la nouvelle édition de cette pièce : «[...] les analyses ont privilégié tour à tour l'espace, le manque de communication, l'univers des minoritaires [...], la dimension tragique et l'hybridation[1]». Alors que l'intrigue peut se résumer brièvement — retour du fils prodigue, affrontement avec un père obstiné et violent qui culmine avec la mort du père — la fable dévoile à travers une structure de «mémoires clignotantes» (pour reprendre le terme précis et capteur de Stéphanie Nutting) l'histoire d'une famille profondément troublée par un passé violent et implacable.

Dans un compte rendu publié dans *Liaison*, par exemple, André Fortier observe que :

---
[1] Mariel O'Neill-Karch, *Théâtre franco-ontarien : Espaces ludiques,* Vanier (Ontario), L'Interligne, 1992, p. 10.

> [...] l'action ne cesse de se tisser, reconstituant avec une densité saisissante la vie de trois générations, révélant la psychologie des personnages, leurs relations, le drame, tissu riche de multiples thèmes dont la vie difficile, le temps qui fuit, la mort, l'après-vie, Dieu, l'amour, l'absence d'amour, la haine, la violence, la folie peut-être [...] Au cœur de tout cela : un procès (familial) doublé d'un désir, d'un effort de compréhension, de rapprochement[2].

Ce « procès familial » révèle, selon Pierre Pelletier, « [...] des personnages isolés, dépouillés de tout ce qui fait la joie de vivre, aux mémoires douloureuses, aux images fragmentées, tentant d'exprimer leur désarroi, leur impossibilité à tenir contre cette violence du père déchu [...][3] ».

De ces commentaires ressort un élément récurrent, celui du problème de la communication, que chacun des critiques souligne à sa façon : « un désir, un effort de compréhension, de rapprochement » ; « une tentation d'exprimer » ; « un manque ». Dans son article, « La dramaturgie franco-ontarienne : la langue et la loi », François Paré explique que le problème communicationnel entre ces personnages réside dans une sorte d'insuffisance langagière qui les empêche de bien exprimer leurs états affectifs et par extension de mieux communiquer. Ainsi, constate-t-il :

> [...] les personnages de Dalpé sont hantés par une violence originaire qu'ils n'arrivent jamais à exprimer dans la langue, dans ce français qui leur échappe. Dans leur impuissance à atteindre l'unité dans le dire, ils finissent par se rabattre sur la chaîne incantatoire des jurons et sur des provocations en anglais qui leur paraissent plus proches de l'oppression insidieuse dont ils souffrent infiniment[4].

---

[2] André Fortier, « Tissu riche en sentiments durs, mais vrais », *Liaison*, n° 45, hiver 1987, p. 40.
[3] Pierre Pelletier, « Pourquoi *Le chien* nous émeut-il ? », *Liaison*, n° 76, mars 1994, p. 22.
[4] François Paré, « La dramaturgie franco-ontarienne : la langue et la loi », *Cahiers de théâtre Jeu*, n° 73, décembre 1994, p. 31.

Malgré ces conclusions, cette étude propose une analyse non tant lexicale qu'interrelationnelle. Sous un angle plutôt batesonnien de la communication, où tout échange entre individus, qu'il soit verbal ou gestuel, établit une relation dont l'inhérente répétitivité crée un système communicationnel, le problème de la communication entre Jay et son père semble prendre sa source dans la façon dont ils interagissent.

L'observation d'Elaine Garret dans son article « Structures of impasse in Michel Tremblay's *Albertine en cinq temps* », à savoir que la clé de l'impasse réside dans *« the impossibility of communication between individuals*[5]*»*, semble tout aussi pertinente pour l'analyse de la pièce de Dalpé et du rapport entre Jay et son père. Le conflit dans *Le chien* résulte d'une entrave dans la communication, une impossibilité qui se révèle être plutôt communicative que communicationnelle. À ce propos, j'aimerais faire la distinction entre ces deux termes, qui sont souvent confondus dans le discours critique. Ce que j'entends par le terme *communicationnel,* c'est ce qui constitue un système interrelationnel, les sortes d'interactions qui structurent la relation entre individus. Le mot *communicatif* décrit le fonctionnement transformatif de ce système — la force stratégique qui fait se dérouler, voire qui peut complexifier la relation. Dans cette mesure, l'analyse textuelle du *Chien* proposée ici s'intéresse en priorité à l'idée de l'impasse communicative entre Jay et son père et à la dynamique familiale dysfonctionnelle où réside l'impasse. Il s'agit d'événements (conflits violents, abus physiques et viol, tous liés au père) qui ont contribué à la dissolution du noyau familial et qui mettent en évidence ce qui ne fonctionne plus dans ce système, dans cette famille. Cette étude s'intéressera aux éléments constitutifs de la dynamique de l'impasse, à la façon dont ils se manifestent et à leur influence sur l'éventuelle conséquence pathétique de la pièce. À ce titre, elle s'appuiera sur des perspectives sémiotiques, linguistiques et psychologiques ainsi que sur des théories du dialogue théâtral.

---

[5] Elaine R. Garret-Hopkins, « Structures of impasse in Michel Tremblay's *Albertine en cinq temps* », *Quebec Studies*, n° 4, 1986, p. 155.

La dynamique de l'impasse est fondée sur l'échange dialogique et cet échange est encore plus évident, voire intensifié, dans le dialogue théâtral. Dans son livre *The semiotics of theatre and drama*, Keir Elam, inspiré par les travaux d'Austin et de Searle, offre une excellente description du discours dramatique et de sa fonction constructrice :

> It is [the] social, interpersonal, executive power of language, the pragmatic «doing things with words», which is dominant in the drama. Dramatic discourse is a network of complementary and conflicting illocutions and perlocutions : in a word, linguistic interaction, not so much descriptive as performative [...] [that] reveals the emergence of relationships and particularly of dramatic conflict [...][6].

Faisant écho à Elam dans son article «Narration et actes de parole dans le texte dramatique», Jeannelle Savona commente les «actes du discours dialogique», extrapolant les éléments rhétoriques qui servent de catalyseurs au fonctionnement du moteur dramatique :

> Les actes directifs [...] qui, en conjonction avec les promissifs, constituent le corps de l'action telle qu'elle s'exprime au cours des situations scéniques [...] L'acte directif perlocutoire semble donc indiquer clairement la relation entre sa cause et ses effets. Il peut apparaître comme un instrument de puissance au service du locuteur et comme une volonté assujettissante pour l'allocutaire ; il y a ainsi dans la structure même de cet acte illocutoire les germes d'un conflit potentiel [...][7].

On peut dire que ces genres d'énoncés comportent un aspect d'intention, une certaine force, qu'elle soit consciente ou non, de la part du locuteur. Savona considère cette force comme inhérente à l'acte même de parole, celui-ci «[impliquant] une origine ou source [de] motivation [...] et une conséquence ou un résultat[8]». Certes, l'acte perlocutoire n'a pas toujours pour but de persuader l'interlocuteur de réaliser tel projet mais, à la base, de le faire réagir. C'est cette capacité de la parole elle-

---

[6] Keir Elam, *The semiotics of theatre and drama*, Londres, Methuen, 1980, p. 159.
[7] Jeannelle Laillou Savona, «Narration et actes de parole dans le texte dramatique», *Études littéraires*, vol. 13, n° 3, décembre 1980, p. 477.
[8] *Ibid.*, p. 475.

même, d'exiger une réponse en conjonction avec la série des réactions et avec la tension qui en résulte, qui constitue ce *« doing things with words »* dont parle Elam. À travers cette voie constructrice de l'échange verbal, constitué des stratégies illocutoires et perlocutoires, émergent les relations entre personnages. C'est elle qui leur donne forme, une forme encore plus charpentée lorsqu'il s'agit de personnages en conflit. Mettant en relief la dynamique conflictuelle, les stratégies rhétoriques qu'emploient Jay et son père sont intensifiées à tel point que, au lieu de révéler une interaction communicative, elles démontrent l'incommunicabilité entre eux.

Par *incommunicabilité*, je n'entends pas la « communication ratée » ni ce qu'on appelle « la non-communication ». À mon avis, ces deux formes de communication problématisée résultent d'une situation où il y a des variables qui se présentent en tant qu'obstacles physiques dans le canal de contact (dans le sens jakobsonien du terme) entre interactants et qui peuvent déranger ou déstabiliser l'interaction du point de vue communicationnel sur le plan de la compréhensibilité des messages échangés. L'incommunicabilité, comme je la vois, se situe plutôt sur le plan psychologique, où elle se manifeste en des stratégies rhétoriques qui charpentent l'interaction entre individus, de sorte que ces stratégies s'établissent comme des paramètres d'enfermement. Bien que la communication s'effectue, c'est-à-dire que la relation se construise, les paramètres qui définissent ce rapport ne permettent pas de croissance du point de vue communicatif sur le plan de la compréhension affective et ne fournissent pas aux interactants des moyens de transcender ces barrières pour aller au-delà.

Alors que certaines des stratégies qui sous-tendent un dialogue agressif dévoilent les ressorts qui contribuent au conflit dramatique, l'engrenage du conflit ne se limite pas aux échanges dialogiques ; il y a aussi, on le sait, des interventions monologiques qui jouent un rôle. Le théâtrologue Patrice Pavis décrit ce qui caractérise le monologue dans son *Dictionnaire du théâtre* :

> Le monologue est un discours que le personnage se tient à lui-même [...] [Il] se distingue du dialogue par l'absence d'échange verbal et par la longueur importante d'une tirade détachable du contexte conflictuel et

dialogique [...] [Le] théâtre réaliste ou naturaliste n'admet le monologue que lorsqu'il est motivé par une situation exceptionnelle (rêve, somnambulisme, ivresse, effusion lyrique) [...][9].

De manière conventionnelle, le monologue est l'expression intime d'un seul personnage; il est « motivé » par un conflit dramatique annonciateur et intensifié par des circonstances exceptionnelles. Dans ce sens, le monologue est la réponse d'un personnage à la situation qui l'entoure. Mais, à la différence de l'échange actif, c'est une réponse passive. Ainsi, le monologue suggère un recul défensif de la part du personnage, sinon un déni de ce qui est au cœur du conflit auquel il prend part. Et lorsqu'une réponse défensive se trouve au milieu du contexte dialogique (ce qui est parfois le cas dans le drame contemporain), elle peut également contribuer au conflit.

Quant à Jay et à son père, ils ont recours à ce qu'on peut appeler le dialogue agressif ainsi qu'au monologue, deux moyens d'expression verbale qui fonctionnent comme mécanismes de l'impasse communicative. Ces deux mécanismes ont en commun trois caractéristiques qui les identifient comme tels. Représentatifs des habitudes d'interaction familiale, ils sont d'abord transgénérationnels ; ceci est souligné thématiquement par l'influence du passé sur le présent. Ensuite, ils révèlent tous deux un élément de déni : le monologue, qui se présente souvent mais pas toujours comme réponse, possède une qualité de dissociation qui le fait dégénérer en état d'introspection ; le dialogue démontre un rapport agressif d'assertion en forme de reproche conflictuel/contre-reproche à la défensive. Finalement, les deux mécanismes érigent des barrières sur la voie communicative. Thématiquement, ces mécanismes et l'impossibilité communicative qui en résulte révèlent une dynamique familiale en dysfonction dont l'influence inéluctable assure l'isolement permanent de l'individu.

Dalpé situe sa pièce quelque part dans le nord de l'Ontario, dans un endroit aux alentours d'un village où un petit chemin de terre

---

[9] Patrice Pavis, *Dictionnaire du théâtre*, Paris, Dunod, 1996, p. 216.

conduit à une cour devant « une maison mobile ». Tout en situant sa pièce, c'est-à-dire en lui donnant un lieu fixe, Dalpé réduit la valeur stable de cette fixité. Dans les marges d'une communauté établie, cette maison, du genre « mobile », évoque à la fois l'image de l'exclusion ainsi qu'un sentiment d'instabilité. De plus, cette notion d'instabilité s'instaure comme courant sous-jacent tout au long de la pièce. C'est justement à l'issue d'un affrontement violent avec son père que Jay avait quitté la maison pour partir en voyage. Après avoir passé sept ans dans l'ouest du Canada et des États-Unis, à travailler ici et là dans la construction, Jay revient enfin chez lui. C'est le lendemain des funérailles de son grand-père, patriarche de la famille et un des fondateurs du village. Pendant son absence, sa mère s'est séparée de son père et vit avec sa fille adoptive, enceinte et sans mari. Tous ces renseignements, signalant des ruptures affectives, sont transmis au lecteur/spectateur à partir d'un lieu et d'un temps que Dalpé précise ainsi : « [l]'action principale se déroule un soir de juillet entre Jay et son père » (*C*, 2003, 22).

Cette dernière précision dans les indications scéniques est importante pour trois raisons. D'abord, elle complète le chronotope de la pièce. L'espace désigné par la mise en scène fait lien avec un moment dans le temps. Ensuite, elle établit la relation entre les deux personnages principaux. Finalement, elle souligne le fait que ce qui se passe entre eux constitue le cœur du drame. Alors que Dalpé semble fixer ces pistes, il manipule la dernière, celle de l'espace-temps. Par exemple, les interventions dialogiques de tous les personnages opèrent en contrepoint. Mais la mère, Céline et le grand-père ne se trouvent pas « devant la maison mobile ». Leur absence de « la réalité » de l'action principale se révèle par l'emploi du mot « temps » dans les didascalies qui signalent leurs interventions.

L'indication « temps » est unique et se différencie du mot « pause », qui paraît souvent aussi dans les didascalies. Alors que la « pause » suggère un bref arrêt dans la temporalité linéaire de l'action principale, le mot « temps » porte plutôt le sens d'une rupture dans le continuum temporel. Ainsi, il signifie en quelque sorte un décalage, un laps qui, ici, consiste en un retour en arrière. Au début, par exemple, Céline s'exprime sous forme de «lettre» adressée à Jay, écrite pendant l'absence de son frère. Dans ce monologue, elle décrit des sentiments et des événements qu'elle a déjà vécus. La première intervention de la mère, aussi un monologue, raconte ses souvenirs ainsi que les rêves ambitieux qu'elle avait pour son fils quand il était jeune. Qui plus est, ces deux monologues, consacrés au passé, enchaînent avec un dialogue imaginaire entre Jay et son grand-père mort. Leur échange révèle des moments passés qu'ils ont partagés. À travers cette structure en hypotypose, Dalpé peint donc un portrait familial en aperçus contrapuntiques dont les changements de perspective temporelle remplissent deux fonctions. D'abord, ils soutiennent la notion d'instabilité évoquée par l'espace de la mise en scène ainsi que par les événements qui ont contribué à la dissolution du noyau familial. Ensuite, ils révèlent l'influence du passé sur le présent.

Ces notions d'instabilité et d'influence du passé sur le présent s'étendent à tous les rapports familiaux. Les interventions d'autres personnages servent à encadrer la relation principale entre père et fils, la mettant dans un contexte d'événements déjà vécus. Ce cadre thématique soutient l'idée que le dialogue agressif et le recours au monologue, les mécanismes d'impasse, sont transgénérationnels. Dès le début, les deux personnages principaux s'expriment d'une façon presque identique, employant des expressifs injurieux qui communiquent un ton d'impatience et d'agressivité potentielle. Chez Jay, cette impatience agressive s'exhibe par sa réaction à l'endroit et à l'absence de son père de la maison : «Y'a quelqu'un ? T'es là ? *Pas de réponse.* [...] *On entend un train qui passe.* Câlice d'ostie d'place de cul!» (*C*, 2003, 23). Lorsque le père fait son entrée, sa réaction trahit une impatience agressive semblable. Le commandement, «Ta yeule, tabarnac!», est ostensiblement dirigé vers le chien qui aboie sans arrêt (*C*, 2003, 28).

Malgré ces similarités, il y a aussi de forts contrastes entre eux. Par exemple, Jay recherche l'engagement alors que son père résiste :

PÈRE : [...] J'ai pris un coup.

JAY : J'vois ça.

PÈRE : Y'est rendu fou, le chien. Faut j'le garde attaché tout le temps à c't'heure.
Longue pause.
Bon ben… faut j'travaille demain.
JAY : Samedi demain.
PÈRE : J'suis sur les shifts.
JAY : [...] Sept ans pis c'est toute c'que t'as à me dire (*C*, 2003, 28-29) ?

Voyant son père se lever pour rentrer, Jay change son approche et lui offre une bière. Mais chaque tentative de la part de Jay fait face au caractère évasif et obstiné de son père :

JAY : J'suis sur la route. Construction. Des contrats icitte pis là… dans l'Ouest, dans le Nord, aux États…
PÈRE : *(L'interrompant :)* As-tu vu ta sœur ?... Tabarnac [...] !
Pause.
Entéka, y'a pas de construction par icitte [...].
Pause.
[...] T'as su que ton grand-père y'était mort ? [...]
JAY : [...] Je l'aimais ben, t'sais. C'est lui qui m'a appris à pêcher le doré pis… pis c'est-tu vrai c'qu'a dit m'man, qu'y'en perdait un peu à fin ?
Pause.
PÈRE : Quand c'est tu t'en vas ?
JAY : J'sais pas trop encore.
PÈRE : Entéka, y'a pas de construction dans l'boutte [...].
Pause.
T'en retournes-tu chez ta mère ?
JAY : J'pensais prendre le sofa pour à soir. [...]
Mais si t'aimerais mieux…
PÈRE : Moé ? J'veux rien moé !
Pause. Jay se penche vers la caisse de bières. [...]
JAY : J'vas te voir demain ?
Longue pause. [...]
D'la marde, tabarnac ! [...]
Tu vas m'parler comme du monde. J'ai pilé sur mon orgueil pour venir te voir, fait que pile sur le tien pis parle-moé comme du monde (*C*, 2003, 29-33) !

Dans ces deux passages, les pauses fréquentes révèlent une difficulté essentielle dans la communication. Cette difficulté est intensifiée par une agression croissante qui se caractérise par les interactions composées d'expressifs injurieux, de représentatifs ou de verdictifs, offerts sur la défensive, et de directifs impératifs ou accusatoires. Cette interaction révèle des stratégies rhétoriques oppositionnelles qui créent une tension dramatique, débouchant sur des moments explosifs d'agression et de colère. Qui plus est, cette dynamique se perpétue tout au long de la pièce à cause d'une répétition d'habitudes rhétoriques. Jay s'exprime surtout par des reproches personnels qui prennent la forme d'une invective ou d'une métacritique de l'attitude de son père afin de le provoquer à répondre : « As-tu toujours été bucké de même ? J'suis venu pour faire la paix. » Ensuite, le père essaie de détourner la conversation ou fait des déclarations qui érigent des barrières infranchissables : « C'est toé qui commence. *Pause.* J'te l'ai dit : Y'a rien icitte pour toé » (*C*, 2003, 74). Tout au milieu de leur affrontement final, Jay révèle ce qu'il veut de son père : « J'veux tu m'dises que j'suis correct ! / J'veux tu m'dises que tu m'aimes ! / J'veux tu m'serres dans tes bras, Pa ! » Son père lui répond tout simplement : « J'peux pas. C'est trop tard. » (*C*, 2003, 92).

Ce genre d'interaction fait appel aux jeux psychologiques dont parle le psychothérapeute Jean-Marc Bailleux dans son livre récent, *L'engrenage de la violence*. Basée sur la vision batesonnienne de la communication, l'approche de Bailleux fait voir les éléments constitutifs des interactions communicationnelles aboutissant à l'expression violente. Parmi les exemples qui fournissent les germes non seulement du conflit mais de la violence, Bailleux prend le modèle classique d'Eric Berne, psychologue américain des années 1960 et 1970 qui a été le premier à avoir schématisé ce genre de « transactions cachées » qu'il appelle jeu psychologique. Ce jeu se caractérise par les quatre éléments suivants, selon Bailleux : 1) l'attrape-nigaud, qu'il explique comme « un leurre » qui vise à accrocher « un point faible chez l'interlocuteur » ; 2) le coup de théâtre, ou le changement de rôles « aussi traduit par "déclic" » ; 3) la confusion ; et 4) le bénéfice. Ainsi explique-t-il le processus : « [...] le premier joueur fait fonctionner l'attrape-nigaud et accroche un point faible du second, en sorte que le celui-ci réagit. L'un des joueurs [...] fait alors jouer le déclic et cela provoque un moment de confusion ou de stupeur, à la suite duquel les deux joueurs touchent leur bénéfice[10]. »

Le mot « *bénéfice* » décrit une sorte de récompense affective *(pay-off)* que les joueurs essaient d'« extorquer » l'un de l'autre. Ces récompenses « [se manifestent] sous la forme de sentiments négatifs, souvent intenses [...] [et] dévalorisant[s][11] ». Aussi Bailleux insiste-t-il sur « le caractère répétitif du processus », ajoutant que « c'est cette cyclicité du jeu qui structure le système que constituent les joueurs entre eux. [...] [L]e jeu fonctionne comme une double contrainte spécifique et autorenforçante[12]. » Dans cette mesure, le jeu psychologique partage les caractéristiques des doubles contraintes telles qu'identifiées par Bateson mais se distingue de ces genres d'interaction par le fait qu'il engendre « une escalade destructive » d'habitudes comportementales non communicatives[13]. Ainsi charpentées, les interrelations entre joueurs dévoilent une dynamique d'incommunicabilité. Ce genre d'interaction semble correspondre tout à fait à ce qui se passe entre Jay et son père :

JAY : Écoute, faut j'te dise quelque chose…

PÈRE : Dis-le. J't'écoute. Mais attends-toé pas à rien de moé après.

JAY : Tu m'écoutes !? Y m'écoute ! Alléluia ! Y m'écoute !... J'sais pus par quel boutte commencer…

PÈRE : Si tu l'sais pas ben…

JAY : OK ! OK !... Sacrament !... [...] (*C*, 2003, 81-82).

Outre le dialogue agressif, l'autre élément contribuant à l'incommunicabilité dans ce rapport père/fils est le recours au monologue. C'est aussi là qu'ils font appel au passé pour se justifier. Bien que Jay et son père ne soient pas ivres, ils prennent quelques bières au cours de leur échange. En effet, selon les indications scéniques, Jay « *boit et boira tout au long de son récit* ».

---

[10] Jean-Marc Bailleux, *L'engrenage de la violence*, Paris, L'Harmattan, coll. « Questions contemporaines », 2004, p. 103.
[11] *Ibid.*, p. 104.
[12] *Ibid.*, p. 105.
[13] *Ibid.*

Sa tirade est motivée par la frustration provenant de l'échange précédent. Déjà sur la défensive, Jay raconte certains événements de ses sept années d'absence :

> C'est que... j'pars sur des ballounes, Pa... des ballounes écœurantes. J'parti d'icitte en courant, pis j'ai pas arrêté de courir depuis. Sept ans, t'sais. [...] J'travaille [...] quatorze heures par jour ; pis j'me ramasse du *cash*, pis j'sacre mon camp [...] L'Amérique tabarnac ! *Free Spirit* ostie ! [...] Le bicycle à gaz au Texas câlice !... J'en ai eu un. [...] Pis quand j'ai fait mon premier tour avec... Oh chrisse ! «*Lookin' fine, man... Lookin' mighty fuckin' fine, man...!*» [...] Cent milles à l'heure ! [...] J'roulais pas, j'flottais.
>
> [...] Si j'sais pourquoi j'suis venu ? J'sais jamais pourquoi j'pars des places pis que j'reviens à d'autres ! [...] James Dean *Easy Rider* sacrament ! C'est ça que j'suis moé ! [...] «Pourquoi je retourne là, câlice ?» [...] «cheznous » ; [...] «Peut-être c'est pour en finir une bonne fois pour toutes avec c'te «chez-nous»-là, tabarnac !...» Mais je l'sais même pas c'que ça veut dire au fond ça : « en finir avec »... Pis là [...] rien de changé chrisse ! Ni toé, ni moé, ni la maison. C'est toujours pareil, pareil. Comme figé dans le roc. Toé d'un bord, moé de l'autre. [...] (*C*, 2003, 82-85).

La tirade de Jay se divise en deux parties, séparées par un bref échange entre lui et son père. Dans la première partie, il consacre la majorité à l'épisode du «bicycle à gaz au Texas», qu'il communique en grand détail. Il cite même le nom des individus qu'il a fréquentés. L'extrait cité ci-dessus démontre l'intensité et la facilité avec lesquelles Jay s'exprime. Cette expressivité donne non simplement l'impression qu'il ressent la liberté qui s'associe à ses aventures, mais qu'il revit son expérience passée. Dans la deuxième partie, il essaie de justifier la raison pour laquelle il est revenu à un endroit qu'il déteste. Ses appels au passé prennent alors une qualité encore plus intime car il s'interroge sur ses motifs. Toujours avec la même intensité, il se pose des questions, mais ses réponses sèment le doute. Il termine pourtant avec une observation révélatrice qui capte l'essentiel de son rapport à son père. On peut donc croire qu'il a trouvé la bonne réponse à toutes ses questions car ces dernières lignes démontrent qu'il s'est finalement rendu compte de l'état inchangé de sa situation.

Cependant, quelques indicateurs dans le texte du monologue suggèrent qu'il pourrait en être autrement. D'abord, il y a des pauses fréquentes, des ellipses indiquées par des points de suspension dans le texte lui-même. Ensuite, l'intensité de son expressivité est particulièrement notable dans la fréquence avec laquelle Jay change de registres linguistiques du français en anglais. Finalement, le doute vient continuellement à cause des innombrables questions qu'il se pose. Ces facteurs et leur fréquence donnent une qualité de dissociation à ce monologue et révèlent plutôt un individu perdu dans ses pensées. Malgré toutes ses ruminations, Jay n'arrive pas à justifier son retour.

Il n'est pas surprenant que Jay soit confus quant à la raison pour laquelle il est revenu au terroir familial. Parmi tous les indices textuels qui peuvent expliquer sa motivation, il y en a deux qui ressortent. D'un côté, Jay cherche à se venger, sinon à venger davantage sa mère et sa sœur, de l'abus qu'ils ont tous trois subi de la part du père. Conclure, comme le fait O'Neill-Karch, que son retour est motivé par un « règlement de comptes » n'est pas déraisonnable vu le lien entre la fin de la pièce et le souvenir que raconte Céline du moment où Jay menace son père à la suite du conflit qui a motivé son départ : « "M'as l'tuer si j'le revois" » (*C*, 2003, 33). Mais, d'un autre côté, après sept ans d'absence, Jay dit à son père qu'il revient « pour faire la paix » (*C*, 2003, 74). Pendant ce temps-là, a-t-il pu exorciser les démons de son passé? Revient-il pour révéler l'homme qu'il est devenu? « J't'ai fourré une volée v'là sept ans, pis depuis c'temps-là j'ai charrié des briques pis j'ai cloué des clous [...] J'ai l'ventre comme d'la roche pis j'ai les deux bras comme des barres de fer [...] » (*C*, 2003, 33). Enfin, il avoue à son père qu'il veut son appui et son amour.

Ainsi investi émotionnellement, son retour au terroir familial l'amène inévitablement à occuper un territoire affectif informé par un passé violent où son rôle se révèle inéluctable, voire prédestiné. Dans son livre *Le tragique dans le théâtre québécois et canadien-français*, Stéphanie Nutting souligne cet aspect de la prédestination chez Jay et son rôle filial : « [...] très tôt dans la pièce, explique-t-elle, le rôle de "tueur de dragons" est assigné au jeune Jay par une mère qui cherche à inculquer à son fils un modèle/projet en toute apparence impossible, mais qui préfigure le conflit ultime [...][14] ». Ainsi cite-elle la mère : «[...] Quand y'était p'tit, j'y contais les histoires pis j'y disais : "Tu vois ce prince-là ? C'est toé ça. [...] Pis quand tu vas être grand, tu vas y aller en tuer des dragons pis des géants toé-tou." » (*C*, 1990, 8-9). Entre ces deux extrêmes, la vengeance et sa quête pour la valorisation et l'amour paternels, Jay se trouve piégé.

Après sa tirade, Jay prend le pistolet de son grand-père et tue le chien qui appartenait à la famille. Ce geste provoque le père et la confrontation finale qui s'ensuit sert de motivation à sa propre tirade :

> PÈRE : On venait juste de déménager icitte. [...] Je regardais la TV quand ça cogne à porte. C't'un homme, un Indien avec une Indienne enceinte. «*Go to phone*, l'homme y me dit. *She's havin' the baby.*» [...] Fait que j'les laisse entrer. [...] y m'dit : «*She don't look good, ya know* [...].» [...] Mais je l'sais-tu, moé, que c'est c'est s'posé d'avoir l'air une femme qui accouche?... [...] Quand le docteur y'est arrivé, y l'a vu tu-suite. Y'a sauvé la petite. A l'avait quinze ans, le docteur m'a dit. Pis y'a sacré une shot contre l'Indien... l'a traité comme du poisson pourri... de tous les noms. Est morte en me serrant le bras... Pis... [...]
>
> Pis a me serrait... Quand j'la revois, c'est comme si sa main était toujours là. Pis a me regardait... Pis ben... j'la connaissais pas pantoute... mais c'est comme si un boutte de son âme était dans' petite... [...]
>
> *Pause.*
>
> PÈRE : Pis c'est ça qui s'est passé. A l'a eue, la petite. Pis est morte... pis la petite, a criait...
>
> CÉLINE : (*Doucement :*) Que c'est tu fais, Pa ?
>
> *Pause.*
>
> PÈRE : Pis sais-tu c'que j'ai fait l'été passé?... A criait... A criait... «Que c'est tu fais, Pa ?»
>
> CÉLINE : (*Doucement :*) Que c'est tu fais, Pa ?
>
> *Temps.*

---

[14] Stéphanie Nutting, *Le tragique dans le théâtre québécois et canadien-français, 1950-1989*, Lewiston, Edwin Mellen Press, 2000, p. 111.

PÈRE : « Que c'est tu fais ? »... pis je l'ai frappée. « Arrête, Pa ! » qu'a criait... pis je l'ai refrappée (*C*, 2003, 100-102).

Ce passage semble être composé d'une tirade en deux parties et d'un dialogue, ce qui est techniquement vrai. (Les deux premières parties sont séparées par un échange entre Jay et Céline qui ne paraît pas dans l'extrait.) Cependant, l'analyse de ce passage révèle une tirade qui se décompose en appels et en échos du passé. Dans la première partie, le père donne le contexte de la naissance de sa fille adoptive. Dans la deuxième, c'est la naissance elle-même. La troisième décrit la violence qu'il lui a fait subir, l'été précédent. La structure de cette tirade a une certaine cohérence parce que Céline fait le lien entre les trois parties du discours. Rappelons qu'elle ne fait pas partie de la « réalité » de l'action principale. Vu cette « absence », la troisième partie, qui semble être un dialogue au présent entre le père et sa fille, est plutôt un échange entre son présent à lui et le « doux » écho suppliant de Céline au moment du viol. Bien que cette tirade ne soit pas un monologue au sens strict du terme, elle fonctionne de façon monologique.

De surcroît, le mouvement de cette tirade suggère une sorte de décomposition discursive. Ce mouvement transformatif, en conjonction avec d'autres indicateurs textuels, souligne la qualité dissociative du discours du père, voire la détérioration de son état psychologique. Comme dans la tirade de Jay, les pauses sont fréquentes. La précision détaillée avec laquelle le père raconte certains événements, surtout le soir de la naissance de Céline, illustre une expressivité intense ; c'est comme s'il faisait un lien presque palpable avec le sujet de son discours. Citant les « Indiens » tout au long de son histoire, il démontre aussi un changement fréquent de registres linguistiques qui donne l'impression qu'il revit ses expériences. La répétition avec laquelle le père rappelle les supplications de sa fille met en évidence un côté presque obsessionnel. Alors, dans le contexte de cet ensemble de facteurs et vu leur fréquence, cette tirade semble dévoiler un individu totalement perdu dans ses pensées abyssales.

Cette noirceur remonte à son refus de continuer la tradition de la terre familiale. Comme l'explique O'Neill-Karch dans son livre *Théâtre franco-ontarien : Espaces ludiques*, le père a refusé d'abord «par orgueil» et ensuite «par lâcheté l'héritage de son père qu'il admirait[15]». O'Neill-Karch cite : «[...] Quand le vieux [le grand-père] y'a donnée, moé j'étais déjà dans l'bois, pis j'allais pas travailler pour quelqu'un d'autre dessus» (*C*, 1987, 34). «[A]ttendant passivement un signe de Jay, sachant bien, dans son for intérieur, qu'il n'en viendrait jamais[16]», le père n'a jamais communiqué à son fils qu'il voulait qu'ils reprennent la terre pour la travailler ensemble. Dans son article «*Le chien* de Dalpé : Une grande œuvre. Il faut tuer le chien», Normand Renaud explique les conséquences de cette occasion perdue : «[...] en renonçant à la terre, il a renoncé à ses plus nobles aspirations. Il s'est dégradé, il a perdu toute estime pour lui-même, pour enfin sombrer dans l'incommunicabilité et la violence autodénigrante[17].» À cela s'ajoute une histoire de violence et d'abus — une vaine tentative de rattraper le contrôle qui ne produit que la dissolution de sa famille. En contraste avec sa manière obstinée, présente dans toute la pièce, et vu l'insistance surtout avec laquelle le père incite Jay à le tuer «pour vrai» au terme de leur confrontation finale, on peut contrer que sa tirade sert en quelque sorte d'autojustification à sa mort. Dans son obsession, il en fournit la preuve : le viol qu'il a infligé à sa fille adoptive. C'est précisément cette révélation qui entraîne les trois coups de fusil par lesquels Jay met fin à la vie de son père.

Ces deux individus ne peuvent pas s'apercevoir que c'est précisément la qualité immuable de leur dynamique interrelationnelle — l'incommunicabilité comme l'observe Renaud — qui les frustre et les piège. La forme close et restreinte de leur rapport augmente à cause de l'agression instable qui marque

---

[15] Mariel O'Neill-Karch, *op. cit.*, p. 144.
[16] *Ibid.*
[17] Normand Renaud, «*Le chien* de Dalpé. Une grande œuvre. Il faut tuer le chien», *L'Orignal déchaîné*, vol. 1, n° 10, 1988, p. 11.

leurs échanges antagonistes. Les reproches personnels, les manœuvres évasives et les jugements critiques mettent en évidence les stratégies rhétoriques qui charpentent leur relation. De surcroît, les reculs pris après des moments d'autojustification soutiennent ce cadre contrôlé. Souvent engagés sur la défensive, les monologues fournissent aux personnages un moyen d'expression hautement personnel qui dégénère en état d'autoréflexion et prend une allure dissociative. Dans leur ensemble, le dialogue agressif (échange actif et autorenforçant) et le recul vers le monologue (expression passive) représentent deux mécanismes d'impasse dévoilant une dynamique communicationnelle en dysfonction qui aboutit à l'impossibilité communicative. Jay et son père sont donc dans un cul-de-sac, à la fois isolés et menacés par un passé inéluctable responsable d'une structure familiale destructrice qui ne produit que fatalité et solitude : le père « d'un bord » ; le fils « de l'autre ».

BIBLIOGRAPHIE

BAILLEUX, Jean-Marc, *L'engrenage de la violence*, Paris, L'Harmattan, coll. «Questions contemporaines», 2004.

BATESON, Gregory, *Steps to an ecology of the mind*, New York, Ballantine Books, 1985.

DALPÉ, Jean Marc, *Le chien*, Sudbury, Prise de parole, 2003.

ELAM, Keir, *The semiotics of theatre and drama*, Londres, Methuen, 1980.

FORTIER, André, «Tissu riche en sentiments durs, mais vrais», *Liaison*, n° 45, hiver 1987, p. 40-41.

GARRET-HOPKINS, Elaine R., «Structures of impasse in Michel Tremblay's *Albertine en cinq temps*», *Quebec Studies*, n° 4, 1986, p. 149-157.

KAPLAN, Jon, «Defining a drama by human emotion», *Now*, 10-16 novembre 1988, p. 45.

LAPLANCHE, Jean et J.-B. PONTALIS, *The language of psychoanalysis*, Donald Nicholson-Smith (trad.), New York, W.W. Norton and Co., 1974.

NUTTING, Stéphanie, *Le tragique dans le théâtre québécois et canadien-français, 1950-1989*, Lewiston, Edwin Mellen Press, 2000.

O'NEILL-KARCH, Mariel, *Théâtre franco-ontarien : Espaces ludiques*, Vanier (Ontario), L'Interligne, 1992.

PARÉ, François, «La dramaturgie franco-ontarienne : la langue et la loi», *Cahiers de théâtre Jeu*, n° 73, décembre 1994, p. 28-34.

PELLETIER, Pierre, «Pourquoi *Le chien* nous émeut-il?», *Liaison*, n° 76, mars 1994, p. 20-30.

PAVIS, Patrice, *Dictionnaire du théâtre*, Paris, Dunod, 1996.

RENAUD, Normand, «*Le chien* de Dalpé. Une grande œuvre. Il faut tuer le chien», *L'Orignal déchaîné*, vol. 1, n° 10, 1988.

SAVONA, Jeannelle Laillou, «Narration et actes de parole dans le texte dramatique», *Études littéraires*, vol. 13, n° 3, décembre 1980, p. 471-493.

UBERSFELD, Anne, *Lire le théâtre III : Le dialogue de théâtre*, Paris, Belin, 1996.

WATZLAWICK, Paul, J. Helmick BEAVIN et Don D. JACKSON, *Une logique de la communication*, Paris, Seuil, 1972.

WINKIN, Yves, (dir.), *La nouvelle communication*, Paris, Seuil, 1981.

ASSUMER ET ASSOMMER LE PÈRE :
L'aspect tragique dans *Le chien* de Jean Marc Dalpé
ALINA CIPCIGAN
Université d'Ottawa

L'ASPECT TRAGIQUE DANS *LE CHIEN*

Poète, professeur, romancier important, Jean Marc Dalpé reste avant tout un homme de théâtre, comme il l'avoue lui-même dans un article de la revue *Liaison*: « Je suis un gars de théâtre. Un gars de scène. En quelque part, je voulais parler aux gens d'eux-mêmes. Les raconter. Nous raconter[1]. » On peut donc dire que le théâtre est le mode d'expression privilégié de Dalpé, mode qui lui permet de refléter « les gens eux-mêmes », d'une manière en quelque sorte circulaire. C'est dans ce contexte que je me propose de revenir à l'œuvre qui est au centre du théâtre de Jean Marc Dalpé. *Le chien*, on le sait, est présentée pour la première fois en lecture publique en septembre 1987. La pièce est publiée ensuite aux éditions Prise de parole et produite à Sudbury par le Théâtre du Nouvel-Ontario en 1988. Elle connaît un succès impressionnant sur scène, en France et au Canada.

---

[1] Stefan Psenak, « Jean Marc Dalpé un jour de verglas », *Liaison*, n° 110, printemps 2001, p. 8.

Pourtant, la mise en scène de cette œuvre, remarquable par son intensité, soulève des questions s'adressant aux praticiens de théâtre. Dans sa préface pour l'édition du *Chien* parue en 2003, Mariel O'Neill-Karch observe justement que l'espace scénique de cette pièce peut être à la fois réel et onirique :

> Les cinq personnages ne quittent jamais la scène, ce qui est irréel, mais théâtral parce que leur présence continue, dans l'esprit de Jay, permet de passer, au théâtre, d'une scène à une autre, sans transition et sans laps de temps, comme les idées et les images se déplacent et se remplacent dans le cerveau humain.
>
> L'espace scénique, mimétique se confond tellement étroitement avec l'espace psychique que j'en suis venue à croire que tout ce que nous voyons sur scène se passe dans le cerveau de Jay qui, après sept années d'absence, retourne là où il est né, là où il a été formé et déformé, au lieu donc qui explique son aigreur[2].

Le chien incarne dans l'espace scénique le tragique existentiel, mais la pièce n'est pas pour autant une tragédie. D'ailleurs, la tragédie ne se limite pas aux chefs-d'œuvre de l'Antiquité, ni aux formes fixes néoclassiques. Comme le remarque Stéphanie Nutting, le modèle du tragique est apte à évoluer quand le canon vieillit, devient désuet. La « mort de la tragédie » est, en effet, un éparpillement de formes qui s'adaptent aux nouveaux modes d'expression. Quelles que soient ses incarnations (selon les époques et les demandes du public), au cœur de la tragédie se trouve toujours la notion de tragique, indépendante de ses réalisations formelles[3].

Ainsi, *Le chien* respire le tragique, mais la pièce n'a pas la valeur ontologique d'une tragédie. Dans sa forme ainsi que dans son contenu, elle cherche justement à se défaire du caractère essentialiste du tragique. Loin d'être des entités vagues et symboliques, les protagonistes sont profondément ancrés dans le « maintenant »

---

[2] Mariel O'Neill-Karch, « Préface », dans Jean Marc Dalpé, *Le chien*, Sudbury, Prise de parole, 2003, p. 11-12.

[3] Stéphanie Nutting, *Le tragique dans le théâtre québécois et canadien-français, 1950-1989*, Lewiston, Edwin Mellen Press, 2000, p. 17.

et « ici », traits qui forment leurs identités fortes. Ainsi, la pièce se déroule dans un lieu presque identifiable en Ontario ; le personnage principal est conscient et assume l'appellation de *Frenchie*. De plus, Jean Marc Dalpé affirme que la pièce soulève avant tout des questions, de sorte qu'il ne faut pas tomber dans le piège de son réalisme, mais plutôt en accentuer le côté mythique, sans omettre « les ponts émotionnels[4] ». L'équilibre entre tragique et réalisme se réalise par l'intermédiaire du langage :

> Jean Marc Dalpé démontre, encore une fois [...] son grand talent de dialoguiste. La langue de Dalpé est média et message à la fois. C'est une langue qui dit tout, autant par son contenu que par sa structure, et qui révèle les personnages en même temps qu'elle intéresse le lecteur. La structure interne du texte n'a pas qu'une valeur esthétique : elle participe à la construction de la tension, de la progression et au rythme de la pièce. C'est aussi cette langue qui permet à Dalpé d'aborder la relation père fils, un thème tout aussi usé que riche, et d'en synthétiser l'essence [...][5].

C'est donc à travers la langue, dans la langue, que le tragique met en perspective la notion de *responsabilité*. *Le chien*, comme dans les tragédies classiques, implique l'héroïsme et surtout la responsabilité, « deux idées qui se trouvent toujours paradoxalement associées quand il s'agit d'assumer l'inacceptable[6] ». *Le chien* devient ainsi l'expression de l'acte héroïque du fils qui prend en charge, qui produit une réponse aux tensions tragiques qui l'animent. Dans les pages qui suivent, je me propose d'analyser cette perspective en faisant une lecture concentrée de la figure du père. Je reviendrai aux rapports entre le père et le fils, entre la figure paternelle et la famille, en appuyant mon étude sur la vision socioculturelle proposée par François Ouellet.

---

[4] Mariel O'Neill-Karch, *Théâtre franco-ontarien : Espaces ludiques*, Vanier, L'Interligne, 1992, p. 149.
[5] Sylvain Marois, compte rendu du *Chien*, http://www.canlit.ca/reviews/177/5822_Marois.html
[6] Stéphanie Nutting, *op. cit.*, p. 18.

LA FIGURE PATERNELLE

D'une manière générale, dans son étude *Passer au rang de père. Identité sociohistorique et littéraire au Québec*, Ouellet constate l'omniprésence de la figure paternelle dans la littérature québécoise. Quoique l'œuvre de Jean Marc Dalpé ne fasse pas partie de la littérature québécoise, mais plutôt de la littérature franco-ontarienne, le thème œdipien de la présence paternelle n'en resurgit pas moins dans *Le chien*. D'ailleurs, le thème du parricide (ou son revers, l'infanticide) sillonne la dramaturgie québécoise, pénétrant aussi le théâtre franco-ontarien.

Selon l'approche de Ouellet, le Québec se trouve dans une position de fils aliéné vis-à-vis de la position autoritaire du père :

> Il est clair que le Québec est psychologiquement engagé depuis longtemps dans une structure socioculturelle pernicieuse qui repose sur un profond sentiment de culpabilité, qui traduit la revendication d'une posture victimaire. La culpabilité naît d'une incapacité primordiale d'assumer la révolte contre le père; situation d'abord canadienne-française qui se répercute dans l'évolution du Québec contemporain [...][7].

Dans un cadre strictement sociologique qui s'apparente à l'analyse proposée par Ouellet, Gilles Rondeau observe dans son étude « Ces pères qui échouent... » qu'en 1987 les statistiques québécoises faisaient état de violence conjugale dans 1 famille sur 10, d'abus ou de harcèlement sexuel chez 1 fille sur 2 et 1 garçon sur 3. Ces hommes qui échouent dans leur paternité ont franchi la ligne de l'inacceptable par leurs actions violentes. Selon Rondeau, cette violence reflète une réalité de la société québécoise des années 1980[8].

Ces tensions intergénérationnelles se reflètent dans l'inconscient collectif et l'imaginaire littéraire, tant au Québec qu'au Canada français. La figure de l'autorité, du « père » est à la fois discutée et

---

[7] François Ouellet, *Passer au rang de père. Identité sociohistorique et littéraire au Québec*, Québec, Nota bene, 2002, p. 11.

[8] Gilles Rondeau, « Ces pères qui échouent... », dans *Cœur-Atout, un amour de père*, Montréal, Saint-Martin, 1987, p. 200.

rejetée dans l'univers symbolique mis en place par la littérature. Ce rejet comporte aussi une dimension religieuse car le père, en tant qu'autorité, symbolise aussi Dieu / le clergé qui a occupé une place importante dans la conscience canadienne-française et qui, selon Ouellet, continue de structurer les représentations littéraires. Le parricide est alors un moyen de définir une autre identité, celle d'un père moderne, issu de l'ancienne autorité paternelle, ayant rompu avec les forces oppressives du passé[9].

C'est dans ce contexte plus large que s'inscrit certainement *Le chien* de Jean Marc Dalpé. Personnage principal de la pièce, le père représente la figure autoritaire qui contrôle et domine une famille traditionnelle de condition moyenne du nord de l'Ontario. Le fils de la famille, Jay, quitte la maison paternelle après avoir commis un geste symbolique de désobéissance et de révolte en giflant son père. Le drame s'ouvre sur son retour au foyer et ce qui déclenche un flot de souvenirs, apportés tour à tour par les membres de la famille : le fils Jay, la fille adoptée, la mère, le père lui-même et le grand-père au-delà de la mort. Chacun de ces personnages vit son propre drame et chaque drame se déroule sous l'influence de l'autorité paternelle, personne ne pouvant y échapper. Le dévoilement du drame ultime, celui du rapt de Céline, déclenche le geste œdipien de Jay : il tue son père.

Jean Marc Dalpé capte dans les monologues de Jay et de son père, et aussi dans le dialogue entre ces deux personnages, l'essence de toute leur relation tumultueuse. Au fils qui est venu chercher une réconciliation, le père la lui refuse parce qu'il n'en est pas capable :

PÈRE : [...] C'est quoi tu veux ?

JAY : J'veux tu m'dises que j'suis correct !

J'veux tu m'dises que tu m'aimes !

J'veux tu m'serres dans tes bras, Pa !

PÈRE : J'peux pas. C'est trop tard (*C*, 2003, 91-92).

---

[9] François Ouellet, *op. cit.*, p. 140.

Au début de la pièce, chaque personnage semble clos, enfermé dans son propre drame, et les conversations se succèdent sans être liées. Seule la figure centrale du chien assure à ces dialogues une certaine continuité. Une certaine circularité s'installe dans les dialogues mêmes.

Le sujet de la pièce se résume donc entièrement dans son titre. Vu comme symbole de l'impuissance des êtres opprimés par la famille, qui ne peuvent pas braver leur « maître », ou comme signe paradoxal de l'autorité du père lui-même, le chien est une image contradictoire dans son essence :

> CÉLINE : [...] J'voyais la découpe d'la lumière sur le mur d'en face. Pis j'ai pas fermé les yeux une fois, pis j'ai pas braillé non plus. J'ai senti le vent qui rentrait par la fenêtre sur mon visage... Ça, je m'en rappelle... un vent chaud... Ça, pis la découpe d'la lumière sur le mur... Ça, pis l'chien qui jappait. C'était l'été passé (*C*, 2003, 102-103).

Il symbolise et inclut dans son essence les deux aspects de la famille de Jay : d'une part l'agressivité du père, de l'autre la soumission de chacun des membres de la famille.

La famille entière semble se conduire selon les lois d'une meute de chiens dans laquelle le plus fort brave le plus faible. Le chien, principe de l'autorité, domine et féconde ses chiennes, selon sa bonne volonté. Les membres de la famille n'osent pas faire de gestes qui fâchent ce personnage dominant, pouvant disposer de leur nourriture ou de leur boisson à son gré. Je fais référence ici à l'épisode où le père, seulement parce que le rire des membres de la famille l'énervait, donne au chien le rôti de bœuf qui constituait le plat principal du repas familial. Ce don de la nourriture consacre la domination du chien.

Jay a commis une faute il y a sept ans, non pas en giflant le père, mais en le fuyant et en se dérobant à ses responsabilités ; en revenant au foyer paternel, il est prêt, sans le savoir, à assumer à son tour le rôle de père, le rôle du maître. Ou, selon les mots de François Ouellet, par ses gestes (conscients ou inconscients), il éprouve « la nécessité de se faire » père[10]. En tout cas, les femmes,

---

[10] *Ibid.*, p. 23.

elles, savent par instinct que Jay est le successeur de son père et elles sont prêtes à le suivre :

> MÈRE : [...] On va partir ensemble en ville dans l'Sud. Avec l'expérience que t'as, t'auras pas d'misère à t'trouver une job pis, si tu veux retourner à l'école au lieu, ben tu y retourneras. Tu l'as dit que t'étais tanné de vivre dans un sac pis dans les motels. On sera pas dans ton chemin. Contraire! On va t'aider. Moé-tou, m'as ben m'trouver de quoi. OK, y va y avoir le petit de Céline, mais ça fait rien qu'un boutte ça. Après, elle itou a va pouvoir trouver de quoi (*C*, 2003, 94).

Les femmes semblent deviner instinctivement que Jay est revenu non pas pour s'excuser, mais pour assumer le rôle de père de famille. Elles détiennent chacune des rôles précis dans la meute familiale et se comportent conformément à ces rôles. Par exemple, la mère, opprimée dans le cadre des relations familiales, devient un personnage agressif pour la femelle plus jeune, plus faible et étrangère à la meute. Elle emprunte aussi les traits animalesques de son « maître » dans les rapports avec les membres inférieurs de la famille. Je rappelle ici l'épisode des cartes postales que Jay avait envoyées et que la mère protège avec une agressivité possessive :

> CÉLINE : [...] Moi, je voulais que maman me les donne, mais elle ne voulait pas. Sa cachette, c'était dans une petite boîte de biscuits en métal qui était sous ses affaires de couture. [...]
> MÈRE : J't'avais dit de pas y toucher aussi. C'est mes cartes, pis m'as te les montrer quand moé j'veux! Pis j'veux pas d'espionne dans ma maison !
> CÉLINE : J'le referai pus (*C*, 2003, 55).

Tous les personnages agissent donc par instinct, un instinct de chien, en pressentant et prévoyant les actions à venir. Leur individualité est liée à cette animalité. De tous les membres de la famille, le père semble être celui qui ressent avec le plus d'acuité l'intention de Jay d'assumer le rôle de maître de la meute familiale. Le père voulait que Jay s'occupe de ses terres, mais après sa fuite il sait que le jeune « chien » de la meute n'est pas prêt à lui succéder; au moment où il revient au domicile familial, il est trop tard :

> PÈRE : Un gars fait pas toujours c'qu'y devrait. Un gars fait pas toujours c'qu'y pense. J'aurais voulu qu'on reprenne la terre, la terre de ton

grand-père, *toé pis moé. La repartir, la rebâtir, revoir des affaires pousser dessus. Avec mes bras. Avec tes bras.*

JAY : *T'en as jamais parlé avant.*

PÈRE : *J'attendais* (*C*, 2003, 53).

La pièce respire la violence et l'animalité : tout d'abord, par l'aboiement continu du chien, qui ponctue les moments culminants, ensuite, par le langage riche en jurons, d'une saveur et d'une richesse spécifiquement canadiennes-françaises ; troisièmement, par les actions instinctives et animalesques des personnages, comme par exemple celle de Jay qui sent pour la première fois les mouvements de l'enfant dans les «entrailles» de sa sœur.

La pièce traite moins d'une famille dysfonctionnelle que d'une meute animale qui fonctionne selon ses principes hiérarchiques et sa violence. Entre les deux actions, celle de faire la paix avec son père (raison pour laquelle il est rentré dans la maison paternelle) et celle de prendre sa place, Jay hésite, puis fait un choix instinctif. En assommant le père, Jay assume le rôle de maître de la famille.

CONCLUSION

Le texte peut donc être lu à plusieurs niveaux, sans perdre de sa richesse. Il y a, premièrement, la vision du fils qui devient par le meurtre le personnage principal de cette pièce. Entre le désir de faire la paix avec son père et la compulsion œdipienne de le tuer, il est forcé de suivre sa destinée animale[11]. Le côté tragique de la pièce nous permet de parler d'une *destinée*, d'une *fatalité* que le personnage est contraint d'affronter. Mais en achevant son geste de tuer le père, il fait face aussi à sa responsabilité de prendre sa place parmi la famille humaine, responsabilité d'affronter les conséquences de ses actes. Ce trait inhérent à la tragédie se révèle dès le début de la pièce par tous les gestes des personnages (même les actions et les paroles du père), qui se mettent d'accord que Jay est l'héritier et le successeur absolu dans le cadre de la famille.

---

[11] Selon Jean Monbourquette, «La démarche de la réconciliation avec le père ressemble à la dynamique du deuil» («Se réconcilier avec son père» dans *Cœuratout, un amour de père, op.cit.*, p. 169.)

Le meurtre est donc une action circulaire sur le plan familial, les fils devant assommer les pères pour en assumer le rôle : « L'histoire est un cercle vicieux qui se meut à coup de pères[12]. » Il y a aussi le point de vue du père, qui souhaite expliquer son attitude de contrôle et sa terreur envers sa famille, mais qui ne réussit pas à le faire d'une manière convaincante :

> PÈRE : C'est comme si y'en a un autre en dedans de moé, pis quand c't'autre-là y sort...
>
> [...]
>
> PÈRE : J'peux tuer, dans c'temps-là.
>
> [...]
>
> PÈRE : C'est comme un feu qui s'allume icitte. Ça me brûle dans' poitrine, pis y faut que j'fesse sur quelque chose ou sur quelqu'un pour que ça l'arrête... pour que ça s'éteigne (*C*, 2003, 89).

Mais il y a surtout la fille adoptée, qui vit la véritable tragédie de la famille, dont elle ne peut pas se tirer. Jay la fuit, sa mère fait une tentative échouée pour rompre avec elle, mais Céline n'a pas le choix.

Finalement, le texte de la pièce peut être lu comme un rejet symbolique de toute autorité par le fils (autorité parentale, nationale, auctoriale). L'auteur recourt au registre des mots radicaux et durs pour exprimer cette attitude du fils en quête de son identité, de son appartenance et de sa filiation :

> JAY : [...] Fait qu'un jour, j'me ramasse devant un comptoir de billets d'autobus pis, quand le gars m'dit : « *So where you goin'?* » j'y dis le nom du village icitte. « *Where the hell is that, for fuck's sake?* »... « *Ontario, you asshole!* » Mais c'est toé, mon tabarnac, que j'voyais (*C*, 2003, 84-85).

Le chien synthétise, en somme, toute une histoire propre à des personnages engagés dans la circularité du pouvoir autoritaire et dans le mythe œdipien atemporel en même temps, signe peut-être de la liberté promise par le théâtre.

---

[12] François Ouellet, *op. cit.*, p. 23.

BIBLIOGRAPHIE

Marois, Sylvain, Compte rendu du *Chien*, *www.canlit.ca/reviews/177/ 5822_Marois.html* (10.07.2005).

Monbourquette, Jean, « Se réconcilier avec son père », *Cœur-Atout, un amour de père*, Montréal, Saint-Martin, 1987, p. 169-175.

Nutting, Stéphanie, *Le tragique dans le théâtre québécois et canadien-français, 1950-1989*, Lewiston, Edwin Mellen Press, 2000.

O'Neill-Karch, Mariel, « Préface », dans Jean Marc Dalpé, *Le chien*, Sudbury, Prise de parole, 2003.

O'Neill-Karch, Mariel, *Théâtre franco-ontarien : Espaces ludiques*, Vanier, L'Interligne, 1992.

Ouellet, François, *Passer au rang de père. Identité sociohistorique et littéraire au Québec*, Québec, Nota bene, 2002.

Psenak, Stefan, « Jean Marc Dalpé un jour de verglas », *Liaison*, n° 110, printemps 2001, p. 7-9.

Rondeau, Gilles, « Ces pères qui échouent… », *Cœur-Atout, un amour de père*, Montréal, Saint-Martin, 1987, p. 195-201.

LE CRI ET LA CRISE :
de la violence et du langage dans l'œuvre de Jean Marc Dalpé
LUCIE HOTTE
Université d'Ottawa

Depuis *Le chien*, Jean Marc Dalpé a délaissé l'univers franco-ontarien des *Murs de nos villages*, de *Hawkesbury blues* et de *Nickel* pour se plonger plutôt dans le monde des marginaux, des laissés-pour-compte et des criminels. Que ce soient les boxeurs de *Eddy*, les petits truands de *Lucky lady*, de *Trick or treat* ou de certains contes urbains, ces personnages vivent dans des milieux durs, pauvres, tant sur le plan économique que culturel et linguistique, et souvent violents. Cette violence a été soulignée à maintes reprises par la critique, jusqu'à être considérée comme une des caractéristiques principales de l'œuvre de Dalpé[1], celle qui témoigne de l'ancrage sociologique de son théâtre. Toutefois, si la violence mise en scène est représentative de celle

---

[1] Voir, entre autres, Christel Veyrat, « Cave canem », *Jeu*, n° 103, 2002, p. 30-34 ; Shannon Hengen, « Théâtre du Nouvel-Ontario and Francophone culture in Sudbury, Ontario, Canada », *American Review of Canadian Studies*, n° 21, printemps 1991, p. 55-69 ; Jane Moss, « Le théâtre franco-ontarien : Dramatic spectacles of linguistic otherness », *University of Toronto Quarterly*, vol. 69, n° 2, printemps 2000, p. 587-614.

qui est propre à notre société, voire à toute société, elle instaure de surcroît, dans le cadre d'une œuvre littéraire, un système sémiotique. Selon le psychiatre américain James Gilligan, qui a travaillé pendant plus de 25 ans dans le milieu carcéral américain, la violence est en soi un système signifiant, un langage. S'inspirant de Freud, il soutient, dans son étude *Violence : Reflections on our deadliest epidemic*, que si les pensées et les fantasmes représentent symboliquement des gestes non actualisés, les actions violentes sont, elles, des représentations symboliques des pensées des personnes qui les commettent. Ainsi, selon Gilligan, les actions *«can take the place of thinking in words»*. Je me propose d'analyser ce que dit l'acte violent dans certains textes de Jean Marc Dalpé, notamment *Le chien*, *Eddy*, *Lucky lady*, *Trick or treat* et les contes urbains «*Red voit rouge*» et «*Give the lady a break*».

La violence est un phénomène complexe qu'il importe d'abord de cerner. Naît-elle de la rage, de la colère ou de la haine? Ou découle-t-elle d'un rapport de force interpersonnel fondé sur l'insécurité, l'humiliation et la domination? En somme, quelles émotions sont à l'œuvre dans la violence? Si la violence est un langage ainsi que l'affirme Gilligan, supplante-t-elle la langue ou y supplée-t-elle? Voilà les questions qui orienteront cette étude.

QU'EST-CE QUE LA VIOLENCE?

Qu'est-ce que la violence? Le mot comporte plusieurs acceptions que mon *Petit Robert* regroupe sous trois titres : «Faire violence», «La violence» et «Une violence», «la violence» y étant définie comme «force brutale pour soumettre quelqu'un[2]». Si cette définition comporte les deux éléments les plus souvent associés au concept, soit la force et l'intensité, elle en ajoute un autre tout aussi essentiel, soit la domination de l'autre, qui est absent des diverses extensions données au terme. Le mot «violence» est, en effet, utilisé couramment pour désigner des

---

[2] *Le petit Robert. Dictionnaire alphabétique et analogique de la langue française*, rédaction dirigée par A. Rey et J. Rey-Debove, Paris, Le Robert, 1990, p. 2097.

choses aussi différentes que des phénomènes météorologiques, langagiers ou psychologiques (la violence d'une passion, par exemple). Or, comme le souligne le philosophe Thomas Platt, « l'extension d'un terme augmente aux dépens de sa compréhension. Pour dire la même chose de façon différente, plus un mot sert à désigner de choses et moins il les décrit de façon précise[3] ». Aussi, comme le signale Robert Litke, les spécialistes « adoptent une conception plus étroite de la violence, laquelle implique nécessairement, à leurs yeux, [...] trois éléments à la fois : la violence consiste à causer un mal quelconque par l'utilisation énergique de la force physique[4] ». Afin de cerner de plus près le phénomène, ils en distinguent également deux types : la violence physique, qui viole le corps d'un individu, et la violence psychologique, qui l'empêche de prendre des décisions autonomes. Ces deux types peuvent prendre des formes personnelles ou institutionnelles. Ainsi, la violence physique personnelle regroupe divers types d'agressions, de brutalités, de voies de fait, les viols et les meurtres, alors que la violence psychologique prend la forme de la diffamation, de menaces ou de paternalisme. La violence physique institutionnalisée renvoie aux émeutes, au terrorisme et à la guerre, alors que dans sa forme psychologique elle désigne l'esclavage, le racisme et le sexisme.

LES ÉMOTIONS DE LA VIOLENCE

Au-delà de sa description purement mécanique, la violence est le résultat d'un processus psychologique complexe. James Gilligan soutient que la violence *« 'speaks' of an intolerable condition of human shame and rage, a blinding rage that speaks through the body[5] »*. Dans un tel contexte, *« all violence is an attempt to achieve*

---

[3] Thomas Platt, « Emplois descriptifs et polémiques du concept de violence », *Revue internationale des sciences sociales*, n° 132, mai 1992, p. 188.
[4] Robert Litke, « Violence et pouvoir », *Revue internationale des sciences sociales*, n° 132, mai 1992, p. 173.
[5] James Gilligan, *Violence. Reflections on our deadliest epidemic*, Londres, Jessica Kingsley Publishers, 2000, p. 55.

justice[6] »; ce qui fait nécessairement d'elle « *a survival strategy*[7] ». Il n'est dès lors pas étonnant que le psychiatre conclue que la violence « *is about the maintenance of 'manhood'*[8] ». Il faut entendre dans cette dernière affirmation non seulement que la violence est une tentative de préserver sa masculinité, mais aussi paradoxalement son humanité ; c'est le dernier recours, voire le seul recours, d'un individu incapable d'exprimer les émotions qui l'assaillent.

Sauf pour la guerre à laquelle a participé le grand-père dans *Le chien* et le racisme latent dont est victime Céline dans la même pièce (*C*, 39), la violence dans l'œuvre de Dalpé est essentiellement personnelle et physique. C'est d'ailleurs dans cette pièce qu'elle adopte les formes les plus variées : enfants battus, violence conjugale, voies de fait, viol, inceste et meurtre. Ce sont ces formes de violence qui reviendront d'une pièce à l'autre, les personnages s'y sentant souvent acculés par la puissance des émotions qui les envahissent.

Les émotions qui poussent les personnages à la violence sont en fait peu nombreuses. La plus importante, dont découlent toutes les autres, est l'humiliation. Dans *Le chien*, la mère signale que le père battait Jay de façon régulière :

La fois d'la tondeuse que t'avais pas demandé la permission.

[…]

La fois d'l'argent que c'était même pas vrai que t'avais volé, tu l'avais juste trouvé.

[…]

La fois, j'ai menti à l'hôpital, je leur ai dit que t'avais été jouer sur le toit pis que t'étais tombé en bas. Personne m'a crue mais y'ont fait semblant.

[…]

La fois, y'a fallu j't'écrive une note pour l'école pour pas que tu sois obligé d'aller en gym à cause des bleus sur tes cuisses.

[…]

---

[6] *Ibid.*, p. 11.
[7] *Ibid.*, p. 30.
[8] *Ibid.*, p. 17.

Toutes les fois j'te laissais pas sortir chez les voisins à cause des bleus. (*C*, 2003, 89-90)

Toutefois, la scène de violence décrite avec le plus de détails dans la pièce témoigne de la rage ressentie par le père lorsqu'il se sent profondément humilié. Au cours d'un souper de famille, le père tente d'ouvrir une bouteille de vin avec un tire-bouchon brisé et une paire de pinces, mais le bouchon s'enfonce dans la bouteille :

Mère : Le vin revole… ta tante pis moé, on éclate.

Céline : Y garroche la paire de pinces par terre.

Mère : Essaye de se verser le vin dans son verre quand même. Le bouchon le bloque. Y shake la bouteille un bon coup.

Céline : Ça sort, renverse le verre sur la nappe, sur son pantalon. Là y garroche la bouteille par terre. Tout l'monde est plié en quatre en train de se tordre.

Mère : Pis lui que c'est qu'y fait ?

Pause

Mère : Y s'énerve… Y s'énerve !!!

Céline : Y prend le rôti de bœuf dans une main, regarde ta mère pis y dit : « Si tu t'fermes pas 'a yeule, ma sacramente, j'te garroche ça dans' face. (*C*, 2003, 43-45)

Se sentant humilié et ridiculisé, le père croit pouvoir récupérer l'autorité et la dignité qu'il pense avoir perdues en inspirant de la crainte. Ce n'est donc que bravade lorsqu'il dit à Céline : « Pis pense pas c'est parce que j'ai peur de c'qu'y vont dire. J'ai pas peur de rien, moé » car, en vérité, il se sent toujours jugé par l'Autre. Lorsqu'il sent qu'il perd la face, le père réagit invariablement de façon violente. C'est ce qui arrive lorsqu'il tente d'impressionner ses comparses à la taverne après l'enterrement de son père :

Je l'ai amené pour montrer aux gars à taverne. Pis tu l'crois-tu ? Après que j'leur raconte l'histoire du vieux, c'te sacrament de Charbonneau-là me dit de même : « Tu parles de la bullshit ! » « Quelle bullshit ? » j'y dis. « Ton histoire d'ostie de général, qu'y m'dit. Ton vieux l'a acheté quelque part comme tout l'monde là-bas, pis y t'en a beurré une bonne. » Tabarnac ! Pis moé qui venait de l'enterrer. J'y dis « T'es un moins que rien

> Charbonneau si tu respectes pas les morts. » J'y ai dit raide de même à part ça. […] J'ai failli le tirer dans'face à Charbonneau […] (*C*, 2003, 40)

Dès qu'il se trouve dans une situation qu'il ne peut contrôler, la rage et le désir de tuer l'envahissent :

> C'est comme si y'en a un autre en dedans de moé, pis quand c't'autre-là y sort…
>
> […]
>
> J'peux tuer, dans c'temps-là.
>
> […]
>
> C'est comme un feu qui s'allume icitte. Ça me brûle dans' poitrine, pis y faut que j'fesse sur quelque chose ou sur quelqu'un pour que ça l'arrête… pour que ça s'éteigne. (*C*, 2003, 89).

Comme le signale Mariel O'Neill-Karch, si le père réagit de cette façon c'est qu'il est « toujours prêt à défendre sa virilité menacée[9] ».

Dans *Eddy*, le lien entre l'humiliation et les coups donnés ou reçus est aussi évident. Les « spectres » de Jacques, le frère d'Eddy, racontent la scène de violence originaire, celle où Jacques bat le père dont les frères ont honte :

> Jeune spectre : Notre père, c't'un pissou.
>
> […]
>
> Vieux spectre : C'est moé qui y a montré comment c'tait laid un homme qui s'tient pas debout'.
>
> Jeune spectre : Pis c'est pas longtemps après ça que j'l'ai envoyé à l'hôpital, le père, en y cassant une bouteille su'a tête un soir qui s'tait mis à t'fesser… Paklow! (*E*, 28-30)

C'est d'ailleurs à ce sentiment d'humiliation qu'Eddy incite Vic à avoir recours afin de gagner son match de boxe :

> Va l'chercher. C'qui t'amène au *top*. L'affaire qui t'brûle. Qui t'mord. […] Parce que c'pas lui, c'pas l'Mexicain… *(lui touchant la poitrine encore une fois)* c'est ça icitte, ça ICITTE qui veut t'descendre, qui veut

---

[9] Mariel O'Neill-Karch, « Préface », dans Jean Marc Dalpé, *Le chien*, Sudbury, Prise de parole, 2003, p. 15.

t'écraser... qui veut prouver devant tout l'monde c'que tout l'monde t'a toujours dis qu't'étais... un bum, un gros zéro! (*E*, 143-144)

C'est aussi l'humiliation qui est au fondement du drame de *Trick or treat*. En effet, si Mike veut se procurer un fusil à tout prix, c'est parce qu'il a été profondément humilié lorsqu'une bande de voyous lui ont volé ses souliers de course :

> T'à coup, les six sont autour de moi. Y'en a un qui me demande pour du feu, queque chose, j'fais Non non n'ai pas Bang! Y'en a un d'eux-autres qui m'agrippe par le collet pis y sortent toute la gang avec moi, j'fais EH eh eh! Lâchez-moé! Lâchez-moé! Y'a plein d'monde autour qui l'voit, qui voit bien c'qui s'passe! Mais t'sais, y'a-tu quelqu'un qui fait queque chose? Pantoute! Là t'à coup j'suis dans ruelle. J'fais un move comme pour me défaire de l'autre qui m'a toujours par le collet mais t'sais sont six, on m'pogne par en arrière pis là t'à coup j't'à terre pis y'en a un d'eux-autres, un chien sale, qui sort son couteau, me l'met dans face. Que c'est-tu veux que...? (*TT*, 144)

L'humiliation suscite la honte, la rage et le désir de vengeance. James Gilligan soutient que « *The emotion of shame is the primary or ultimate cause of all violence*[10] » et que le secret de tout homme violent « *is that they feel ashamed — deeply ashamed, chronically ashamed, acutely ashamed, over matters that are so trivial* [comme le fait d'être incapable d'ouvrir une bouteille de vin] *that their very triviality makes it even more shameful to feel ashamed about them, so that they are ashamed even to reveal what shames them*[11] ».

De plus, comme le signale Robert Claing dans l'essai paru à la suite du texte d'*Eddy*, « À l'humiliation répond le respect : se faire respecter et imposer aux autres le respect. Pour y arriver, il faut être un homme[12]... » La violence, socialement perçue comme le fait des durs, des forts, et conséquemment des hommes, devient alors le moyen de prouver sa virilité :

> *the prison inmates I work with have told me repeatedly when I asked them why they had assaulted someone, that it was because « he disrespected me », or « he*

---

[10] James Gilligan, *op. cit.*, p. 110.
[11] *Ibid.*, p. 111.
[12] Robert Claing, «*Eddy*, ou l'écriture en coup de poing», postface dans *Eddy*, Montréal et Sudbury, Boréal et Prise de parole, 1994, p. 198.

disrespected my visit» (meaning «visitor»). The word «disrespect» is so central in the vocabulary, moral value system, and psychodynamics of these chronically violent men that they have abbreviated it into the slang term, «he dis'ed me[13]*».*

Dans *Eddy,* sans doute la pièce la plus éclairante pour l'analyse de la violence dans le théâtre de Dalpé, le mot «respect» revient comme un leitmotiv. Les exemples sont nombreux : le spectre de Jacques se plaint du fait qu'Eddy ne soit pas venu à son enterrement en criant : «DU RESPECT! Du respect, Eddy. Au moins ça.» (*E*, 31); Eddy parle de son métier en disant : «J'ai du respect pour le métier que j'fais, OK? Du respect! C'est un mot important ça, 'respect'.» (*E*, 55); et Vic se prépare au combat en répétant : «Normal. OK! Les pros! Oui! Oui! Respect! Respect! Respect!» (*E*, 138), mot qui revient 12 fois dans ses répliques, avant et pendant le combat. Les nombreuses occurrences du mot attestent que tous cherchent à être respectés. Comme le dit Robert Claing, «les coups servent à écraser l'autre pour prendre sa place. Ils servent aussi à imposer le respect[14]». Eddy exprime clairement le rapport entre la quête de respect et la nécessité de dominer l'autre :

> Envoye, r'viens. R'viens, mon Vic. Tu l'veux ton respect, va l'chercher ton respect. Mont'z'y à c't'ostie de... Mont'z'y de quoi t'es capab'. *(fort)* Oui! Jab! Jab! Jab! Oui! C'est ça! Laisse-lé pas t'humilier! C'T'ICITTE LE RESPECT! (*E*, 158)

Toutefois, contrairement aux autres pièces de Dalpé, dans celle-ci, comme l'indique Lucie Robert, «le choix de la boxe [...] inscrit la violence dans un cadre stable, à la fois réaliste (la boxe est un combat) et métaphorique (la vie est un combat)[15]».

LA VIOLENCE AU FÉMININ

Si ce sont essentiellement les hommes qui ont recours à la violence, tant dans l'œuvre de Dalpé que dans la société, les femmes n'en sont pas pour autant réduites exclusivement au rôle

---

[13] James Gilligan, *op. cit.,* p. 106-106.
[14] Robert Claing, *op. cit.*, p. 197.
[15] Lucie Robert, «La théâtralité fragmentée», *Voix et images*, vol. 20, n° 3, printemps 1995, p. 726.

de victimes. Elles peuvent aussi devenir violentes. La criminologue Sylvie Frigon, dans son étude *L'homicide conjugal au féminin, d'hier à aujourd'hui*[16], signale que la violence chez les femmes ne répond toutefois pas à la même logique que celle des hommes. Pour eux, la violence est « une stratégie d'appropriation[17] », c'est-à-dire une façon de contrôler l'autre et d'exercer son pouvoir sur lui, surtout, sans doute, afin d'en faire la preuve. L'homme violent affirme : « Je suis quelqu'un dont tu dois tenir compte. » Pour les femmes, la violence est plutôt « une stratégie de protection[18] ». La violence au féminin découle du fait que les femmes se sentent menacées ou qu'elles perçoivent l'Autre comme un danger pour elles ou leurs enfants.

Dans l'œuvre de Dalpé, peu de femmes ont recours à la violence. Dans *Lucky lady*, Shirley réagit violemment lorsqu'elle surprend Bernie chez elle :

> Je suis une fille en colère avec un fusil. Je ne suis pas folle mais... ça prendrait pas grand-chose. (*il vient pour parler*) Si j'étais toé, j'me tairais. J'dirais pas un mot. Parc' que hein ?... on sait jamais. Peut-être que ça va être le mot de trop, le mot que la fille a veut pas entendre, le mot qui va faire déborder le vase. Qui est rempli à ras bord. À RAS LE BORD. Parc' la fille, a n'a plein son casque. A n'a pris pis a n'a pris pis là a n'en prend p'us. Trop c'est trop. (*LL*, 92)

Cependant, bien que Shirley fasse feu à la fin de la séquence, elle ne tire pas sur Bernie. En effet, contrairement aux hommes, les personnages féminins de Dalpé s'en tiennent la plupart du temps aux menaces. À la fin d'*Eddy*, lorsque Vic annonce à son oncle et à sa tante qu'il abandonne Eddy pour un autre gérant, Mado le gifle et lui profère ces invectives : « Ti-chriss de chien sale ! Sors d'icitte ! SORS D'ICITTE AVANT J'TE CRÈVE LES

---

[16] Sylvie Frigon, *L'homicide conjugal au féminin, d'hier à aujourd'hui*, Montréal, Éditions du Remue-ménage, 2003.
[17] *Ibid.*, p. 16.
[18] *Ibid.* Voir Raymonde Boisvert, « Éléments d'explication sociale de l'uxoricide », *Criminologie*, vol. 29, n° 2, 1996, p. 77 : « Dans les homicides commis au sein d'une relation de couple, les hommes tuent parce qu'ils refusent que leur femme leur échappe alors que les femmes tuent pour échapper à leur conjoint. »

DEUX YEUX!» (*E*, 184). Claire réagit de la même façon, dans *Lucky lady*, lorsqu'elle pense que Bernie cherche à lui enlever sa fille. Elle l'avertit clairement : «T'essayes de me l'enlever, t'es mort. T'es mort. C'est pas une menace c'est un fait. T'es mort.» (*LL*, 81). Tout comme Mireille qui, lorsqu'elle se sent ridiculisée par Shirley, lui dit : «Tu ries-tu de ma révélation toé-là? Ris pas de ma révélation. Tu ries de ma révélation, j't'arrache la moitié d'la face!» (*LL*, 142).

Le cas d'Hélène Beaupré dans «*Give the lady a break*» est plus complexe. Dans ce conte urbain, la protagoniste passe à l'acte : après avoir vainement cherché une place dans le stationnement du centre commercial bondé durant la période des fêtes, elle démolit, à coups de bâton de baseball, la voiture qui a pris la place qu'elle attendait :

> Quelque trois ou quatre minutes plus tard, après avoir remis à sa place, à l'arrière de la familiale, le bat de baseball de son fils avec lequel elle a fracassé les phares, la fenêtre du conducteur et le pare-brise de la Lincoln Continentale blanche de M. Patenaude, Hélène et Ellen quittent le stationnement du centre d'achats Rockland en faisant crier les pneus de la familiale tout en chantant avec la radio maintenant. (*I*, 17)

Puis, elle décide de faire de même avec la voiture neuve de son ex-conjoint : «Hélène sourit / sur la Décarie / Hélène sourit / parce qu'elle se dit / que ça va être le plus beau Noël de sa vie! / Fuckin' right ostie! / Aussitôt qu'a s'ra de retour de Saint-Lambert / après avoir fait la jobbe au Subaru vert / de son ex-mari» (*I*, 17).

La violence d'Hélène Beaupré se distingue de celle des autres personnages d'abord par les émotions qui l'engendrent. Elle n'est due ni à la honte, ni à l'humiliation, ni à l'autoprotection, comme c'est le cas chez Mireille, Claire, Shirley, Mado ou chez les personnages masculins. Les émotions qui provoquent la réaction violente d'Hélène sont plutôt la fatigue, la dépression[19] et la colère. À

---

[19] Selon la psychologue Anna Motz, «*The link between depression and violence should not be overlooked as many acts of violence, whether targeted against the self, others or children, are linked to severe depression*» (*The psychology of female violence. Crimes against the body*, East Sussex, Brunner-Routledge, 2001, p. 254.)

48 ans, elle se retrouve seule avec «deux garçons de 16 et 14 ans, un chien, un chat, une jobbe qui paie mal, un boss qui la fait chier, pis a' prend des cours du soir à l'université pour finir son bac en histoire...» (*I*, 9) Il n'est donc pas étonnant qu'elle soit «définitivement fatiguée» (*I*, 9). En outre, son ex-mari a, avec son ancienne étudiante devenue conjointe, la vie qu'elle aurait voulu avoir. La vie d'Hélène, comme sa voiture, «ressemble à un dépotoir» (*I*, 11).

Sa violence se distingue ensuite par la forme qu'elle prend. Hélène ne s'en prend pas à une autre personne, mais à un objet inanimé, soit une voiture (d'abord la voiture d'un étranger qui manque de civisme, puis celle du mari), qui tient lieu à la fois de son mari et d'elle-même. Car, il ne faut pas l'oublier, Hélène conduit sa voiture au moment du drame. De plus, c'est en écoutant la radio qu'elle se remémore son passé et son identité antérieure, soit celle d'Ellen McMurtry, qu'elle a tout fait pour oublier. Ainsi, la violence d'Hélène ne fait que reproduire la violence qu'elle s'est faite à elle-même en niant son identité initiale.

Exténuée, confrontée à son passé anglophone, incapable de se trouver une place dans le terrain de stationnement comme dans la vie, elle est poussée à la violence : « Mais là elle sent qu'elle est en train de craquer. C'est trop, tout est trop, trop trop trop, Michel pis sa pitoune à Saint-Lambert, ses parents qui débarquent, pis y'a pas d'place à parker dans c't'ostie de... Pis là ça fait cinquante minutes, sacrament!!!» (*I*, 14).

VIOLENCE ET LANGAGE

Si la violence est une façon d'exprimer ses émotions, si «les coups deviennent une langue qui dit l'aliénation[20]», les mots peuvent permettre d'éviter d'y faire appel. Selon James Gilligan, «*the capacity to "control" one's impulses by expressing them in words rather than actions could prevent murder, in the sense that*

---

[19] Robert Claing, *op. cit.*, p. 201.

words are often the only alternatives to violent actions[21] ». Dans *Eddy* de Dalpé, c'est le personnage de Maurice qui, paradoxalement, parvient à dire le rapport entre l'incapacité de s'exprimer et la violence :

> Sans les mots, le monde est plein d'trous. Y a comme des places où comme tu peux pas aller comme, fait que tu t'ramasses que c'est d'là à là où tu peux aller comme… pis pas ailleurs sauf que des fois tu t'ramasses ailleurs pareil, mais comme t'as yenque ça d'mots…
>
> Ouain… ouain c'est là que tu t'mets à fesser (*E*, 87)

Une bonne part de l'art de Dalpé consiste justement à mettre en mots cette incapacité fondamentale des personnages de s'exprimer. La langue de Dalpé, on l'a souvent dit, est une langue bâtarde, mélange de français, d'anglais et de jurons. Elle se caractérise par la pauvreté du vocabulaire qui entraîne des répétitions, des hésitations, des phrases incomplètes et le recours à diverses expressions purement phatiques visant à remplacer les mots qui manquent, telles que «t'sais», «entéka» et «c'que j'veux dire». Quelques exemples permettent d'illustrer cette langue décrite par Robert Claing comme «celle des "tout nus", de ceux qui cherchent en vain les mots qui leur manquent pour crier la rage qui bouillonne en eux[22]».

Certains personnages, comme Mado, sont conscients des limites de leur vocabulaire et, faute de mieux, ont recours aux jurons pour exprimer leur rage :

> C'est pas juste. C'est pas juste pis y ont pas l'droit de te faire ça, y ont pas l'droit de nous faire ça, c'est des osties d'trou d'cul de câlices de saint-sacraments de sans-cœur pis je l'sais que j'parle mal pour une fille qui a passé par le couvent mais c'est ça que j'pense fait que c'est ça que j'dis. (*E*, 85)

D'autres tentent, tant bien que mal, de s'approprier le langage afin de tenir un discours cohérent. Cependant, comme en témoigne Shirley qui répète ce qu'elle dira à la foule au début de son spectacle, ils ont beau chercher désespérément les mots qui

---

[21] James Gilligan, *op. cit.*, p. 76.
[22] Robert Claing, *op. cit.*, p. 201.

pourraient exprimer leur pensée, leur discours n'est qu'un collage d'éléments redondants :

> J'aimerais juste dire icitte... J'aimerais juste vous dire que j'me sens honorée... que c't'un honneur... J'aimerais juste vous dire que c't'un / comment j'me sens chanceuse d'avoir la chance / J'aimerais juste vous dire icitte comment j'me sens / comment j'suis contente... contente / heureuse / comment j'suis heureuse de me retrouver sur la même scène que ce monsieur-là qui / que c'bonhomme-là / (*LL*, 17)

Il en est de même de Zach, qui, en entrevue, cherche à convaincre les agents de probation qu'il pourrait travailler dans le domaine des assurances :

> Ben m'a vous l'dire... en prenant en état de compte mes options et en faisant le tri parmi ceuzes-là qui pour lesquelles j'aurais comme un potentiel, d'après mon estimation personnelle, de réussite... potentiellement, on parle ici potentiellement... une des options que je pourrais opter pour je crois serait... le domaine des assurances.
>
> Oui, les assurances. Je crois que j'ai c'qu'y faut pour me lancer là-dedans sérieusement, si vous voyez c'que j'veux dire (*LL*, 85).

Dans *Le chien*, le meurtre du père s'avère inévitable en grande partie parce que celui-ci est incapable d'engager un dialogue avec son fils. Jay en est conscient et exige que son père lui parle :

> Jay : [...] Tu vas m'parler comme du monde. J'ai pilé sur mon orgueil pour venir te voir, fait que pile sur le tien pis parle-moé comme du monde ! *(Jay débouche les deux bières et en dépose une aux pieds de son père.)* Parle !
>
> *(Le père vient pour se lever. Jay, d'un geste brusque, le rassied. Et puis d'un seul souffle :)* J't'ai fourré une volée v'là sept ans, pis depuis c'temps-là, j'ai charrié des briques pis j'ai cloué des clous dans des frettes de moins trente. J'ai l'ventre comme d'la roche pis j'ai les deux bras comme des barres de fer, pis toé t'as vieilli son père. T'as vieilli !
>
> [...]
>
> Père : J'ai enterré mon père aujourd'hui. J'ai pris un coup. J'ai pris un coup à l'hôtel, avec les mêmes gars que j'ai pris un coup la semaine passée... pis depuis dix ans. Non. Depuis vingt ans ! Pis là, toé, tu veux que drette de même, j'te dise quelque chose, j'sais pas trop quoi, quelque chose d'important.
>
> *Pause.*

> J'suis fatigué, pis j'm'en vas dormir, OK?
> Jay : *(Dégonflé :)* OK, OK... (*C*, 2003, 33-34)

Si, surtout dans *Le chien*, la violence est essentiellement physique et non psychologique, c'est que les personnages ne maîtrisent pas assez la langue pour pouvoir manipuler ou agresser verbalement les autres. Le père en est l'exemple le plus frappant. Certes, il menace épouse et enfants, plus faibles que lui, mais lorsque vient le temps d'affronter un autre homme adulte, soit Jacques, le nouveau chum de la mère, il ne lui adresse qu'une onomatopée :

> Mère : [...] J'ai failli avoir un chum après que t'es parti. [...] Ton père est allé voir Jacques. C'est comme ça qu'y s'appelait. Y'est allé le voir au motel là ou y restait. [...] Ton père l'a réveillé au milieu de la nuit, y'a mis sa 22 entre les deux yeux, y'a pesé sur la gâchette pis y'a fait « Bang! » comme ça avec sa bouche. (*C*, 2003, 35)

Les mots sont alors remplacés par l'arme à feu[23].

La forme même des répliques connote cette incapacité fondamentale de s'exprimer. Comme le note Michel Nadeau, « les répliques sont courtes, haletantes, les personnages se coupent très souvent la parole, ils se débattent avec les mots pour arriver à exprimer ce qu'ils ressentent[24] ». Mais y arrivent-ils?

Jean Marc Dalpé ne se contente pas d'illustrer comment la violence supplée à la difficulté, voire à l'impossibilité, de s'exprimer, il met également en scène des personnages qui parviennent à y échapper par la parole. C'est le cas de Bernie dans *Lucky lady,* qui arrive à mettre en mots ses émotions : « C'est bon d'être sorti, Mi. C'est bon *(courte pause)* C't'épeurant mais c'est bon » (65). Il trouve les mots qu'il faut pour s'exprimer. Ainsi, quand Zach essaie d'expliquer ce que la drogue est pour lui, Bernie lui fournit le mot qu'il cherche :

---

[23] Voir à ce sujet Mariel O'Neill-Karch, *op. cit.*, p. 15-16.
[24] Michel Nadeau, «*Blazzing* [sic] *bee to win*», dans Jean Marc Dalpé, *Lucky lady*, Sudbury, Prise de parole, 1995, p. 183.

> Zach : Ton puff puff c'est comme...
>
> Bernie : Une délivrance
>
> Zach : Une délivrance. Bon mot, bon mot. Une délivrance. *Awright!* OK! OK! C'est ça! (*LL*, 24)

Il en est de même lorsqu'il va rendre visite à Claire afin de voir sa fille :

> Bernie : T'as encore beaucoup d'agressivité, j'comprends pis j'te...
>
> Claire : Agressivité? Agressivité? Que c'est tu penses? Que tu vas m'impressionner avec tes gros mots qu'on t'a appris en désintox. C'est-tu ça que tu penses, Bernie? Que trois quatre mots vont m'faire accrère que t'es tout' changé? (*LL*, 83)

Lorsque Shirley le surprend en train de s'introduire par effraction chez elle, il tente aussi de la convaincre de ne pas faire appel à la violence en l'incitant à parler :

> Shirley : Ostie Bernie, j'ai envie de tirer là...
>
> Bernie : Parle-moé. OK comme j'veux dire comme parle /
>
> Shirley : Tu veux j'te parle?
>
> Bernie : Oui.
>
> Shirley : Tu veux j'te parle? OK m'a t'parler, m'a t'parler d'une fille qui / Ah pis non, j'ai pas envie d'en parler.
>
> Bernie : Non, faut! Faut!
>
> [...]
>
> Shirley : OK m'a t'parler... c't'une fille, OK?...

Dans « *Red voit rouge* », le texte s'ouvre sur une série d'injures :

> Sais-tu c'que m'a y faire à c't'ostie-là? C'que j'aimerais y faire!? Le pendre, ostie! Par les boules, ostie! Par les tabarnak de boules, ostie! Le prendre par les boules... à un clou, chriss!
>
> Ou mieux que ça... Mieux que ça, man...
>
> C'que j'aimerais vraiment y faire à c't'ostie d'chien sale-là... Ouain, l'autre affaire que j'voudrais faire, ça s'rait de l'attacher après mon char avec des chaînes, pis l'traîner partout dans Vanier (*I*, 75)

Toutefois, après avoir raconté son histoire, Red renonce à la violence et parvient à dire sa douleur : « OSTIE QUE ÇA FAIT MAL! » (*I*, 82).

Dans les cas de Bernie et de Red, il semble que le désir de s'exprimer par les mots plutôt que par les poings découle de l'amour qu'ils ressentent non seulement pour leur conjointe, mais surtout pour leur enfant. C'est devant sa fille endormie que Bernie pleure (*LL*, 85), c'est en pensant à l'enfant qu'il désire que Red se raisonne : « Faut j'pense à elle. Pis on veut un p'tit, hein ? J'vous ai pas dit ça mais, ouain, on veut un p'tit fait que… » (*I*, 82). Dans *Le chien*, un mot d'amour aurait permis que le meurtre n'ait pas lieu :

> Père : […] C'est quoi tu veux ?
> Jay : J'veux tu m'dises que j'suis correct ! J'veux tu m'dises que tu m'aimes ! J'veux tu m'serres dans tes bras, Pa !
> Père : J'peux pas. C'est trop tard.
> Jay : Vieux chrisse !
> *Jay tire deux autres coups en direction de son père qui ne bronche pas.*
> Jay : Vieux chrisse ! (C, 91-92)

Eddy, par ailleurs, se termine sur la musique de *Love me tender*, dont le titre révèle la fonction lénifiante de l'amour. Du *Chien* à *Il n'y a que l'amour*, autre titre révélateur, l'amour occupe une place de plus en plus centrale dans l'œuvre de Dalpé. Sans amour, sans la capacité d'exprimer cet amour, les personnages ne sont que des bêtes, blessées certes, mais surtout blessantes, proies d'une violence intérieure qui les pousse à agir violemment.

LE RAPPORT À L'AUTRE ET LA VIOLENCE

Minés par le ressentiment, la rage, les désirs frustrés et le sentiment de n'avoir pas d'avenir, qu'ils ne peuvent exprimer, les personnages de Dalpé sont acculés à la violence. Leur incapacité à dire leurs pensées et leurs émotions hypothèque gravement leurs relations interpersonnelles. Lorsqu'un individu sent qu'il n'a pas le pouvoir d'interagir avec les autres, soit il se laisse dominer, soit il a recours aux seuls moyens qui lui soient accessibles pour obtenir sa part de pouvoir, le seul à sa portée étant souvent la violence. Comme le dit Robert Claing : « Les coups comblent les trous laissés par les mots manquants. Coups d'impuissance, coups qui traduisent l'impossibilité d'avoir une prise sur le réel, de le transformer, de le dépasser[25]. »

Que dit la violence dans le théâtre de Dalpé ? L'humiliation, certes. Mais celle-ci est sans doute le symptôme d'un mal encore plus profond, car l'humiliation, comme la honte, naît du fait que l'individu adopte le regard de l'Autre, ses valeurs et se juge en fonction de celles-ci. L'humiliation découle d'un sentiment d'infériorité et d'impuissance profond. La violence tente alors de rétablir l'équilibre, elle est le fait d'un individu qui cherche à affirmer son existence, sa valeur en en imposant aux autres, à signifier le respect auquel on a droit en tant qu'être humain, que l'on désire plus que tout, mais dont on ne pense pas être digne. Pour Joseph Pestieau, « moins on maîtrise une situation, plus on compte sur l'irrationnel[26] ». Il poursuit : « elle [la violence] est en son essence le geste théâtral par lequel un sujet [...] joue la toute-puissance dans une situation d'impuissance[27] ». Ainsi ce sont principalement «[l]es individus, [l]es groupes sociaux, [l]es nations dont l'avenir est bouché et le présent intolérable » qui y ont recours. « La résignation ne leur apporterait rien de mieux que le refus de la résignation[28]. »

L'acte violent, dans le théâtre de Jean Marc Dalpé, est donc « performatif » : en même temps qu'il dit des symptômes — l'humiliation, la dépossession de soi et l'incapacité à avoir prise sur le réel —, il cherche à « être » le respect, à remplacer le langage, qui manque inévitablement. En donnant une voix à ceux qui n'en ont pas, Jean Marc Dalpé met en place les fondements d'une éthique sociale.

---

[25] Robert Claing, *op. cit.*, p. 201.
[26] Joseph Pestieau, « Violence, impuissance et individualisme », dans *Penser la violence, op. cit.*, p. 193.
[27] *Ibid.*, p. 194.
[28] *Ibid.*, p. 198.

BIBLIOGRAPHIE

Boisvert, Raymonde, «Éléments d'explication sociale de l'uxoricide», *Criminologie*, vol. 29, n° 2, 1996, p. 73-87.

Claing, Robert, «*Eddy*, ou l'écriture en coup de poing», postface dans Jean Marc Dalpé, *Eddy*, Montréal, Boréal, 1994.

Dalpé, Jean Marc, *Le chien*, 3ᵉ édition, Sudbury, Prise de parole, 2003.

Dalpé, Jean Marc, *Eddy*, Montréal et Sudbury, Boréal et Prise de parole, 1994.

Dalpé, Jean Marc, *Il n'y a que l'amour*, Sudbury, Prise de parole, 1999.

Dalpé, Jean Marc, *Lucky lady*, Montréal et Sudbury, Boréal et Prise de parole, 1995.

Frigon, Sylvie, *L'homicide conjugal au féminin, d'hier à aujourd'hui*, Montréal, Éditions du Remue-ménage, 2003.

Gilligan, James, *Violence. Reflections on our deadliest epidemic*, Londres, Jessica Kingsley Publishers, 2000.

Hengen, Shannon, «Théâtre du Nouvel-Ontario and Francophone culture in Sudbury, Ontario, Canada», *American Review of Canadian Studies*, n° 21, printemps 1991, p. 55-69.

Litke, Robert, «Violence et pouvoir», *Revue internationale des sciences sociales*, n° 132, mai 1992, p. 173-184.

Moss, Jane, «Le théâtre franco-ontarien : Dramatic spectacles of linguistic otherness», *University of Toronto Quarterly*, vol. 69, n° 2, printemps 2000, p. 587-614.

Motz, Anna, *The psychology of female violence : Crimes against the body*, East Sussex, Brunner-Routledge, 2001.

Nadeau, Michel, «Blazing bee to win», postface dans Jean Marc Dalpé, *Lucky lady*, Montréal, Boréal, 1995.

O'Neill-Karch, Mariel, «Préface», dans Jean Marc Dalpé, *Le chien*, 3ᵉ édition, Sudbury, Prise de parole, 2003.

Pestieau, Joseph, «Violence, impuissance et individualisme», *Revue internationale des sciences sociales*, n° 132, mai 1992, p. 193-207.

Platt, Thomas, «Emplois descriptifs et polémiques du concept de violence», *Revue internationale des sciences sociales*, n° 132, mai 1992, p. 185-192.

Robert, Lucie, «La théâtralité fragmentée», *Voix et images*, vol. 20, n° 3, printemps 1995, p. 721-730.

Veyrat, Christel, «Cave canem», *Jeu*, n° 103, 2002, p. 30-34.

Le petit Robert. Dictionnaire alphabétique et analogique de la langue française dirigé par A. Rey et J. Rey-Debove, Paris, Le Robert, 1990.

# RAPPORTS DE FORCE

« *GIVE THE LADIES A BREAK*[1] » :
les femmes de Jean Marc Dalpé
JANE MOSS
Colby College

Les historiens et critiques du théâtre franco-ontarien soulignent toujours que l'élan fondateur des années 1970 a été le désir de définir le sens collectif d'une communauté distincte, de mettre en scène l'existence précaire de cette communauté face à une diminution des débouchés économiques et à une minorisation accrue, et de réhabiliter la langue populaire de l'Ontario français en lui accordant le statut de discours dramatique[2]. À mesure que le théâtre franco-ontarien s'est étendu depuis son Nord natal vers les régions urbaines du Sud, son répertoire s'est agrandi au-delà des créations collectives sur l'identité communautaire pour inclure des pièces qui explorent les relations familiales et la quête du bonheur individuel. Comme l'épanouissement du théâtre franco-ontarien coïncide avec la période où les féministes remettaient en question les rôles traditionnellement attribués aux hommes et aux femmes et exigeaient qu'il s'opère des changements au sein de la famille et de la société dans son ensemble, il n'est pas surprenant que les pièces

---

[1] Titre légèrement modifié de la pièce de Jean Marc Dalpé, *Give the lady a break*.
[2] Voir les écrits de Mariel O'Neill-Karch, François Paré, Pierre Karch, Jane Moss, Lucie Hotte et Annick Léger.

franco-ontariennes écrites à partir des années 1980 abordent ces questions.

Contrairement au théâtre québécois qui offrait des représentations négatives et stéréotypées des femmes au cours des années 1970 et 1980 (mères castrantes, épouses plaignantes ou souffrantes depuis longtemps, putains, victimes sans voix), le théâtre franco-ontarien évite généralement les tendances misogynes, peut-être parce que tant de femmes talentueuses évoluent au sein de ses diverses troupes de théâtre[3]. S'il y a plus d'hommes que de femmes qui écrivent pour la scène en Ontario, les dramaturges masculins énoncent les enjeux des femmes tout en examinant les modèles de masculinité et le thème des responsabilités familiales. Il a été dit que les conflits générationnels mis en scène dans le théâtre franco-ontarien sont la réponse œdipienne de fils qui fuient un domicile paternel rendu intolérable par la violence physique, verbale et sexuelle, résultat de l'abus d'alcool et d'un désespoir né de la pauvreté, de l'isolement et de rêves ratés. La critique québécoise Lucie Robert a dit du Nord de l'Ontario que c'était une « prison des mères[4] » dans laquelle les trahisons des pères hantaient la prochaine génération[5]. La critique des hommes franco-ontariens met en évidence des

---

[3] Quelques noms suffiront pour illustrer ce point : Brigitte Haentjens, Catherine Caron, Sylvie Trudel, Anne-Marie Cadieux, Sylvie Dufour. En commentant 30 ans de théâtre franco-ontarien pour la revue *Entr'acte* publiée par Théâtre Action, Annick Léger souligne qu'on compte relativement peu de femmes dramaturges (23, 26). Ceci ne signifie pas pour autant que les voix des femmes sont réduites au silence. Des protagonistes féminins affirment elles aussi leur existence par leur propre prise de parole au féminin dans les œuvres créées par Haentjens en collaboration avec le Théâtre de la Vieille 17, Jean Marc Dalpé ou Caron et Trudel, dans les pièces pour femme seule écrites par Trudel (*Porquis Junction*) et Line Chartrand (*La p'tite miss Easter seals*). Au cours des années 1990, d'autres voix s'ajouteront au discours théâtral au féminin : celles de Cadieux (*La nuit*), de Marie-Thé Morin (*Contes urbains Ottawa*), de Paulette Gagnon (*Contes sudburois*) et de Nicole Champeau (*Moulinette*).

[4] Robert, Lucie, « Faire vivre l'espace », *Voix et images,* n° 75, 2000, p. 592-599.

[5] Robert, Lucie, « Cryptes et révélations », *Voix et images,* n° 80, 2002, p. 353-360.

modèles destructeurs de virilité et représente des pères et des maris dont l'inaptitude à remplir leurs obligations a de graves conséquences. Quand le fils cherche à se réconcilier avec le père mais que l'histoire se termine mal, la mère est là pour compenser les erreurs du père. Souvent, la famille restructurée avec ses rôles renégociés est axée sur la mère, et la relation mère-enfant devient le fondement d'un renouveau et d'un espoir. Il faut souligner aussi que la réévaluation des rôles masculins prend souvent un ton léger et s'inscrit dans des comédies qui trouvent un effet humoristique dans le changement des rôles attribués aux hommes et aux femmes et des attitudes sexuelles. Qu'il s'agisse de la veine comique ou de la veine sérieuse, le théâtre franco-ontarien reconstruit et valorise les rôles des femmes et reconnaît comme légitime leur recherche d'un sentiment de satisfaction personnelle.

En tant que critique féministe, je souhaite examiner comment l'écriture de Jean Marc Dalpé reflète cette problématisation des rôles masculins et féminins et de la structure familiale. Les femmes de Dalpé ne correspondent pas qu'à un seul modèle : il y a les adolescentes et les femmes d'âge moyen, les jeunes adolescentes enceintes, les épouses sans enfant et les mères seules. Il y a les serveuses, les ménagères de la classe ouvrière, les mères au travail en milieu urbain, les chauffeuses de taxi, les chanteuses *country*, les effeuilleuses et les enseignantes. Elles ne sont plus ces victimes souffrantes de l'idéologie canadienne-française de la survivance ; elles trouvent le moyen d'exprimer leurs sentiments sans nuire à personne. Elles ont le courage et l'imagination dont elles ont besoin pour quitter la maison, se libérer des situations pénibles et recommencer leur vie. Elles expriment leurs rêves, leurs désirs, leurs joies et leur gaieté, parfois en des termes lyriques et profondément spirituels. Souvent contraintes à être la voix de la raison et les représentantes du réalisme, elles luttent pour rester fidèles à leurs obligations d'épouses et de mères sans se sacrifier à des hommes qui n'en sont pas dignes. Parfois, mais malheureusement pas toujours, elles réussissent à faire de ceux qu'elles aiment des hommes meilleurs. Ces femmes sont loin d'être parfaites, mais leurs défauts et leurs mauvais choix servent à les rendre d'autant plus humaines.

Bien sûr, il m'est impossible de mesurer la contribution de Dalpé à la création collective *Les murs de nos villages*, le spectacle inaugural du Théâtre de la Vieille 17 en 1979[6]. Je peux dire, toutefois, que la représentation des jeunes filles et des femmes dans ce *Our town* franco-ontarien est positive. Contrairement à la Thérèse de Michel Tremblay dans *En pièces détachées* (1970), Rita est aimée de ses clients et, dans la scène sous-titrée «L'ode à la *waitress*» (*M*, 29-34), elle est vue comme une travailleuse superefficace, gentille et souriante ; elle est le cœur et l'âme du restaurant de village dans lequel elle travaille. La fermière mise en scène dans «La ferme» (*M*, 79-80) énumère ses tâches de mère, de ménagère et de comptable familiale, obligations qui composent sa routine quotidienne chargée, mais sans jamais adopter le ton plaignant des belles-sœurs de Tremblay dans leur ode à une «maudite vie plate». Bien au contraire, cette femme observe sa vie par la fenêtre de sa cuisine et se dit contente et déterminée à rester sur la terre malgré les difficultés de la vie d'agriculteur (*M*, 81-83). Dans «La Ronde des carrosses» (*M*, 97-99), quatre nouvelles mères paradent leur landau et vantent les mérites de leur bébé avec une fierté maternelle qui fait sourire les membres du public. Les hommes et les femmes du «Club de l'âge d'or» (*M*, 100-113) interagissent avec courtoisie et respect, et les «enfants d'école» (*M*, 124-143) jouent tous ensemble, filles et garçons, sans distinction. Le début de la scène intitulée «Le Souper» (*M*, 144-145) renforce la pratique de l'égalité des sexes : dans cette famille, les fils mettent le couvert et pèlent les pommes de terre pendant que le père confectionne des tartes. Même «La Fouineuse à la fenêtre» (*M*, 205-206) est présentée avec humour comme une touche-à-tout inoffensive, dotée d'une imagination trop active.

Le deuxième texte qu'écrit Dalpé pour la scène, *Hawkesbury blues* (1982), présente les mêmes problèmes d'attribution que *Les murs de nos villages*, sauf qu'il compte une seule collaboratrice, Brigitte Haentjens, plutôt que quatre. Cette comédie musicale est un portrait sympathique d'une femme à cinq moments de sa vie, un

---

[6] La version publiée du texte (Prise de parole, 1993) indique Robert Bellefeuille, Hélène Bernier, Anne-Marie Cadieux, Roch Castonguay, Jean Marc Dalpé, Vivianne Rochon et Lise L. Roy comme coauteurs.

sujet qui correspond beaucoup à l'esprit du théâtre de femmes tel qu'il se présentait à l'époque. Au fil des 5 actes de la pièce, nous croisons Louise Lapierre à 14 ans, à 16 ans, à 30 ans, à 33 ans et à 34 ans. Nous la voyons adolescente alors qu'elle quitte avec sa famille la maison ancestrale pour laisser la voie libre à un barrage hydroélectrique; comme une ouvrière du textile qui cherche à se marier jeune; comme la mère de trois enfants épuisée par le double fardeau du ménage et de son emploi dans une usine; comme une activiste pour la cause syndicale qui épouse les idées féministes sur l'égalité; et enfin, comme une mère seule qui travaille fort dans l'espoir d'améliorer la vie des travailleuses. En mettant en scène la vie de Louise, Dalpé et Haentjens représentent aussi la vie de sa mère et de sa sœur, et de nombreuses autres femmes doublement exploitées par les grandes sociétés, par les propriétaires d'usine et par les rôles que l'on attribue traditionnellement aux femmes. Les chansons de Louise sont des hommages touchants aux «belles anges» de l'usine de textiles : «Roses fanées, roses blessées, roses vidées, oubliées» (*Hb,* 64), chante-t-elle. Le message politique de la pièce relève à la fois du populisme et du féminisme : ces femmes sont opprimées par un régime économique qui n'arrive ni à les instruire ni à leur offrir une façon de s'élever au-dessus de la pauvreté. Les hommes sont eux aussi victimes du système capitaliste, mais ils en sont pour quelque chose : le mari de Louise boit trop, dépense son argent avec égoïsme et ne sait pas exprimer son amour (*Hb,* 54-55). La pièce formule la critique féministe qu'on connaît bien à l'endroit de la condition de la femme de classe ouvrière, mais sans l'hostilité mère-fille ou la rhétorique anticléricale ou antipatriarcale que l'on trouve souvent dans les premières pièces du théâtre féministe québécois[7].

---

[7] Voir mes articles sur le théâtre de femmes et les relations mère-fille : «Family histories : Marie Laberge and women's theater in Quebec», dans Karen Gould *et al.* (dir.), *Postcolonial subjects : Francophone women writers*, Minneapolis, University of Minnesota Press, 1996, p. 79-97; «Filial (im)pieties: Mothers and daughters in Quebec women's theatre», *American Review of Canadian Studies,* vol. 19, n° 2, 1989, p. 177-185; «Hysterical pregnancies and post-partum blues: Staging the maternal body in recent Quebec plays», dans Jonathan Weiss et Joseph Donohoe (dir.), *Essays on modern Quebec theater,* East Lansing, Michigan State University Press, 1995, p. 47-60.

La prochaine pièce qu'écrivent ensemble Dalpé et Haentjens, *Nickel* (1984), affiche une plus grande variété de personnages masculins et féminins, parmi lesquels figurent des mineurs canadiens-français, italiens et ukrainiens et leur épouse. Dalpé et Haentjens, qui travaillent désormais au Théâtre du Nouvel-Ontario, livrent encore une fois un message prosyndicaliste, anticapitaliste et populiste tout en mettant en scène la vie personnelle d'Ontariens de la classe ouvrière pendant la Grande Dépression. L'action de la pièce n'est pas axée sur une seule femme; les personnages féminins partagent la vedette avec des hommes. Dans cette comédie musicale, décrite comme « une histoire d'amour sur fond de mines », nous croisons quatre femmes tenaces qui n'ont pas peur de s'exprimer et d'agir. Il y a Katia, qui demeure à côté du chemin de fer et qui ouvre toujours sa cuisine aux hommes affamés qui sillonnent le pays à la recherche de travail (*N*, 12). Il y a aussi la jeune Yvonne, amoureuse d'un mineur et décidée à l'épouser même si son père aimerait mieux avoir pour gendre un homme de la classe supérieure. Et si Yvonne jette sur la vie conjugale un regard conventionnel, on ne peut pas en dire autant de son franc-parler :

> Pour qui tu me prends? Pour la petite fille à papa qui ne sait pas penser pour elle-même puis qui ne sait rien faire? Toi, écoute-moi Albert Giroux! Tu vas arrêter drette icitte de penser de même. Je pourrais tous les avoir les notaires si je les voulais… je suis sûrement folle mais c'est toi que je veux… puis je vais t'avoir.
>
> Je vais te marier.
>
> Je vais être ta femme.
>
> Puis je vais être la mère de tes enfants.
>
> Je vais prendre soin de toi quand tu vas être malade puis je vais être là à tes côtés jusqu'à temps que tu crèves puis je vais t'aimer comme une folle tout ce temps-là, que tu le veuilles ou non… Albert Giroux!
>
> (*Elle le prend par le collet, l'embrasse, le relâche.*)
>
> Tabarnac! (*N*, 39)

Clara, la principale protagoniste féminine, était tout aussi déterminée qu'Yvonne à suivre son cœur quand elle a épousé Youssaf, un Ukrainien, plutôt qu'un Canadien français comme elle. Se rappelant en riant comment elle est allée à l'encontre des préjugés ethniques, elle appelle son mari « le plus bel interdit du quartier » (*N*, 12). Après la mort tragique de son époux dans l'effondrement d'une mine, Clara lave sa dépouille mortelle et pleure toute seule son Youssaf bien-aimé dans un monologue lyrique qui exprime la passion sexuelle et la soif de vivre qu'elle ressent toujours :

> *(Elle lui lave doucement le visage.)*
> Je ne devrais pas te dire ça mais j'ai un feu qui me brûle au creux du ventre et j'ai passé beaucoup de nuits blanches à côté de toi. *(Elle rit.)* La tête que tu as fait quand j'ai demandé ta main ! […]
> Youssaf, je ne porterai pas le deuil. Tu as compris ? Pas de noir. Tu me connais Youssaf, je ne me mettrai pas à genoux devant personne.
> *(Elle enlève sa bague de mariage et la glisse sur son petit doigt.)*
> Je suis sauvage… et folle.
> *(Les larmes montent.)* (*N*, 16)

Fidèle à sa parole, Clara poursuit sa vie, travaillant comme chapelière ; elle aide les activistes syndicaux à organiser les mineurs, entame une aventure extraconjugale avec Jean-Marie, son ancien soupirant (acte II). Clara chante son désir sexuel pour cet homme (« T'es dans mon sang », *N*, 33), elle tient tête à son oncle riche et s'oppose à l'alliance conservatrice de l'Église et de l'élite (*N*, acte IV, sc. 3), et elle a enfin le courage de quitter son village pour recommencer sa vie quand elle se rend compte que Jean-Marie est trop faible pour aller à l'encontre de l'opinion publique et des patrons capitalistes (*N*, acte IV, sc. 5). Dans un monologue empreint de nostalgie qu'elle prononce à la fin de l'acte IV, Clara explique qu'elle regrette de s'être laissé affaiblir par son désir pour Jean-Marie et se dit très déçue qu'il ait trahi à la fois leur amour et la cause syndicale (*N*, 55). Son départ courageux rappelle celui d'une autre protoféministe, la Marianna de *C'était avant la guerre à l'Anse-à-Gilles* de Marie Laberge (1978)[8]. Le faible Jean-Marie

---

[8] Voir Jane Moss, « Québécois theatre : Michel Tremblay and Marie Laberge », *Theatre Research International*, vol. 21, n° 3, automne 1996, p. 196-207 ; et « Family histories: Marie Laberge and women's theater in Quebec », dans Karen Gould *et al.* (dir.), *Postcolonial subjects : Francophone women writers*, Minneapolis, University of Minnesota Press, 1996, p. 79-97.

subit également les reproches d'Anne, l'épouse qu'il a trahie afin de poursuivre un rêve pour lequel il ne voulait pas se battre. Anne est peut-être celle qui a été blessée, mais elle garde la tête haute en restant fidèle à elle-même et à ses responsabilités :

> ...je suis celle qui n'oublie pas... qui n'oublie pas qu'il y a des petits... qu'il y a demain... demain Jean-Marie, je ne crierai pas mais je ne me tairai pas non plus. Je vais faire le train d'une femme de mineur pas parce que c'est mon lot dans la vie... juste parce que c'est ça que je suis. C'est ma patrie. (*N*, 58)

Dalpé enchaîne avec une collaboration, signée et jouée cette fois avec Robert Marinier et Robert Bellefeuille. Œuvre d'un genre complètement différent, *Les Rogers* (1985) reste profondément influencée par le féminisme, comme je l'ai fait valoir ailleurs[9]. Même si aucune femme ne figure dans cette farce sexuelle post-féministe, les femmes semblent dicter le comportement des trois protagonistes mâles, trois jeunes professionnels qui tentent de s'ajuster à leur rôle d'hommes « modernes ». Ces trois amis d'enfance, qui approchent maintenant de la trentaine, passent une nuit à boire, à se remémorer les aventures sexuelles qu'ils ont vécues lorsqu'ils étaient plus jeunes et à traîner dans la rue, tout cela dans l'espoir de consoler Denis dont l'ex-copine a un rendez-vous amoureux ce soir-là. Guy et Étienne expliquent comment ils ont eu à réprimer leurs anciennes façons de parler et de se comporter de façon à rendre leurs épouses heureuses. Ils pleurent le bon vieux temps où les hommes étaient des machos, des Rogers qui parlaient avec leurs poings. L'époque du nouvel homme est arrivée, et ce nouvel homme politiquement correct et libéré peut citer Simone de Beauvoir, préparer un bon soufflé et changer les couches de son bébé. Malgré le scandale provoqué par les propos risqués des personnages (ou peut-être à cause de ce scandale), la pièce a connu

---

[9] Voir Jane Moss « Living with liberation : Quebec drama in the feminist age », *Atlantis*, vol. 14, n° 1, p. 36, et « L'urbanité et l'urbanisation du théâtre franco-ontarien », dans Lucie Hotte (dir.), *La littérature franco-ontarienne : Voies nouvelles, nouvelles voix*, Ottawa, Le Nordir, 2002, p. 78.

un grand succès et a été beaucoup jouée, en français et en anglais, en plus d'être adaptée pour le petit écran[10]. Comme le souligne Mariel O'Neill-Karch, les dramaturges expriment une nostalgie pour le passé macho et l'incertitude qu'ils ressentent au sujet des nouveaux rôles masculins et féminins[11]. Ainsi, une chose reste claire : l'homme moderne qui aura accepté l'égalité des sexes et les responsabilités familiales ne peut pas faire marche arrière.

Quand Dalpé se met à écrire par lui-même, il semble s'éloigner un peu de l'idéologie postféministe mise en scène dans *Les Rogers* et tourner le dos aux jeunes professionnels du milieu urbain pour s'intéresser encore une fois aux réalités plus dures de ceux et celles qui vivent en marge de la société. Dans leurs commentaires sur *Le chien* (1987), les critiques n'ont pas tardé à souligner que les thèmes de l'isolement, de la pauvreté, du désespoir, de l'alcoolisme, de l'abus sexuel et de la violence domestique appartiennent au drame réaliste mettant en scène des familles canadiennes-françaises dysfonctionnelles. Ils ont aussi tenu à souligner les éléments non réalistes et le langage poétique qui distinguent *Le chien* des autres drames familiaux[12].

Il est assez intéressant de noter que les femmes critiques ont été particulièrement touchées par les deux personnages féminins du *Chien* de Dalpé : Céline et la mère. Dans un compte rendu de la production montréalaise en 1988[13], la dramaturge Carole Fréchette constatait que les deux femmes étaient « particulièrement touchantes, l'une par sa sensibilité, l'autre par son cynisme et son

---

[10] Mariel O'Neill-Karch aborde la controverse qui entoure la pièce au chapitre cinq de *Théâtre franco-ontarien. Espaces ludiques*, Vanier, L'Interligne, 1992, p. 103-120.

[11] O'Neill-Karch, *op. cit.*, p. 114-116.

[12] Voir Mariel O'Neill-Karch, 1992, *op. cit.*, Christel Veyrat, « Cave canem », *Jeu*, n° 103, 2002, p. 30-34, et Jane Moss, « Le théâtre franco-ontarien : Dramatic spectacles of linguistic otherness », *University of Toronto Quarterly*, vol. 69, n° 2, printemps 2000, p. 587-614.

[13] Brigitte Haentjens a signé la mise en scène de la coproduction du Théâtre du Nouvel-Ontario et du Théâtre français du Centre national des Arts à la salle Fred-Barry en mars 1988.

humour ravageur[14] ». Dans sa critique de la production de 2001 à Québec[15], Christel Veyrat dit des deux femmes qu'elles sont « la seule source de gaieté et d'amour dans la pièce[16] ». Veyrat analyse avec finesse les procédés par lesquels la pièce de Dalpé établit un contrepoids au réalisme violent du monde de l'homme solitaire avec le monde plus léger des femmes et conclut que « Pour trouver de l'amour, il faut être dans le monde des femmes[17] ». Comparant la rage et le désespoir des hommes à la chaleur et à la « soif de bonheur » des femmes, Veyrat souligne la féminité séductrice des femmes et leur aptitude à transcender la réalité sordide de leur situation — la mère en rêvant à d'autres lieux, Céline en s'accrochant à sa foi[18].

La mère explique elle-même que sa relation avec son mari a dégénéré au point où, depuis les 20 dernières années, ils ne font que parler de factures. Elle avoue qu'elle se console en buvant. Les souvenirs mélancoliques de sa vie conjugale et de sa jeunesse perdue deviennent une sorte de lamentation poétique aux refrains d'« un hiver en attend pas un autre » et de « j'ai (re)pris mon trou » (*C*, 1987, 17-19). Parfois, elle explique qu'elle a des regrets et qu'elle se sent coupable de n'avoir jamais pu protéger ses enfants de la violence physique qu'ils ont subie aux mains de leur père (*C*, 1987, 50-51). Mais elle ne se laisse jamais vaincre par sa situation malheureuse : elle continue de rêver à l'avenir de Jay en se disant que « Y'a plein d'histoires de gars qui sont partis de rien pis qui l'ont faite ! Ça prend des rêves pis des guts. Des rêves pis des guts ! » (*C*, 1987, 8-9). La mère ne perd jamais son sens de l'humour, non plus, comme en témoigne l'histoire du bouchon de liège brisé et du rôti de bœuf de huit livres jeté au chien, racontée dans un dialogue avec Céline (*C*, 1987, 23-24).

---

[14] Fréchette, Carole, « *Le Chien* », *Jeu*, n° 48, 1988, p. 143.

[15] La pièce a été reprise au Grand Théâtre de Québec par le Théâtre du Trident en novembre 2001, dans une mise en scène de Patrice Saucier.

[16] Veyrat, Christel, « Cave canem » *Jeu*, n° 103, 2002, p. 30.

[17] *Ibid.* p. 32.

[18] *Ibid.* p. 32-33.

Parce qu'elle refuse de se laisser consumer ou paralyser par la haine qu'elle éprouve pour son mari, elle trouve le courage de le quitter. Lorsque Céline et sa mère racontent à Jay comment elles ont quitté la maison familiale, elles s'esclaffent joyeusement en se rappelant la complicité exaltante d'une journée passée à boire et à faire leurs bagages avant de s'enfuir. « C'était l'fun » répète la mère, pendant qu'elles rejouent leur libération (*C*, 1987, 38-39). Céline suit l'exemple de sa mère en refusant de jouer la victime. Orpheline de naissance, battue et violée par son père adoptif, enceinte et sans mari à l'âge de 17 ans, Céline reste souriante, d'un naturel enjoué, curieuse de connaître le monde au-delà de sa réalité, sa foi fondée sur une relation personnelle avec Dieu, joyeuse et impatiente de devenir mère (*C*, 1987, 41-43). À la fin de la pièce, deux hommes sont morts et Jay risque la peine d'emprisonnement, mais les deux femmes survivent et il n'est pas difficile de les imaginer en train d'élever ensemble le bébé de Céline dans le milieu sûr d'une famille féminisée[19].

Un seul personnage féminin figure dans la cinquième pièce de Dalpé, *Eddy* (1994)[20], mais le rôle de Mado est essentiel. Les hommes vivent dans le monde bourré de testostérone de la boxe, avec leurs rêves de *knock-outs* et de matchs de championnat, tandis que Mado évolue dans le vrai monde, celui où il faut payer les comptes et les impôts et où deux personnes amoureuses peuvent être heureuses. Elle a peut-être rêvé, plus jeune, de devenir une grande chanteuse, mais à 52 ans elle chante pour elle-même et pour son mari, Eddy. Ses chansons séductrices sont d'ironiques contrepoints aux rythmes percussifs du ballon de boxe. Si les coups

---

[19] La trame de base de cette situation — inceste-meurtre-fille-mère — sera reprise dans le roman de Dalpé, *Un vent se lève qui éparpille*, Sudbury, Prise de parole, 1999, 189 p.

[20] Une traduction anglaise de *Eddy* par Robert Dickson (*In the ring*) a été mise en scène au Stratford Festival en juin 1994 avant que paraisse la version française à Montréal en octobre 1994 dans une mise en scène de Brigitte Haentjens à la Nouvelle Compagnie théâtrale.

et les cloches qui résonnent représentent la violence contrôlée du monde de la boxe, les interprétations de *Love me tender* et de *Moon river* par Mado constituent l'appel des sirènes qui promettent la fidélité éternelle et la passion amoureuse. Quand Eddy devient agacé par les règlements fiscaux qui l'obligent à payer les dépenses de son gymnase à partir de son salaire, Mado invite son mari à admirer avec elle le clair de lune :

> Oh, Eddy, viens voir! Viens voir la lune comme est belle à soère! 'Garde! 'garde-la!
>
> [...]
>
> Les soirs de pleine lune de même quand y a pas d'nuages, on devrait fermer toutes les lumières d'la ville.
>
> [...]
>
> Eh qu'est belle à soère! 'Garde-la!... Faut s'lever la tête de temps en temps, sans ça... est belle, hein? (*E*, 46-48)

Mado ne veut pas que l'agacement et la rage d'Eddy se transforment en violence physique; alors, elle alimente la conversation. Dévouée à son homme, elle appuie généralement sa carrière de gérant de boxe et est triste de devoir être la voix de la raison : celle qui doit toujours rappeler à Eddy que ses jours de gloire sont derrière lui, que la boxe est un passe-temps plutôt qu'un gagne-pain, et qu'il a des dépenses commerciales, des impôts et une hypothèque à régler. « La réalité » — elle répète ce mot six fois dans l'espace d'une conversation à l'acte III (*E*, 130-131) — la réalité, c'est qu'ils ont beaucoup à perdre s'ils ne font pas face au monde réel. Si Eddy peut accepter la réalité, comme Mado a accepté que sa carrière de chanteuse sexy dans les boîtes de nuit est finie depuis longtemps, il leur restera leur couple et leur casse-croûte. Au moment où la pièce se termine, Mado tente d'atténuer la confrontation avec la réalité en invitant Eddy à se promener avec elle sur le mont Royal pour admirer les lumières de la ville et danser sur l'air du *Love me tender* d'Elvis Presley (*E*, 187-188). Mais comme le constate Mariel O'Neill-Karch dans sa description des derniers moments de la pièce, les hommes d'*Eddy* ont du mal à voir mourir leurs rêves. « Mado, la vivante, [...] cherche à attirer Eddy vers elle, vers la lumière, la musique et la danse. Mais comment Eddy peut-il danser avec elle alors qu'il a Maurice dans les bras, mort comme ses rêves[21]? »

Les femmes de *Lucky lady* (1995)[22] s'élèvent elles aussi au-dessus de leur réalité sordide, mais d'une tout autre manière. Alors que les deux personnages masculins de la pièce sont des perdants et ont fait de la prison (un pour avoir vendu des drogues, l'autre pour avoir volé des voitures), les femmes semblent avoir des stratégies qui leur permettent de vivre les situations de la vie sans devenir des victimes. Elles poursuivent leurs objectifs avec ténacité et sont prêtes à agir. Avec elles, Dalpé ne verse pas dans le mélodrame ni dans le romantisme ; toutes trois sont en quelque sorte de bien tristes figures, et pourtant, elles sont décidées à réaliser leurs rêves et à jouer un rôle actif pour garantir la fin heureuse qu'annonce l'étiquette « comédie en trois actes » de la pièce. Ce qui distingue ces femmes tenaces des premiers personnages féminins créés par Dalpé, seul ou en collaboration, c'est qu'elles ne correspondent plus au modèle conventionnel de la féminité. En effet, Dalpé ose créer cette fois deux femmes tout aussi capables que les hommes d'être trompeuses, vulgaires et immorales.

Shirley (née Charlotte), une chanteuse *country* à la Dolly Parton, vieillissante, au langage grossier et d'une nature méchante, est tellement préoccupée par elle-même et si pressée de connaître le succès qu'elle s'abaisse souvent à des actes de trahison. Dalpé ne fait pas en sorte que nous aimions Shirley, ni que nous souhaitions son succès. Il nous montre Shirley à l'arrière-scène, dans son costume de *cow-girl* scintillant, se disputant avec le promoteur du concert revenu sur sa promesse de lui laisser interpréter trois chansons (*LL*, 29-33), se saoulant après avoir trouvé le fusil et la boîte d'argent cachés par son amant Zach dans son appartement (*LL*, 54), menaçant Bernie avec un fusil quand il se pointe chez elle pour

---

[21] O'Neill-Karch, Mariel, « Eddy dans le ring », *Jeu*, n° 73, 1994, p. 26-27.
[22] La pièce *Lucky lady* a été coproduite par le Théâtre de la Vieille 17 et le Théâtre Niveau Parking dans une mise en scène de Michel Nadeau. La pièce a été montée à Ottawa et à Québec à l'hiver 1995.

aider Zach à rendre l'argent qu'il doit à un *dealer* dangereux (*LL*, 92-100), traitant Mireille avec mépris (*LL*, 139-151). Après avoir dépensé 4 000 $ qu'elle a trouvés dans la réserve de Zach pour louer un studio d'enregistrement, Shirley trahit encore son amant en appelant la police pour expliquer que ce dernier s'est évadé de prison et demander qu'on l'arrête ; elle réclame ensuite sa part d'un ticket gagnant (*LL*, 169-170). Nous n'aimons pas Shirley, mais Dalpé nous aide à la comprendre : cherchant désespérément à se sortir d'une vie de misère écrasante dans les usines de textile du Nord de l'Ontario, elle pensait que son *sex-appeal* et sa voix de chanteuse lui permettraient de devenir riche et célèbre. Or, 17 ans passés à moisir dans des clubs miteux et à subir maints rejets ont fait d'elle une personne amère. Incapable de s'exprimer autrement que dans le franglais vulgaire et désarticulé de son milieu, effrayée par l'idée de vieillir, Shirley gagne une certaine sympathie auprès du public — surtout quand nous l'entendons trébucher sur ses mots en répétant son introduction devant un public imaginaire (*LL*, 17) ou encore pendant la scène tendue avec Bernie où elle s'effondre et avoue la douleur qu'elle a ressentie quand elle s'est retrouvée, à 38 ans, sous une pluie froide, entourée de camions surmontés de carcasses d'orignaux (*LL*, 97-100) dans le stationnement d'un hôtel de Moonbeam en Ontario.

Loin du monde des faux brillants et de la musique *country* de Shirley, Mireille habite un tout autre monde imaginaire. Dans le monde réel, elle est une chauffeuse de taxi androgyne de 35 ans et de descendance italienne portant une casquette de baseball et un manteau de suède à franges. Mais dans ses rêves elle est la fille d'un chaman autochtone qui attend avec impatience le jour où elle rejoindra le désert et les montagnes de l'Arizona, là où prières, chants et tambours l'aideront à faire corps avec la Nature. Sous le ciel étoilé, elle verra dans ses rêves son totem, se purifiera, et dansera avec le Grand Esprit (*LL*, 50-56 ; *LL*, 140-141). Si son fantasme d'évasion est assez risible, Mireille reste, malgré sa singularité, une personne gentille et une bonne amie. Quand Bernie sort de prison, Mireille est là pour l'encourager pendant qu'il se remet physiquement d'un accident de voiture et elle l'enjoint à réaliser son rêve d'acheter un garage. Plus encore, Mireille veut offrir de l'aide financière à Bernie en souvenir de son père, lui qui était un ami dans le besoin ; elle lui confie alors un tuyau pour une course de chevaux (*LL*, 59-76). Elle est surtout heureuse de savoir que la victoire de Lucky Lady pourra venir en aide à son amie Claire.

Claire est la plus jeune des trois femmes et, chose ironique, elle est le personnage le plus terre à terre de toute la pièce. Même si elle n'a que 19 ans, elle travaille fort pour faire vivre Carinne, la petite fille de 4 ans que lui a faite Bernie avant son accident et sa peine d'emprisonnement. Ses jeans troués et son nez percé sont les faux indices d'une rébellion de jeunesse ; elle est, dans les faits, une mère responsable, une jeune femme qui fait preuve de beaucoup de compréhension et une amie bienveillante. Dans une scène intime avec Bernie à sa sortie de prison, elle parle de son enfance, révélant qu'elle était un garçon manqué, qu'elle détestait son corps de femme et qu'elle voulait être un garçon jusqu'à ce qu'elle ait ses premières menstruations (*LL*, 86-87). Quand Bernie lui dit qu'elle est belle et qu'il a envie d'elle, elle est méfiante mais touchée. Bien plus, elle est décidée à mettre les besoins de son enfant devant les siens. Quand Bernie la prend dans ses bras, elle dit :

> J'ai pas l'temps pour ça. C'est pas ça qui est important. Nourrir, torcher, laver. Nourrir pis torcher. Torcher pis laver. Laver pis nourrir. Aimer ? Fuck. Qu'est-ce qu'on connaît là-d'dans ? (*il la laisse, mais elle ne recule pas*) L'important tu-suite, c'est que ça l'air on va être obligées de déménager pis que j'ai pas l'argent pour déménager (*LL*, 90-91).

Cette mûre résignation devant ses obligations maternelles ne signifie pas que Claire ne ressent rien pour Bernie, ni qu'elle a oublié sa loyauté envers son amie. À l'acte III, à l'hippodrome, elle rappelle à Bernie que Mireille était à son chevet à l'hôpital quand elle a donné naissance à Carinne et qu'il doit donc tenir sa promesse de donner à Mireille une part suffisante de l'argent de la course pour lui permettre de voyager jusqu'en Arizona (*LL*, 119-121). Dalpé oppose totalement l'amitié et la loyauté de Claire et Mireille à l'égoïsme et à la traîtrise de Zach et Shirley. La fin heureuse de la pièce permet au public de s'imaginer que Bernie, Claire et Carinne peuvent former une famille puisque, comme le fait remarquer Dominique Lafon, l'enfant est le symbole vivant de l'espoir pour deux personnes qui rêvent d'être réhabilitées par l'amour (*LL*, 132).

Les femmes des pièces en un acte et des contes urbains réunis dans *Il n'y a que l'amour* (1999) sont présentées elles aussi avec beaucoup de compassion. S'il y a un thème qui réunit l'ensemble de ces courtes pièces, c'est que les femmes paient souvent le prix quand les hommes n'arrivent pas à respecter leurs obligations. Dans «*Give the lady a break*», le narrateur présente une femme à un moment critique de sa vie. À 48 ans, Hélène Beaupré, née Ellen McMurtry, est divorcée de son mari, un professeur de philosophie à l'UQAM qui a abandonné son épouse et ses fils adolescents pour refaire sa vie avec une étudiante dans la vingtaine et s'installer dans une grande maison en banlieue. Deux jours avant Noël, Hélène tourne en rond dans le stationnement souterrain d'un centre commercial à la recherche d'un endroit où garer sa voiture. Tout en conduisant, elle écoute la radio et pense à la longue liste de cadeaux qu'elle doit acheter, à la pile de linge sale qui s'accumule à la maison, à la visite de ses parents qui ne saura pas tarder, et elle éprouve de plus en plus d'amertume. Elle a sacrifié beaucoup de choses pour son mari et sa famille, dont surtout ses études et son identité anglo-canadienne. Or, la voilà désormais surmenée, sous-payée et prisonnière de son existence. Quand un homme vêtu de manière ostentatoire, au volant d'une grosse Lincoln Continental, lui vole un stationnement libre puis lui adresse un geste obscène en réponse à ses protestations polies, Hélène craque. Elle retire une telle satisfaction d'avoir fracassé la voiture de luxe avec le bâton de baseball de son fils qu'elle décide de se rendre chez son ex-mari démolir sa nouvelle Subaru. Après tout, nous explique le narrateur qui nous relate l'histoire en alternances codiques, «Ellen, what can I say... sometimes... fuck, une fille faut qu'a' fasse c'qu'une fille faut qu'a' fasse» (I, 17).

Dalpé fait encore en sorte que nous nous rangions du côté d'autres personnages féminins. Nous éprouvons de la sympathie pour la ménagère seule dans «*Mercy*» qui reste fidèle à son mari invalide, se permettant une seule fois de laisser libre cours à ses désirs sexuels. Dans «*Blazzing* [sic] *bee to win*[23]», nous sommes touchés par Joanne qui exprime gentiment son amour pour son père, et nous nous sentons trahis quand elle apprend qu'il a hypothéqué la maison familiale pour acheter un cheval de course. Comme beaucoup de femmes chez Dalpé, Joanne est la voix de la raison, du réalisme et de la responsabilité face à l'égoïsme et aux comportements risqués des hommes. Cette propension masculine à l'échec se poursuit dans *La cinq*, pièce dans laquelle un producteur de télé traite les femmes avec cynisme, y compris sa femme, et dans «*La fête des Mères*[24]», pièce dans laquelle un adolescent drogué, tout juste sorti de prison, arrache la bague du doigt de sa mère hospitalisée sous prétexte de lui apporter une carte pour la fête des Mères. Dans deux autres courts textes, Dalpé suggère que l'amour d'une femme bienveillante et la paternité peuvent sauver l'homme d'une vie de crimes et de dégradation. Dans «*Red voit rouge*» et «*Les amis*», des petits gangsters se disent qu'il serait temps d'emprunter le droit chemin parce que «L'amour, c'est l'plus important […]. L'amour. Il n'y a que l'amour» (*I*, 132). Comme le souligne Mariel O'Neill-Karch[25], le thème du pouvoir de rédemption de l'amour imprègne ce recueil. À l'affût du comportement des hommes dans leurs rôles de fils, d'amants et de pères, Dalpé semble chercher des façons de permettre aux

---

[23] *Blazzing* [sic] *bee to win* a été mise en scène la première fois au Théâtre Niveau Parking par Michel Nadeau dans le cadre d'un spectacle intitulé *Passion «Fast-Food»* au printemps 1990. Le concept de la pièce a été repris plus tard pour devenir *Lucky lady*. Voir les commentaires de Michel Nadeau en annexe à la version publiée de *Lucky lady*.

[24] «*La fête des Mères*» et «*Les amis*» font partie d'un spectacle à cinq volets intitulé *Trick or treat* produit par le Théâtre de la Manufacture à La Licorne à Montréal, en mars et avril 1999. Après une tournée au Québec, le spectacle a été repris par le Théâtre du Nouvel-Ontario de Sudbury à la fin avril 2000. Il est intéressant de noter que Jean Marc Dalpé retournait sur la scène comme comédien et qu'il faisait partie de la distribution originale.

[25] O'Neill-Karch, Mariel, «Des mondes intérieurs qui ne cessent d'étonner», *Liaison*, n° 103, 1999, p. 39.

hommes de s'améliorer. Puisque l'une des premières étapes consiste à changer leur façon de traiter les femmes, Dalpé demande effectivement aux hommes de donner un *break* aux femmes.

L'œuvre de Jean Marc Dalpé est passée des créations collectives aux pièces en solo en passant par la coécriture dramatique, et son évolution a été marquée par un passage de l'expression populiste de l'identité communautaire à des drames plus intimes sur la satisfaction personnelle. Si l'influence féministe qui marque si clairement les créations collectives transparaît moins dans les pièces qu'il écrit seul, les textes de Dalpé restent marqués par son exploration des rôles masculins et féminins, des responsabilités familiales et des relations passionnées entre hommes et femmes. Les hommes sont à l'avant-scène dans l'univers dramatique de Dalpé, hommes que Robert Dickson, poète et traducteur de Dalpé, décrit ainsi :

> Ces personnages masculins, ces mâles mal pris entre leurs ambitions et leurs responsabilités, leurs rêves et leurs sentiments d'échec. Et ceux qui ne peuvent s'empêcher de rêver quand même. Ceux qui montent tout comme ceux qui descendent, ceux qui connaissent leur place dans la hiérarchie qu'ils ne peuvent pas contrôler. Ceux qui ne l'acceptent pas.
> À leurs risques et périls[26].

Selon Dalpé, les hommes chanceux sont ceux qui savent apprécier les femmes dans leur vie — les mères et les sœurs, les épouses et les amantes, les filles et les amies — puisque ce sont ces femmes qui peuvent les consoler et les remettre sur le droit chemin dans les moments difficiles, leur fournir tendresse et passion, et leur donner un but et un sentiment d'appartenance. Bref, en remettant constamment en question les notions de pouvoir patriarcal et de virilité, Jean Marc Dalpé cherche à redéfinir la masculinité et à reconfigurer la famille de manière à

---

[26] « Dalpé en photos et en mots », hommages de Robert Dickson, Marc Haentjens, Robert Marinier, Catherine Mensour, denise truax, Jules Villemaire, *Liaison*, n° 110, 2001, p. 10-12.

élever le statut des femmes en reconnaissant leur spiritualité, leur rationalité, leur instinct de survie et la profondeur de leur affection. Ce faisant, il a créé des personnages féminins inoubliables qui sont très prisés par ses spectatrices, ses lectrices et ses critiques.

(TRADUIT PAR SONYA MALABORZA, UNIVERSITÉ DE MONCTON)

BIBLIOGRAPHIE

BELLEFEUILLE, Robert, Jean Marc DALPÉ et Robert MARINIER, *Les Rogers*, Sudbury, Prise de parole, 1985.

DALPÉ, Jean Marc, *Et d'ailleurs,* Sudbury, Prise de parole, 1984.

DALPÉ, Jean Marc, *Le chien*, Sudbury, Prise de parole, 1987.

DALPÉ, Jean Marc, *Eddy*, Montréal/Sudbury, Boréal/Prise de parole, 1994.

Dalpé, Jean Marc. *Lucky lady*. Montréal/Sudbury, Boréal/Prise de parole, 1995.

DALPÉ, Jean Marc, *Il n'y a que l'amour*, Sudbury, Prise de parole, 1999.

« Dalpé en photos et en mots », hommages de Robert DICKSON, Marc HAENTJENS, Robert MARINIER, Catherine MENSOUR, denise TRUAX, Jules VILLEMAIRE, *Liaison,* n° 110, 2001, p. 10-12.

FRÉCHETTE, Carole, « *Le chien* », *Jeu,* n° 48, 1988, p. 141-143.

HAENTJENS, Brigitte et Jean Marc DALPÉ, *Hawkesbury blues*, Sudbury, Prise de parole, 1982.

HAENTJENS, Brigitte et Jean Marc DALPÉ, *1932, la ville du nickel : une histoire d'amour sur fond de mines*, Sudbury, Prise de parole, 1984.

HOTTE, Lucie, « Fortune et légitimité du concept de l'espace en critique littéraire franco-ontarienne », dans Robert Viau (dir.), *La création littéraire dans le contexte de l'exiguïté*, Beauport, Publications MNH, 2000, p. 335-351.

HOTTE, Lucie, « Littérature et conscience identitaire : l'héritage de CANO », dans Andrée Fortin (éd.), *Produire la culture, produire l'identité*, Sainte-Foy, Presses de l'Université Laval, 2000, p. 53-68.

KARCH, Pierre Paul, « Une prise de parole, oui, mais pour dire quoi ? », dans Jules Tessier et Pierre-Louis Vaillancourt (dir.), *Les autres littératures d'expression française en Amérique du Nord*, Cahiers du CRCCF, n° 24, Ottawa, Éditions de l'Université d'Ottawa, 1987, p. 47-62.

LAFON, Dominique, « Compte rendu de *Lucky lady* », *Jeu,* n° 74, 1995, p. 131-134.

LÉGER, Annick, « Au fil des mots. Survol de 30 ans de dramaturgie en Ontario français », *Entr'acte,* n° 1, hiver 2003-2004, p. 21-33.

MOSS, Jane, « Living with liberation : Quebec drama in the feminist age », *Atlantis,* vol. 14, n° 1, automne 1988, p. 32-37.

MOSS, Jane, « 'All in the family': Quebec family drama in the 80s », *Journal of Canadian Studies,* vol. 27, n° 2, été 1992, p. 97-106.

Moss, Jane, « Le théâtre franco-ontarien : Dramatic spectacles of linguistic otherness », *University of Toronto Quarterly,* vol. 69, n° 2, printemps 2000, p. 587-614.

Moss, Jane, « Watch your language ! : The special effects of theatrical vulgarity », *Canadian Literature,* n° 168, printemps 2001, p. 14-31.

Moss, Jane, « L'urbanité et l'urbanisation du théâtre franco-ontarien », dans Lucie Hotte (dir.), *La littérature franco-ontarienne : Voies nouvelles, nouvelles voix,* Ottawa, Le Nordir, 2002, p. 75-90.

Nadeau, Michel, « *Blazzing* [sic] *bee to win* », postface dans Jean Marc Dalpé, *Lucky lady,* Montréal, Sudbury, Boréal/Prise de parole, 1995, p. 173-185.

O'Neill-Karch, Mariel, *Théâtre franco-ontarien. Espaces ludiques,* Vanier, L'Interligne, 1992.

O'Neill-Karch, Mariel, « *Eddy* dans le ring », *Jeu,* n° 73, 1994, p. 21-27.

O'Neill-Karch, Mariel, « Des mondes intérieurs qui ne cessent d'étonner », *Liaison,* n° 103, 1999, p. 39-40.

Paré, François, « La création du langage et le courage critique », *Liaison,* n° 46, mars 1988, p. 51-52.

Paré, François, *Les littératures de l'exiguïté,* Hearst, Le Nordir, 1992.

Paré, François, « La dramaturgie franco-ontarienne : la langue et la loi », *Jeu,* n° 73, 1994, p. 28-34.

Paré, François, « Éloge de la précarité. Le capital sémiotique et l'institution culturelle minoritaire », dans André Fauchon (dir.), *La production culturelle en milieu minoritaire,* Winnipeg, Presses universitaires de Saint-Boniface, 1994, p. 231-240.

Paré, François, *Théories de la fragilité,* Hearst, Le Nordir, essai, 1994.

Paré, François, « Dramaturgie et refus de l'écrivain en Ontario français », *Tangences,* n° 56, décembre 1997, p. 66-79.

Paré, François, « Autonomie et réciprocité : le théâtre franco-ontarien et le Québec », dans Dominique Lafon (dir.), *Le théâtre québécois 1975-1995,* Archives des lettres canadiennes, tome 10, Montréal, Fides, 2001, p. 387-405.

Robert, Lucie, « Faire vivre l'espace », *Voix et images,* n° 75, 2000, p. 592-599.

Robert, Lucie, « Cryptes et révélations », *Voix et images,* n° 80, 2002, p. 353-360.

Théâtre de la Vieille 17, *Les murs de nos villages ou une journée dans la vie d'un village,* Sudbury, Prise de parole, 1993.

Veyrat, Christel, « Cave canem », *Jeu,* n° 103, 2002, p. 30-34.

JEUX DE PLACES DANS *TRICK OR TREAT*
MARIEL O'NEILL-KARCH
Université de Toronto

> « *Toute cyclothymie individuelle n'est jamais qu'une moitié d'un rapport à l'autre qui est celui de la différence oscillante.* »
> RENÉ GIRARD,
> *La violence et le sacré*

> « *Cage monte, cage descend.* »
> JEAN MARC DALPÉ ET BRIGITTE HAENTJENS,
> *1932, la ville du nickel : une histoire d'amour sur fond de mines*

Depuis les années 1980, alors qu'un groupe de linguistes à Lyon s'est penché sur le fonctionnement de la conversation, les jeux de places sont devenus un objet d'étude de prédilection pour Catherine Kerbrat-Orecchioni. Selon elle, l'analyse de domination dans une conversation se fait à l'aide de taxèmes qui fonctionnent comme des « indicateurs » ou des « donneurs » de places. Cette théorie vise à définir la communication dans sa forme tant verbale que non verbale en tenant compte de la double nature de la communication, ce qui la rend particulièrement apte à éclairer la communication théâtrale. Dans un de ses premiers articles, Kerbrat-Orecchioni dresse un tableau des indicateurs de places, qu'elle qualifie de « taxèmes » :

Taxèmes de nature[1]

non linguistique : signes		linguistique : unités relevant du système	
statiques	*cinétiques*	*prosodique*	*verbal*
(stature, vêture, parure, etc. : le «look» dans son ensemble)	lents et rapides (proxémiques, posturaux, mimo-gestuels)	(ou «vocal») : intonations, pauses, débit accents d'intensité, etc.	(lexique et syntaxe)

L'étude qui suit se concentrera surtout sur les taxèmes verbaux (répliques) et cinétiques (didascalies) et tiendra compte, dans les deux cas, comme le signale Kerbrat-Orecchioni, du fait que l'expression même de «jeux de places» est une métaphore d'origine proxémique (terme proposé par E. T. Hall pour désigner «l'ensemble des observations et théories concernant l'usage que l'homme fait de l'espace en tant que produit culturel spécifique[2]»)[3].

L'autre métaphore dont il faut tenir compte est celle du jeu. Comme Barbara Malinowska l'a si bien montré dans son étude des jeux de rhétorique dans le théâtre de l'absurde, les personnages sont piégés par les conventions des jeux auxquels ils se livrent et qui demandent la participation de leur(s) interlocuteur(s) : «*Both people in their lives and actors in a play are "caught" inside the conventions of their respective games. Both situations are "absurd" as the "participants" cannot leave their "games", unless in an unusual situation (accident, death)*[4].» Quoiqu'il s'agisse ici du théâtre de

---

[1] J. Cosnier et C. Kerbrat-Orecchioni, *Décrire la conversation*, Lyon, Presses universitaires de Lyon, 1987, p. 322.
[2] E. T. Hall, *La dimension cachée*, Paris, Seuil, 1978, p. 30.
[3] Catherine Kerbrat-Orecchioni, «La notion de "place" interactionnelle ou Les taxèmes, qu'est-ce que c'est que ça?», dans Jacques Cosnier, Nadine Gelas et Catherine Kerbrat-Orecchioni (dir.), *Échanges sur la conversation*, Paris, CNRS, 1988, p. 185.
[4] Barbara Malinowska, «Beyond the absurd. Language games in the theatre of Maria Irene Fornes, Samuel Beckett, and Eugene Ionesco», *Text and presentation* Athens, GA, n° 12, 1992, p. 55.

l'absurde, les conclusions de Malinowska s'appliquent très bien à la pièce de Dalpé dont un des personnages affirme que lorsqu'on a un revolver, «[c]'t'une […] autre game! Avec d'autres règlements, d'autres punitions, d'autres… d'autres lois» (*TT*, 154).

Si les participants sont pris dans l'engrenage du jeu, cela ne veut aucunement dire qu'ils doivent toujours jouer le même rôle. En d'autres mots, le dominateur peut vite devenir le dominé et vice versa. Comme l'affirme Dominique Maingueneau, les «places» ne sont pas toujours fixes dans l'interaction : «L'énonciateur n'est pas un point d'origine stable qui "s'exprimerait" de telle ou telle manière, mais il est pris dans un cadre foncièrement interactif, une institution discursive inscrite dans une certaine configuration culturelle et qui implique des rôles […][5].» C'est justement l'instabilité des rôles qui m'intéresse ici, les jeux de places, dans une série de pièces de Jean Marc Dalpé reliées entre elles et réunies sous le titre *Trick or treat*.

Dans une section de la pièce intitulée «*Les amis*», deux voyous, Raymond[6] et Ben, se trouvent dans un bar. Ben essaie d'expliquer à Raymond qu'il est important de connaître sa «place», de ne pas oublier où il se trouve dans la hiérarchie :

BEN : Un gars faut qu'y connaisse sa place. Dans l'ordre. Dans l'monde. Dans le, t'sais… qui est qui. Et où. Où, Raymond, où.

RAYMOND : Qui est au-d'ssus d'lui, qui en d'ssous…

BEN : J'connais ma place.

RAYMOND : J'sais. Pis c'est pour ça que j'te demande ça.

Ces premières répliques suggèrent que la place occupée par chaque individu est fixe. Pourtant, un malaise s'installe :

---

[5] Dominique Maingueneau, «Ethos, scénographie, incorporation», dans Ruth Amossy (dir.), *Images de soi dans le discours. La construction de l'ethos*, Genève, Delachaux et Niestlé, 1999, p. 82.

[6] Rôle tenu par Dalpé lui-même dans une version de *Trick or treat* produite en 2001 par Zone 3, en collaboration avec Télé-Québec, et sous-titrée *Confrontation à trois*. Que l'auteur ait choisi d'interpréter ce rôle en particulier souligne l'importance qu'il accorde aux répliques qu'il prononce.

BEN : Tu sais pas où t'es, tu sais pas qui t'es.
RAYMOND : Je l'sais qui j'suis, Ben.
BEN : Pis où ? Tu sais-tu où ?

C'est Raymond qui introduit le concept de changement, lié à l'espace (« où t'es ») ainsi qu'à l'identité (« qui t'es ») :

RAYMOND : Ça peut changer.
BEN : Peut ! Peut changer.
RAYMOND : Ça peut changer.
BEN : Je l'sais que ça peut changer.

C'est encore Raymond qui souligne la nature instable des places :

RAYMOND : Souvent.
BEN : Ça change souvent, je l'sais. Ça bouge.
RAYMOND : Oui.
BEN : Ça bouge tout l'temps.
RAYMOND : Des fois…
BEN : Des fois ça bouge vite.
RAYMOND : Très vite.
BEN : Des fois tu montes très vite, des fois tu descends encore plus *fuckin'* vite. C'est toé qui m'as appris ça (TT, 117-118).

Raymond affirme donc que « ça peut changer » et cette scène expose clairement la structure basculante des jeux de places qui sous-tend *Trick or treat*.

Dans toute pièce de théâtre, les jeux de places se produisent alors que certains personnages passent de la position « haute » de celui qui domine la situation à la position « basse » de celui qui se fait avoir et vice versa. Ces jeux de places sont influencés par le contexte dans lequel ils se déroulent, l'organisation de l'espace physique, le rôle social de chacun des interlocuteurs, son âge, sa taille, etc. Il y a aussi des marqueurs verbaux : Qui choisit le sujet de l'échange ? Comment chacun s'adresse-t-il à l'autre ? Qui parle le plus ? Qui interrompt qui le plus souvent ? Qui donne des ordres ? Qui s'excuse ? « Les échanges communicatifs sont le lieu de batailles permanentes pour la position haute (batailles plus ou moins discrètes ou affichées, courtoises ou brutales) [...][7]. »

Cette violence a été analysée par Jean-Marc Bailleux, qui voit dans les jeux de places un engrenage menant directement, dans leur phase extrême bien sûr, à la catastrophe, qu'il présente comme une situation « entraînant des modifications morphologiques d'un objet, réactivant ainsi le sens étymologique de retournement, de bouleversement, de dénouement[8] ».

Trick or treat révèle, dès son titre, l'instabilité fondamentale des relations entre les personnages. « *Trick or treat?* », clamé par les enfants le soir de l'Halloween, est une question lourde de menace. Si tu ne me donnes pas de bonbons ou d'autres friandises, je te ferai quelque chose que tu n'aimeras pas. À toi de choisir. Une version plutôt agressive d'une chanson américaine anonyme le dit très bien : « *Trick or treat / Smell my feet / Give me something good to eat / If you don't, you may not care / But I'll be pissed and cuss and swear!*[9] » Cette interlocution, remplie de menaces, annonce bien le caractère instable de la pièce. Comme le savent tous ceux qui se sont déjà déguisés le soir de l'Halloween en Ontario, la personne à qui on fait la proposition : « *Trick or treat?* » doit choisir entre offrir des friandises aux enfants masqués ou subir les conséquences de son refus.

Une des forces de *Trick or treat*, c'est de révéler avec précision la mécanique des manipulations réciproques des personnages dont les jeux de places, de plus en plus violents, mènent au stade terminal des diverses relations. Chacun des cinq actes qui composent ce drame propose une alternance entre « *trick* » et « *treat* », alors que les places se négocient entre les personnages qui luttent pour obtenir ou maintenir la position haute.

Au premier acte, intitulé « *La fête des Mères* », Cracked, un jeune voyou nouvellement relâché de prison, rend visite à sa

---

[7] Catherine Kerbrat-Orecchioni, *La conversation*, Paris, Seuil, coll. « Mémo », 1996, p. 48.
[8] Jean-Marc Bailleux, *L'engrenage de la violence*, Paris, L'Harmattan, coll. « Questions contemporaines », 2004, p. 94.
[9] *www.iun.edu/~phoenixn/oped/content.php4?story=20031022iwantcandy*

mère dont la démence l'empêche de le reconnaître. Au début, Cracked a la position haute. Tandis que lui est libre de circuler, sa mère est attachée dans un fauteuil roulant et semble ni voir ni comprendre. Cracked offre une carte de fête (« *treat* ») à sa mère. Il est le seul à parler et c'est évidemment lui qui choisit le sujet de son monologue. À la fin, n'ayant obtenu aucune réaction, ni à sa présence ni à la carte, Cracked vole la bague de sa mère (« *trick* »), sans doute pour pouvoir satisfaire son besoin de cocaïne, d'où son nom. Le vol de la bague le fait basculer de la position du bon fils à celle du mauvais fils.

Le deuxième acte, intitulé « *La fête des Pères* », pourrait avoir comme sous-titre : « Qui croit surprendre est surpris ». Mike, qui avait convenu avec son père qu'il viendrait souper avec lui, arrive avec tout ce qu'il faut pour leur préparer un repas. À ce moment-là, Mike a la position haute. C'est lui qui semble mener le bal. Mais, lorsqu'il se présente à l'appartement, ce n'est pas son père qui le reçoit, mais l'amant de son père, un certain Richard, en robe de chambre. La robe de chambre de Mike. Il est évident que son père a complètement oublié que son fils allait venir le voir. Ce qui devait être une « *treat* » pour lui et son père se transforme donc rapidement en « *trick* ». Mike, qui n'apprécie pas du tout, se retrouve, bien malgré lui, en position basse.

La prochaine scène se passe dans le bar miteux où se trouvent les deux crapules que l'on connaît déjà, Raymond et Ben. Les affaires ne vont pas bien. D'une part, Raymond ne cesse de répéter : "Ben c'est mon ami"…» (*TT*, 112), croyant lui offrir ainsi une « *treat* ». Ce n'est pas comme ça que Ben l'entend, lui qui accuse Raymond d'avoir trop parlé, de l'avoir joué (« *trick* ») et surtout de ne pas connaître sa place.

Côté sentiments et vie de famille, c'est la même chose. Raymond semble éprouver un amour inconditionnel pour sa fille de quatre ans qui fait des dessins de maisons avec des cheminées qui fument, signe d'amour, selon Raymond[10]. Et

---

[10] L'œuvre de la couverture de *Il n'y a que l'amour*, recueil dans lequel se trouve *Trick or treat*, est un dessin fait par Marielle Dalpé, la fille de l'auteur, où figurent des nuages, un arbre et une maison dont la cheminée projette une bouffée de fumée.

pourtant... Raymond raconte qu'après avoir dit trois fois à sa fille de remettre les capuchons sur ses crayons, il l'a frappée. Père aimant se transforme en père violent. En voilà un qui n'a décidément pas compris le sens de « *Trick or treat?* » : il a reçu un cadeau de sa fille (le dessin = « *treat* ») et il l'a battue (= « *trick* ») quand même.

À la toute fin, lorsqu'on menace de faire souffrir sa fille à cause de ses bêtises, Raymond reconnaît enfin sa « place » inférieure et va de son propre gré vers la voiture de Bobby dont la mission semble être de faire de lui un sans-place, c'est-à-dire, comme dans toute histoire de gangsters qui se respecte, de le faire disparaître.

C'est dans « *Trick or treat* », la section centrale de la pièce, que les jeux de places sont les plus élaborés puisque, à divers moments, la conversation n'est plus un dialogue, mais un trilogue. Et lorsqu'un tiers intervient, les places basculent encore plus vite.

Trois des personnages des « fêtes » précédentes se retrouvent dans la boutique de Ben. Mike, 15 ans, qui avait des souliers Nike « *top of the line* » (« *treat* »), se les a fait voler *(« trick »)* par un gang de jeunes voyous, ce qu'il a très mal pris. C'est le processus qui suit que Herbert Thomas a décomposé en étapes. D'abord l'humiliation, suivie d'un profond sentiment de honte auquel la personne réagit avec rage, avant de passer à la violence[11]. Mike, humilié profondément, est rendu au deuxième stade : il veut se venger et vient chez Ben pour acheter un revolver. Le criminologue James Gilligan a longuement étudié les hommes coupables de crimes violents et donne un exemple des propos qu'ils tiennent au sujet de leurs motivations. Un de ses sujets affirme : « *I never got so much respect before in my life as I did when I first pointed a gun at some dude's face*[12]. » Quelques

---

[11] Herbert Thomas, dans James Gilligan, *Preventing violence*, Londres, Thames & Hudson, 2001, p. 32.
[12] *Ibid.*, p. 29.

pages plus loin, il explique pourquoi la violence est si fréquente : « *The purpose of violence is to force respect from other people. The less self-respect people feel, the more they are dependent on respect from others; for without a certain minimal amount of respect, from others or the self, the self begins to feel dead inside, numb and empty*[13]. » C'est l'état dans lequel se retrouve Mike.

Ben comprend très bien ce que veut son jeune client, comme l'indique sa reconstruction de la scène :

> BEN : [...] C'est pas que j't'comprends pas. Se faire voler pis se r'trouver avec un couteau dans face, c'est pas l'fun. Après ça, je l'sais, tu t'dis j'veux m'arranger pour pus que ça m'arrive. Jamais! J'te comprends, kid. Je l'sais où c'que t'es dans ta tête. Ça vient de t'arriver pis t'es fâché.
>
> MIKE : Oui.
>
> BEN : T'es en colère.
>
> MIKE : Oui.
>
> BEN : Tu vois bleu. Pis là t'as pris une décision. T'as décidé d'agir.
>
> MIKE : C'est ça. [...]

Vient ensuite un scénario imaginaire qui montre à quel point Mike ressemble aux criminels interviewés par James Gilligan :

> BEN : Je l'sais où t'es rendu dans ta tête. Tu l'vois l'gars. Le chien sale. Celui avec le couteau. Y t'a par le collet. Y va te refaire le même coup. Sauf c'fois-citte...
>
> *Ben ouvre rapidement le tiroir du bureau et sort un revolver.*
>
> Ha! Ha! Surprise! Ouain, c'fois-citte c'est toi qui l'as par le collet pis c'est lui qui est en train de pisser dans ses culottes (*TT*, 148-149).

Dalpé a parfaitement saisi que, pour qu'un homme puisse se respecter et être respecté, il doit maintenir ou regagner la position forte, quelles que soient les conséquences. Il le fait dire très clairement à Ben :

> T'as été humilié. C'est pas qu'y t'ont volé tes souliers — j'veux dire tes souliers c'est pas rien mais c'est pas tes souliers — non! l'affaire c'est que t'as été humilié. Pis être humilié de même c'est comme se faire mordre par un serpent. Tsss! Quiens! un serpent venimeux. Après ça, t'as l'poison dans

---

[13] *Ibid.*, p. 35.

l'sang. Pis c'poison-là c't'un poison qui brûle, c't'un poison qui t'brûle par en d'dans. T'as mal, ça s'dit pas. T'es mal. Tu veux l'oublier mais t'arrives pas à l'oublier. Ça te revient quand tu t'y attends pas. T'es en train d'prendre ta pisse du matin pis t'à coup, de même! tu r'vois la face du bonhomme, du chien sale, son sourire, comment ça s'est passé, tu r'vois tout', t'entends tout' c'qu'y t'a dit encore pis encore… Pis l'poison se r'met à brûler. Le poison brûle pis toé t'es pris dans l'playback qui joue, qui r'joue, qui r'joue… Ça rend fou! Tu penses rien qu'à ça (*TT*, 150).

Il est évident que Ben est passé par le même genre d'humiliation, ce qui fait qu'il comprend si bien que la frustration de Mike est à son comble.

Sachant qu'il lui faudra de l'aide pour obtenir le respect qui lui fait défaut, Mike continue à négocier en vue d'obtenir le revolver. La scène qui suit est structurée selon un modèle que Bailleux qualifie de modèle *par défaut* :

> L'un des partenaires manifeste des velléités de quitter la scène, se désinvestit, refuse l'escalade. L'autre est alors acculé dans ses derniers retranchements et cherche frénétiquement à retrouver un point faible chez son partenaire, qui ramènera celui-ci dans la partie. Dans un premier temps, ce désinvestissement entraîne l'augmentation des situations de jeu, avec permutations des rôles de plus en plus rapides, de plus en plus intenses, de plus en plus frustrantes, de plus en plus douloureuses pour l'un et l'autre des partenaires[14].

Voyons maintenant la scène. Ben commence par affirmer sa position haute en disant en résumé : « Non, t'es trop jeune. » Mike insiste pourtant et obtient à son tour la position haute puisque Ben accepte de lui vendre un revolver pour 150 $ (*« treat »*). Mike, qui ne met jamais toutes ses cartes sur la table en même temps, avoue seulement alors que le marché est conclu qu'il n'a pas les 150 $ et offre de payer par mensualités. Ben, indigné, refuse et reprend la position haute, sentant qu'il s'est fait avoir. Mike, qui ne se décourage pas facilement, joue une nouvelle carte. Il veut tout simplement louer le revolver afin d'aller voler l'argent qu'il lui faut chez un dépanneur. Nouvelle

---

[14] Jean-Marc Bailleux, *op. cit.*, p. 254.

humiliation : Ben se moque de lui, avant de lui dire de partir, croyant ainsi mettre fin à des négociations auxquelles il a perdu intérêt. Pourtant, il n'en est rien. Si Ben, «le moins investi, y voit de nouvelles bonnes raisons de renforcer son retrait de la relation», Mike, par contre, «se trouve de plus en plus confirmé dans sa faillite et la panique ou la rage qu'elle suscite[15]». Six séquences télévisées montrent les scénarios que Mike imagine pour obliger ceux qui l'ont humilié à demander pardon. Les taxèmes cinétiques et verbaux se conjugent pour souligner à quel point Mike sent qu'il doit tout faire pour sortir de la position basse.

Alors que Ben sort de scène pour s'occuper de son père, Cracked arrive et un nouveau rapport de force est établi. Cracked, toujours prêt à se lancer dans une combine, offre à Mike l'argent qu'il lui faut pour acheter le revolver en échange de ce qu'ils pourraient obtenir chez le dépanneur *(«treat»)*, négociation qui semble les placer sur un pied d'égalité. Le dialogue se transforme en trilogue quand Ben revient et révèle à Cracked que le dépanneur en question est l'oncle d'une fille que Mike connaît. Mike chute immédiatement dans l'estime de Cracked qui sent que c'est son tour de se faire avoir *(«trick»)*.

Vient ensuite le clou de la pièce, un jeu de roulette polonaise qui est littéralement un «jeu de places» puisque les personnages ne savent pas où se trouve la balle dans le revolver. La seule façon pour Mike et Cracked, qui est toujours de la partie malgré tout, d'obtenir le revolver est de jouer à la roulette polonaise : «Vous jouez, j'vous l'vends» (*TT*, 193), promet Ben. «[J]'fais pas confiance à ceux qui r'fusent» (195). Ben joue ici le rôle du «"despote" qui a pour politique de provoquer le conflit entre les deux protagonistes pour servir ses propres desseins[16]». Cracked décrit l'enjeu :

---

[15] *Ibid.*, p. 255.
[16] Caplow, dans Catherine Kerbrat-Orecchioni, «Note sur le fonctionnement du "trilogue"», *Littérature*, n° 93, février 1994, p. 49.

> Fini la bullshit! Parce que, Babe, c'est l'temps que t'arrêtes de branler dans l'manche et que tu te branches. Que tu saches, Babe! que toé, tu saches, Babe! lequel est lequel. T'es qui, Babe? [Noter le marqueur verbal de la position basse de Mike.] T'es qui? Le gars qui a les guts de jouer dans vraie vie avec le vrai monde, ou celui qui va s'en r'tourner dans sa chambre à soir jouer au Nintendo, au Killer Combat avec des p'tits bonshommes en cartoons pour oublier c'qui l'attend l'autre bord d'la porte sur le trottoir?
> That's what the fuck is goin' down, Jesse James (*TT*, 197-198)!

On voit que Cracked a très bien compris à quel point Mike est rongé par son dépit et qu'il ne reculera devant rien pour pouvoir se venger et sauver la face comme il rêve de le faire.

Mike accepte et, quand on lui demande s'il veut tirer en premier ou en deuxième, il choisit de tirer en premier, croyant ainsi maintenir la position haute. Pourtant, il se fait tout de suite traiter de pissou (*TT*, 201). Mais, lorsqu'il veut changer de place, on lui indique qu'il est maintenant trop tard (202). Les jeux sont faits.

On joue à quitte ou double. Mike le prend très au sérieux. Pourtant, il s'agit bien d'un «attrape-nigaud[17]». Il tire, le revolver part. Mike croit avoir blessé Cracked, mais découvre presque aussitôt que c'est un *gag*, ou un *«trick»* que les deux autres lui ont joué. Mike, qui se retrouve de nouveau en position basse, n'est pas content, c'est le moins que l'on puisse dire. Il réagit en insultant Cracked et le traite de débile. Les didascalies regorgent de taxèmes non verbaux qui indiquent que c'est le tour de Cracked de se sentir humilié :

> *Cracked éclate. Il ramasse l'assiette de perogies, la casse sur la tête de Mike, puis lui saute dessus. Ils tombent derrière une table ou un établi. Cracked frappe furieusement Mike tout en hurlant* (*TT*, 212).

Ne sachant plus trop ce qu'il fait, Cracked menace aussi Ben en le prenant par le collet. Ben le repousse, et c'est le début de la fin.

---

[17] Je dois à Bailleux (103-105) la série de «labels» que j'utilise pour analyser cette scène et dont j'ai modifié un peu l'ordre.

Lorsque Mike, profitant de la situation, reprend le revolver («coup de théâtre») et insiste pour que Cracked s'agenouille, Ben lui dit ce qu'il veut entendre : «C'est toé qui mènes [...]». Pourtant, Ben ajoute : «Mais si [...] tu pars avec le gun, mon gun, le mien, mon gun, moé j'ai pas l'choix, j'vas aller l'chercher» (TT, 215).

Malgré l'avertissement de Ben, Mike part avec le revolver («bénéfice»), puis il y a un coup de feu («confusion»). Changement d'éclairage. Mike paraît sur un écran, en train de comparaître devant la justice : «C'tait comme dans un film, ou un rêve, ou... C'est parti tu-seul, j'voulais pas vraiment. Ô shit! Que c'est j'ai fait? Que c'est?» (*TT*, 219). Cette dernière réplique de Mike le case définitivement dans la position basse. Le «bénéfice» supposé s'est révélé être un «attrape-nigaud».

Dans la dernière scène, intitulée *«Requiem in pace»* et qui se déroule le Vendredi saint, nous retrouvons Cracked et Ben. Le père de Ben est mort et Ben se prépare à enterrer ses cendres. Au cours de la conversation, Ben découvre que Cracked est en train de lui jouer dans le dos. Sans trop hésiter, Ben étrangle Cracked et l'achève à coups de pelle, alors qu'il est lui-même en train de mourir d'un coup de couteau planté dans son foie par ce même Cracked. Finalement, personne n'a gagné. Pourtant, chacun a eu le dernier mot, si l'on peut dire, en faisant un geste ultime. Il s'agit donc d'une fin comme celle de *Hamlet*, toutes proportions gardées. Les personnages, comme l'observe Malinowska dans le contexte du théâtre de l'absurde, sont piégés par les règles des jeux qu'ils ont inventés[18].

Ben et Cracked, sur le point de mourir, auraient pu reprendre les propos que l'on trouve dans un des récits poétiques à résonance biblique qui relient les diverses scènes : «C'est à ce moment-là que je me suis rendu compte que j'étais dans une tour, que j'étais dans la tour de Babel, que je montais dans la

---

[18] Barbara Malinowska, *op. cit*, p. 55-60.

tour de Babel, que j'étais dans l'histoire. L'histoire de la malédiction. L'histoire de la punition. / Celle de la colère de Iahvé. » (*TT*, 87).

Dans *Trick or treat*, il y a une escalade de la violence qui est « le symptôme d'une maladie de la communication dont les manifestations vont jusqu'à la destruction, en "stade terminal", [...] des deux [protagonistes][19] ». Seule la mort met fin aux jeux.

J'espère avoir montré que dans *Trick or treat*, ce qui est dramatique est le processus des jeux de places, avec les multiples renversements que cela implique. Ce qui est subversif, dans cette dramaturgie, c'est que Dalpé a créé des personnages faibles, infidèles, instables, de basse extraction, auxquels il oblige les spectateurs ou les lecteurs confortablement installés dans leurs fauteuils à se comparer. C'est hisser les jeux de places à un tout autre niveau.

---

[19] Jean-Marc Bailleux, *op. cit.*, p. 8.

BIBLIOGRAPHIE

BAILLEUX, Jean-Marc, *L'engrenage de la violence*, Paris, L'Harmattan, coll. «Questions contemporaines», 2004.

COSNIER, J. et C. KERBRAT-ORECCHIONI, *Décrire la conversation*, Lyon, Presses universitaires de Lyon, 1987.

DALPÉ, Jean Marc, «*Trick or treat*», dans *Il n'y a que l'amour*, Sudbury, Prise de parole, 1999, p. 85-234.

DALPÉ, Jean Marc et Brigitte HAENTJENS, *1932, la ville du nickel : une histoire d'amour sur fond de mines*, Sudbury, Prise de parole, 1984.

GIRARD, René, *La violence et le sacré*, Paris, Grasset, 1972.

GILLIGAN, James, *Preventing violence*, Londres, Thames & Hudson, 2001.

HALL, E. T., *La dimension cachée*, Paris, Seuil, 1978.

KERBRAT-ORECCHIONI, Catherine, *La conversation*, Paris, Seuil, coll. «Mémo», 1996.

KERBRAT-ORECCHIONI, Catherine, «La notion de "place" interactionnelle ou Les taxèmes, qu'est-ce que c'est que ça?», dans Jacques Cosnier, Nadine Gelas et Catherine Kerbrat-Orecchioni (dir.), *Échanges sur la conversation*, Paris, CNRS, 1988, p. 185-198.

KERBRAT-ORECCHIONI, Catherine, *Les interactions verbales II*, Paris, Armand Colin, 1992.

KERBRAT-ORECCHIONI, Catherine, «Note sur le fonctionnement du "trilogue"», *Littérature*, n° 93, février 1994, p. 48-51.

MAINGUENEAU, Dominique, «Ethos, scénographie, incorporation», dans Ruth Amossy (dir.), *Images de soi dans le discours. La construction de l'ethos*, Genève, Delachaux et Niestlé, 1999, p. 75-100.

MALINOWSKA, Barbara, «Beyond the absurd. Language games in the theatre of Maria Irene Fornes, Samuel Beckett, and Eugene Ionesco», *Text and Presentation*, Athens (GA), n° 12, 1992, p. 55-60.

LA FICTION DU BÂTARD CHEZ JEAN MARC DALPÉ :
Dire l'homogène
François Ouellet
Université du Québec à Chicoutimi

> *Tout mêlé, rabouté ensemble. Shake-a-shake-a-shake.*
> Jean Marc Dalpé
> *« La fête des Mères »* (Trick or treat)

1. LA FICTION DU BÂTARD

Dans une brillante conférence prononcée au Collège universitaire de Saint-Boniface en 1996, Jean Marc Dalpé s'amuse beaucoup tout en parlant le plus sérieusement du monde de ce qu'il appelle sa fiction du bâtard. Dans cette conférence, théâtralisée (la transcription de la conférence intègre même des didascalies!), Dalpé se met lui-même en scène en parodiant Œdipe devenu aveugle. Je cite la fin :

> Maintenant, peut-être que moi j'peux vivre avec ça. Mais vous autres?
> Oubliez pas que j'suis un bâtard, et que mes parents m'ont abandonné.
> Qui sait quels crimes j'ai commis?
> Lesquels je commettrai?
> *(jeu : lunettes noires comme celles d'un aveugle)*
> Et ce que me réservent les dieux?

Cela dit, remarquez que chez Sophocle, il n'y a que les aveugles qui voient juste.
(En quittant le podium en aveugle) [...] (*I*, « Culture et identité canadienne », 248)

Cette citation appelle au moins trois observations.

1.1. L'évidence. La mise en scène est habile, car la parodie œdipienne se trouve somme toute à désamorcer d'avance tout discours critique qui prétendrait prendre trop au sérieux un sujet dont l'auteur lui-même n'est pas dupe. Ainsi, vous pourrez bien observer que le fils tue le père et que celui-ci viole sa fille adoptive dans *Le chien*, que le neveu tue symboliquement celui qui serait comme son père adoptif dans *Eddy*, que le jeune amoureux de Marie tue le père adoptif de celle-ci parce qu'il l'avait violée dans *Un vent se lève qui éparpille,* on pourra toujours vous dire : Dalpé nous avait déjà prévenu, il n'y a là rien de nouveau. D'ailleurs, Dalpé reviendra explicitement sur la référence œdipienne dans son roman :

> *Y'a des lois. Des lois qui même si elle* [sic] *étaient écrites nulle part, seraient des lois pareil.*
> *— Comme...?*
> *— Comme pas s'envoyer en l'air avec son sang. Tu t'envoies en l'air avec ton sang, tu finis toujours par te faire punir.*
> *— Toujours ?*
> *— Comme dans les histoires, t'sais, les vieilles histoires là... T'en rappelles ?*
> *— Quelles histoires ?*
> *— Les vieilles histoires des Grecs* (*V*, 164).

Bref, ce sont de vieilles histoires, les lois sont intangibles, il n'y a rien de nouveau sous le soleil ; et c'est bien parce qu'il n'y a là rien de nouveau que Dalpé se permet de se répéter. Partant, en raison même de son évidence, il n'y aurait qu'à clore cette question. Dire « Œdipe », c'est déjà tout dire ; vouloir dire plus, ce ne serait que redire « Œdipe ».

1.2. L'hybride. Il faut pourtant pouvoir dire plus. Et pour cela, il faut d'abord voir ce qui a amené Dalpé à terminer sa conférence sur le rappel du mythe. C'est un trait biographique. Dalpé raconte qu'il n'a pas connu ses parents biologiques. Or, « les enfants abandonnés qui connaissent pas leurs vrais parents finissent souvent mal… On n'a qu'à se souvenir d'un certain Œdipe » (*I*, « Culture… », 239). Dalpé poursuit son histoire : 10 jours après sa naissance, il est adopté par un père francophone et une mère anglophone. Sa fiction du bâtard prend forme : il est « un métis, un être (culturellement, linguistiquement) hybride » (243), et cette fiction s'oppose à celle qui propose une vision du monde qui « lie la notion d'identité à une notion de frontières » (244). Ainsi, dans la fiction de Jean Marc Dalpé, « toutes les cultures sont hybrides », et cette fiction « m'aide à vivre parce que je ne me perçois plus comme un paria, mais comme un parmi d'autres » (245). Stéphanie Nutting a déjà travaillé sur ce concept d'hybridation dans *Le chien*[1] ; en ce qui me concerne, je voudrais prolonger, dans un certain sens, les travaux de Nutting en suivant la voie œdipienne ouverte par le dramaturge. Car l'être hybride, quoi qu'on en pense, ce n'est pas seulement le bâtard qui, dans une perspective socioculturelle, échappe aux catégorisations de l'identitaire fixe ; c'est plus profondément celui qui choisit la mère contre le père. En psychanalyse, faut-il le rappeler, le père fait advenir l'altérité, l'autre, le langage. La fonction du père est précisément de séparer cet être hybride que forment l'enfant et la mère. Du reste, Dalpé, dans sa conférence, dit bien que c'est la mère qui crée la forme hybride. Dalpé explique d'abord qu'en grandissant il a compris qu'il devait avoir une identité. Il a alors choisi de s'exprimer dans la langue du père francophone.

> Mais un jour, j'ai bien compris qu'il y avait des conséquences à mon geste.
> *(jeu avec diapos : en en enlevant une, je me retrouve en déséquilibre)*
> Premièrement qu'il me manquait quelque chose dans ma vie, et que cela créait un certain déséquilibre intérieur. […] Hey! she's my Mom! And if

---

[1] Voir Stéphanie Nutting, « Entre chien et homme : l'hybridation dans *Le chien* de Jean Marc Dalpé », dans Hélène Beauchamp et Joël Beddows (dir.), *Les théâtres professionnels du Canada francophone : Entre mémoire et rupture*, Ottawa, Le Nordir, coll. « Roger-Bernard », 2001, p. 277-290.

you think she's going to let me pretend she's not there, you don't know my mother!
Come on back in here, Mom (*I*, « Culture… », 242) !

C'est comme si Dalpé nous disait : j'ai choisi la langue de mon père pour m'exprimer, pour écrire, mais dans cette langue la mère fait retour. Le retour de la mère dans la fiction du bâtard « rééquilibre » les choses, en effet : au meurtre du père succède, selon l'impératif « il s'agit de devenir un homme », le désir d'une femme qui tiendra lieu, en chair et en os, de la perte irrémédiable du signifiant maternel. Le parricide constitue toujours le moment inaugural. Il est « au commencement ». Mais c'est aussi dans l'ordre des choses qu'il suffise d'instituer le parricide pour que la mère fasse retour. Au commencement, il y a le parricide du *Chien*. La suite du *Chien*, c'est *Un vent se lève qui éparpille*, dont je parlerai bientôt.

1.3. L'aveugle. Mais le désir de la mère ne paraît pas. Dans aucun texte de Dalpé le fils ne couche avec la mère ; en revanche, le fils tue toujours le père. C'est vrai. Mais il faut se rappeler que Dalpé dit que, chez Sophocle, il n'y a que les aveugles qui voient juste. Il faut presque prendre le mot à la lettre. Il y a chez Dalpé une sorte de « point de vue aveugle ». Un point de vue aveugle comme on dit, lorsque nous conduisons en voiture, qu'il y a un angle mort. Des angles morts, il faut se méfier parce qu'il s'y passe quelque chose qu'on ne voit pas, qui nous échappe. Le point de vue aveugle intervient de la même façon : le texte montre quelque chose qu'on ne voit pas, du moins pas tout de suite. Les textes de Dalpé sont construits à partir de blancs, de trous, de manques. C'est lui-même d'ailleurs qui le dit : « Dans *Eddy*, et encore davantage dans *Lucky lady*, je me trouve dans un parler populaire et en même temps… dislexique *[sic]* ; il y a des mots qui manquent, je laisse de la place au sous-texte, je travaille beaucoup le rythme. Je laisse au spectateur le soin de remplir les trous[2]. » Dyslexique : difficulté à lire ; difficulté à voir. Mais chez Dalpé le dyslexique est une forme valorisée du langage, une autre manière de faire voir, comme

---

[2] Michel Vaïs, « Urbain des bois. Entretien avec Jean Marc Dalpé », *Jeu*, n° 73, décembre 1994, p. 20.

Œdipe. Le « parler dyslexique », en marge du « parler populaire », creuse le texte, approfondit la compréhension du texte. Bref, dans cette sorte de dyslexie œdipienne, fond (Œdipe aveugle) et forme (le parler dyslexique) coïncident.

Je voudrais, dans les pages suivantes, essayer de montrer comment fonctionnent ces manques du texte, cette espèce de « sous-texte » à partir de quelques exemples choisis. Parce que le sous-texte ne peut être dégagé de la même façon dans la prose et dans l'écriture dramatique, je traiterai d'abord du roman de Dalpé, *Un vent se lève qui éparpille*, puis d'une de ses pièces, *Lucky lady*.

2. ROSA, ROSÆ, ROSAM

Repartons d'Œdipe : il a tué son père, puis couché avec sa mère.

2.1. Le parricide. Il est clair chez Dalpé. S'il est vrai, comme le voulait Freud, qu'au commencement fut le meurtre du père, Dalpé fait de ce meurtre tout le propos de sa première pièce écrite en solo, *Le chien*. Dans sa deuxième pièce, *Eddy*, le parricide est bien sûr dans l'attitude de Vic à l'égard de son oncle, Eddy, qui joue auprès de lui le rôle d'un père adoptif. Mais on voit que ce parricide est déjà plus discret, il est comme voilé. La représentation est davantage symbolique : Eddy agit comme s'il était le père de Vic et celui-ci fait comme s'il tuait Eddy. Et quand Vic se défend en disant : « J'FAIS RIEN DE DIFFÉRENT DES AUTRES. J'FAIS COMME TOUT L'MONDE. *(vers Eddy)* J'te câlisse pas d'couteau dans l'dos » (*E*, 173), on comprend qu'il se trouve exactement à dire le contraire de ce qu'il a fait symboliquement, et cela précisément parce qu'il a fait ce que font tous les fils : ils tuent leur père. Sur ce plan, *Eddy* ménage déjà des marges, des manques qu'il n'y avait pas dans *Le chien*, qui est plus explicite. Le roman *Un vent se lève qui éparpille* reprend en quelque sorte la structure symbolique d'*Eddy* : le jeune Marcel tue le père adoptif de son amoureuse, Marie. Le roman s'ouvre sur ce parricide symbolique. C'est bien la scène primitive qui est première ; retour au *Chien*.

Pourtant, ce que raconte ce roman, c'est autre chose. Ce roman, qui s'ouvre sur un parricide, ne peut pas dire pendant

200 pages ce que nous savons d'emblée, ce serait absurde. Certes, nous ne savons pas tout de suite qui a été la victime de Marcel. Nous ne connaissons, au début, que l'identité de l'assassin (chapitre 1). Plus loin, nous assistons à une fête bien arrosée au cours de laquelle Marcel se fait battre par Richard Ayotte (chapitre 3). Le lecteur est amené à penser que Richard Ayotte sera la victime de Marcel. Enfin, nous apprenons le nom de la victime : Joseph (chapitre 4). Globalement, Dalpé laisse des trous (est-ce Richard Ayotte ou Joseph, par exemple?), mais au terme du quatrième chapitre tout est explicite, nous sommes situés. En fait, ce qui m'intéresse ici, c'est un « trou » drôlement plus persistant, un « blanc » tellement lumineux qu'il nous aveugle. Ce trou, c'est celui que fait le chapitre 2 dans la description que je viens de donner de la première partie du roman ; et ce trou a à voir avec l'autre versant de l'œdipe : si Œdipe a tué son père, c'était pour coucher avec sa mère.

2.2. L'inceste. Que raconte le chapitre 2? Un bref séjour de Marcel à Toronto environ sept mois avant le crime. Sur un coup de tête, Marcel décide de se joindre à trois bûcherons de la Pitt qui se rendent à Toronto. Marcel, qui n'est jamais allé plus loin que Timmins, va voir un peu de pays et pas n'importe lequel. Toronto lui apparaît comme un lieu de transgression, comme « la biblique Gomorrhe » (*V*, 19). Aussi les bûcherons disent-ils à Marcel qu'ils entendent bien faire un homme de lui. Comment? En l'abandonnant. Seul, Marcel doit se débrouiller dans la « ville-reine », dans la ville pécheresse. Voilà donc Marcel abandonné, qui de ce fait est sommé d'agir et de faire un homme de lui. Comment faire pour devenir un homme? Simple : il entre chez Maggie's Tattoo Parlor pour se faire tatouer sur un sein, ce qu'il voit comme la preuve de son amour pour celle qu'il espère épouser bientôt, Marie. Est-ce bien une transgression de la loi? Est-ce bien là un acte par lequel il fait un homme de lui? Sans aucun doute. Cet acte le dépasse tellement que Marcel en a le vertige juste à y penser : « le cœur lui débattant cent milles à l'heure parce qu'il avait enfin décidé de faire ce qui lui était venu en tête puis n'avait cessé de lui revenir à l'esprit depuis qu'il s'était attardé en chemin devant la petite vitrine du Maggie's

Tattoo Parlor de la rue Sherbourne et qu'il s'était dit tout à coup, soudain pris d'un vertige / Pour elle, ouain, pour elle ! » (*V*, 21-22). Toronto ville-reine pécheresse, l'impératif : « Tu deviendras un homme », le vertige de Marcel : c'est amplement pour nous mettre la puce à l'œil et voir que le texte est en train de ménager là, sans en avoir l'air, un sous-texte fondamental, celui de la mère.

Le nom de l'amoureuse de Marcel nous met déjà sur la piste, évidemment : Marie a beau être la nièce de Joseph, elle se comporte comme si elle était sa femme. Et Dalpé, qui n'a pas choisi les noms de ses personnages au hasard, nous renvoie au couple du Nouveau Testament : Marie et Joseph. Marie est certainement la première de toutes les mères. Mais ce n'est pas tant cette mère biblique qui importe ici, ni même la Marie du roman dont Marcel se dit si amoureux, que le sous-texte symbolique que ces figures instituent autour de la mère du roman. La vraie mère, c'est la femme de Joseph, Rose. Celle qui, avec son mari, a adopté Marie avec d'autant plus de volonté qu'elle est stérile. (Ici encore d'ailleurs prend forme un autre blanc : Rose n'enfante pas plus que Marie, qui accouchera du Christ sans avoir jamais perdu sa virginité.) Or, derrière le nom de Marie que Marcel se fait graver dans la peau, nous lisons avant tout le nom de la mère : Rose. En effet, c'est une rose que Marcel se fait tatouer sur le sein. Le nom *Marie* à la fois pointe vers la figure de la mère et masque la mère dont il est question pour comprendre l'enjeu œdipien du roman : Il est en effet dans l'ordre œdipien des choses que Marcel, qui s'est fait tatouer l'insigne de Rose à Toronto, en vienne sept mois plus tard à tuer le mari de Rose, donc celui qui est en position symbolique de père pour Marcel. La première transgression du roman, ce n'est pas entre Marie et Joseph, comme nous pouvons le penser à un premier niveau de lecture, mais entre Marcel et Rose, comme nous le fait bien voir le « sous-texte ».

Dans les heures qui suivent son départ de Toronto, Marcel, qui retourne en autobus vers le Nord, fait un mauvais rêve dont il se réveille en hurlant. En rêve, son père, le regard rouge braqué sur Marcel, blâmait son fils. « [M]ais de quoi ? », se demande

Marcel, qui, fiévreux, se sent au plus mal : « "J'vas mourir, fuck" » (*V*, 30). Tout cela est la réaction épidermique du tatouage sans doute ; mais comment ne pas comprendre, dans le contexte que j'ai essayé de mettre en lumière, que ces lignes participent davantage d'un enjeu symbolique souterrain qui oriente tout le travail d'écriture de l'écrivain. Elles mettent en évidence la crainte, par Marcel, de l'interdit de la loi du père, qui le punirait d'avoir la mère « dans la peau » (dans les deux sens de l'expression). À partir de cette transgression dans la ville de Gomorrhe, c'est une lutte à finir entre le fils et le père : Marcel aura le dernier mot.

3. LEMON INCEST

Dans le commentaire fait à Michel Vaïs que j'ai précédemment cité, Dalpé parle d'*Eddy* et insiste particulièrement sur *Lucky lady* pour évoquer son travail d'écriture sur le manque. Prenons le dramaturge au mot et allons lire, en aveugle, *Lucky lady*. Je voudrais ici donner un autre exemple de cette écriture du blanc, qui me paraît une fois de plus structurer le texte de façon fondamentale. Mais cette fois-ci, c'est l'inverse : non plus le fils et la mère, mais la fille et le père.

Ce qui était explicite dans *Le chien* (le père a violé sa fille) et dans *Un vent se lève qui éparpille* reste en apparence camouflé dans *Lucky lady*. À première vue, la pièce ne traite ni de parricide ni d'inceste. Zach, qui est en prison, doit de l'argent aux Hell's ; il a chargé Bernie, son codétenu maintenant libéré, de leur remettre cet argent qu'en principe il trouvera caché chez Shirley, la copine de Zach. Mais celle-ci en a dépensé une partie. Pour se renflouer, ils vont jouer aux courses, espérant tirer profit d'une combine que Mireille a fait connaître à Bernie. Or, le cheval sur lequel ils ont tous parié franchit le premier la ligne d'arrivée : ainsi Zach remboursera sa dette, Bernie remettra sa part à Claire pour que puisse en bénéficier l'enfant qu'ils ont eu ensemble, et Mireille réalisera son grand rêve, partir pour l'Arizona, qu'elle affirme être la terre de ses ancêtres. Pièce malheureuse à la fin heureuse, pourrions-nous dire. Nous savons que *Lucky lady* est une commande qui a été écrite par Dalpé dans le contexte d'un travail exploratoire avec les comédiens. Dans la postface à la publication de la pièce, le metteur en scène, Michel Nadeau, explique ainsi le choix de la fin heureuse de la pièce : « La raison pour laquelle nous avons décidé de conserver la victoire finale est venue du constat suivant : dans la dramaturgie québécoise contemporaine, il est bien rare qu'une pièce s'achève sur une ouverture[3]. » Est-ce pour cette raison aussi que les motifs du meurtre du père et de l'inceste, qui sont les fondements du théâtre de Dalpé, sont ici absents, du moins explicitement ? Peut-être n'avaient-ils pas leur place dans une pièce dont le dénouement devait être heureux ? Quoi qu'il en soit, si le propos de Nadeau est pour le moins curieux d'un point de vue esthétique (comme si la pièce devait se définir par rapport à un constat vaguement sociologique qui était extérieur à sa propre dynamique d'écriture), heureusement qu'il y a l'écriture trouée de Dalpé.

Je voudrais attirer l'attention sur deux dialogues du texte, qu'il faut lire l'un en fonction de l'autre et qui sont d'excellents exemples du « parler dyslexique ». Je reproduis immédiatement ces dialogues entre Mireille et Claire, qui d'ailleurs se suivent chronologiquement. Vous savez comment la pièce est construite : Dalpé fractionne les dialogues des personnages en intercalant d'autres dialogues, de sorte que nous avons accès graduellement à plusieurs dialogues fragmentés. À nous, lecteurs, de les reconstituer, ce qui est du reste une première façon de remplir les trous.

Dialogue 1
MIREILLE : Moé j'suis certaine qu'y va v'nir nous voir.
Pause.
Y pourra pas s'en empêcher... Y sont d'même... Peuvent pas s'en empêcher au moins d'voir... toqués, buckés /
CLAIRE : J'veux pas en parler.
Pause.
MIREILLE : Y sont pris avec... l'appel.
CLAIRE : J'veux pas en parler.
Pause.

---

[3] Michel Nadeau, « *Blazzing* [sic] *bee to win* », postface, dans Jean Marc Dalpé, *Lucky lady*, Montréal et Sudbury, Boréal et Prise de parole, 1995, p. 176.

MIREILLE : Y savent pas quoi faire avec, par exemple…
CLAIRE : Y'en a.
MIREILLE : Pas sûr ça. Pas sûr pantoute.
CLAIRE : Non, non, y'en a…
MIREILLE : Pas sûr…
[…]
CLAIRE : Toé t'en veux pas d'kids ?
MIREILLE : Peux pas. *(courte pause)* C'tout' fucké en d'dans icitte depuis que j'ai treize ans. Une étoile filante.
CLAIRE : Là (*LL*, 1995a, 37-39) !

Dialogue 2
CLAIRE : Mais ça icitte… les étoiles, les vœux, le trip… c'est pas indien.
MIREILLE : C'est pas indien ? Comment tu sais ça ?
CLAIRE : Je l'ai lu. Queque part.
MIREILLE : Ouain ?
CLAIRE : Ouain. C'est blanc. C'est européen.
MIREILLE : Européen ?
CLAIRE : Ouain.
Pause.
CLAIRE : Pis comme si c'est européen, comme si c'est pas indien… Ton père le faisait pareil même si…?
MIREILLE : C'est tout' mêlé. Tout' mélangé… la connaissance… les chants, les tambours, les prières… *(pause)* Les vraies affaires c'est rendu des contes pour enfants pis nos contes pour enfants y'en a qui prennent ça pour du cash.
CLAIRE *(en souriant)* : C'est fucké.
Pause.
MIREILLE : Mais y'en a qui savent la différence. Y'en a. J'te dis pas qu'y'en a pas ou qui sont tous morts. Non, non, y'en a. *(courte pause)* L'Arizona. *(courte pause)* L'Arizona. C'est là qui sont.
CLAIRE : Ouain ?
MIREILLE : C'que tu fais c'est tu montes dains montagnes au-dessus du désert. Tu t'trouves une place. Une place propre. Une place pure. Pis faut la laisser comme ça quand tu pars fait que t'amènes rien, tu reviens avec rien. *(courte pause)* Mais tout' est là, pis tout' se passe, pis tout' est changé (*LL*, 1995a, 51-52).

Lors de la première lecture, ces dialogues sont difficilement compréhensibles. De quoi parlent les deux femmes exactement ? Dalpé recourt volontairement à un parler elliptique ; les points de suspension ne marquent pas seulement des pauses dans le discours, ils servent surtout à suggérer des choses. Il faut dire que c'est là le premier critère de véracité du texte : les personnages se parlent entre eux, chacun s'adressant à l'autre et non au lecteur ou au spectateur. Si Claire et Mireille se comprennent entre elles dans une économie de langage, pourquoi en feraient-elles davantage ? Mais c'est justement cet espace de suggestion que dégage le travail de dialoguiste de Dalpé, travail qui fait que la véracité des échanges contient un sous-texte, une autre vérité. Il n'est plus question alors de la véracité de ce que les personnages disent, mais de la vérité qu'ils se trouvent à dire en ne sachant pas le dire. Enfin, dans le cas présent, si ce que dit Claire est, de fait, assez clair, on n'en dira pas autant de Mireille, qui me semble hériter ici de la part essentielle de l'obscurité du sous-texte.

La première réplique, qui est de Mireille, fait allusion à Bernie : viendra-t-il ou non à sa sortie de prison ? Selon Mireille, il ne pourra pas s'empêcher de venir puisqu'il est maintenant père et qu'il n'a encore jamais vu sa fille, qui est âgée de quelques mois seulement. Puis Mireille passe de Bernie aux pères en général. Donc, le texte porte sur la question de la paternité, sur le rôle des pères. Il est difficile pour Mireille de poursuivre sur ce sujet, puisque Claire affirme ne pas vouloir en parler. Aussi Claire finit-elle par retourner la question à Mireille : veut-elle des enfants ? Mireille réplique à peu près sans hésiter : « Peux pas. *(courte pause)* C'tout' fucké en d'dans icitte depuis que j'ai treize ans ». Qu'entend-elle par là ? Impossible de le dire avec exactitude. Dans l'ensemble, on retiendra de ce passage deux choses : d'abord qu'il est question de père, ensuite qu'il n'est pas clair de comprendre pourquoi Mireille ne peut pas avoir d'enfants. La suite du dialogue, une quinzaine de pages plus loin, nous éclairera.

La première réplique du deuxième dialogue, prononcée par Claire, fait allusion à un autre père : non plus Bernie, mais le père de Mireille (nous avions précédemment appris qu'il serait une sorte de sorcier indien). Le père de Mireille n'est pas plus nommé que ne l'est Bernie. Surtout, c'est comme si Claire retournait à Mireille le sujet de la question que celle-ci lui avait d'abord posée. Du reste, c'est le juste retour des choses : dans le dialogue précédent, c'était un échange sur le père sorcier de Mireille (*LL*, 1995a, 35-36) qui avait amené celle-ci à parler de Bernie. Elles savent de qui elles parlent et cela leur suffit. Quant au lecteur, il est obligé, pour se démêler, et à supposer qu'il a compris de quoi elles discutent, de déduire que le sorcier de père de Mireille est probablement l'Indien dont il est question. Dans tous les cas, et c'est ce qui importe, ces discours (respectivement sur Bernie et sur le père de Mireille) se démarquent à partir d'un objet commun : tous deux parlent du père, mais dans le cas de Claire il s'agit du père de son enfant, tandis que dans le cas de Mireille, il s'agit de son propre père. En outre, il s'agit pour Claire de savoir si Bernie viendra la voir, tandis que Mireille compte aller voir son père. Enfin, ce qui amènera Bernie auprès de Claire, c'est son enfant ; quant à ce qui conduira Mireille vers son père... On ne sait trop encore, mais nous commençons peut-être à y voir un peu plus clair.

C'est que le texte, de façon implicite certainement, mais non moins affichée, tend à confondre les situations, comme si la situation de Claire (elle a eu un enfant de Bernie) devait nous éclairer sur le secret de Mireille (« Peux pas ») et nous faire comprendre du coup la cause énigmatique de ce « Peux pas » : « C'tout' fucké en d'dans icitte depuis que j'ai treize ans. » Osons donc cette hypothèse : et si Mireille, à 13 ans, avait été violée par son père ? Voyons comment tout le reste du dialogue cultive l'ambiguïté à ce propos. Plus loin, toujours dans le deuxième extrait, Claire demande : « Ton père le faisait pareil même si...? » Il faisait quoi ? un vœu quand il voyait une étoile filante ? Dans le contexte réaliste de la conversation, probablement. Et pourtant, il y a autre chose, à tout le moins l'écriture, avec ses points de suspension, cherche à dire autre chose qui ne se dit pas. Sinon, pourquoi Dalpé ne laisse-t-il pas Claire terminer sa phrase, qui se lirait à peu près comme ceci : « Ton père faisait un vœu même s'il... était indien ? » ? Les points de suspension créent une ambiguïté. Dans le contexte réaliste de la conversation, si Claire ne termine pas sa phrase, c'est que Mireille lui coupe la parole. Mais la réplique de Mireille ne nous laisse pas en reste, elle ne fait rien pour lever l'ambiguïté, c'est le moins qu'on puisse dire : « C'est tout' mêlé. Tout' mélangé… ». Et Claire de préciser : « C'est fucké ». Le mot est essentiel ; il nous ramène à la fin du premier dialogue, où Mireille disait ne pas pouvoir avoir d'enfant justement parce que c'est « fucké » dans elle ! Bref, à ce qui est immédiatement (il)lisible dans le contexte réaliste de la conversation (l'espèce de rapport de superstition du père-sorcier au cosmos) se superpose un contexte suggestif (celui de la paternité, puisque c'est bien à cette idée que nous sommes ramenés en bout de ligne). De deux choses l'une. Du point de vue contextuel, le père de Mireille le ferait pareil, c'est-à-dire qu'il fait un vœu quand il voit une étoile filante, mais Mireille n'en est pas certaine parce que les connaissances qu'elle a des rites indiens sont en elle « mêlées » et « mélangées ». Du point de vue symbolique, le père aurait autrefois violé sa fille, ce qui fait que tout est « mêlé » en elle et qu'elle ne peut pas avoir d'enfant. Car comment peut-on oser avoir un enfant d'un père incestueux ? Et puis, quand Mireille avoue qu'elle est « mêlée », « mélangée », n'est-ce pas le lien incestueux qu'elle trahit : le mélange des sangs, le pareil, le même ? Le père l'a fait « pareil même si…? ».

Poursuivons le dialogue en ayant en tête la perspective symbolique. Après que Claire a précisé, dans l'extrait deuxième : « C'est fucké », Mireille retrouve curieusement la structure langagière de ses répliques du premier dialogue : « Mais y'en a […] ». À la fois elle repasse, comme précédemment, du singulier au pluriel (de Bernie aux pères, de son propre père aux pères) et elle retombe dans le même travers linguistique (le « y » pour désigner les pères). Quand ensuite Mireille explique à Claire qu'il s'agit de se rendre dans une « place pure » au sommet de la montagne en Arizona, qui évoque des odeurs de virginité et de fausse innocence, on devient décidément de plus en plus soupçonneux, comme le devient Claire elle-même, qui avec raison flaire la secte derrière tout cela, mais ne parvenant qu'à faire fâcher Mireille : « C'est pas un trip fucké de secte parc' j'te parle… […] HEY! J'AI PAS BESOIN DE TES DOUTES!!! J'ai pas besoin de ça » (*LL*, 1995a, 53). Sur quel bobo Claire a-t-elle mis le doigt pour que Mireille s'emporte ainsi? Incidemment, il n'y a pas que Claire qui doute; les blancs du texte engagent une lecture du doute.

On voit combien le texte s'expose avec beaucoup de pudeur. On dit sans dire, du bout des lèvres. Tellement que nous parvenons parfois à entendre ce qu'il faut lire parce que nous avons en tête les autres textes de Dalpé et que nous connaissons le noyau œdipien de ses textes, parce que nous savons à partir de quelle histoire originaire il travaille son écriture, sa fiction du bâtard. De ce point de vue, *Le chien* annonce *Lucky lady,* comme *Lucky lady* annonce *Un vent se lève qui éparpille.* Dans *Lucky lady*, Mireille, qui aurait peut-être été violée, désire retrouver son père sorcier. Il faut préciser encore que ce désir participe d'un fantasme complexe, puisque nous apprendrons à la fin de la pièce qu'elle s'est inventé un père et qu'elle est en fait d'origine italienne. À la fois le fantasme dévoile le désir incestueux (je désire mon père) et déculpabilise ce désir (mais ce n'est pas mon père). Sans doute est-elle doublement «mêlée» (inceste et confusion des figures); reste qu'elle veut retrouver une image de père et que cet espoir se réalise probablement à la fin de la pièce. Ce texte occupe donc une position symbolique intermédiaire entre *Le chien* et le roman de Dalpé quant au traitement et à l'évolution de la question incestueuse. Dans *Le chien,* le viol est explicite, mais Céline ne l'a pas voulu; au contraire, elle va partir avec sa mère en abandonnant le père à son sort (se faire tuer par le fils). Marie, l'héroïne d'*Un vent se lève qui éparpille,* va beaucoup plus loin : elle couche avec celui qui lui tient lieu de père (cette image de père que se construit Mireille), mais ce n'est pas un viol. Au contraire, c'est elle qui désire cet homme, quoi que Marcel ait pu penser, «inventer», comme il le dit lui-même d'ailleurs. Bref, d'un texte à l'autre, l'idée même du viol par le père se trouve désamorcée au profit d'un acquiescement par la fille au désir du père. Les «blancs» de *Lucky lady* visent à taire cette situation, une situation qui était impensable dans *Le chien,* mais que Dalpé rendra explicite dans son roman. Il est vrai que Joseph se fait tuer; il reste tout de même un progrès sensible dans le traitement du motif incestueux. Et c'est peut-être précisément parce que

Dalpé parvient, pour la première fois dans son roman, à «cautionner» cette relation, qu'il peut, pour la première fois, aller plus loin encore et suggérer la relation incestueuse entre le fils et la mère au-delà de celle entre la fille et le père. Gageons que l'écriture de Dalpé se développera dorénavant dans ce sens.

DIRE L'HOMOGÈNE

Si le parricide est premier, c'est seulement dans l'acte. Je veux dire que le parricide est la réaction d'un désir pour la mère. C'est donc la relation incestueuse qui est première; le reste est logique, cela suit son cours. Aussi l'écriture de Dalpé est essentiellement une écriture incestueuse. Une écriture du Même, de l'homogène. Le propos — le rapport incestueux entre le fils et la mère ou entre la fille et le père — fonde l'esthétique même de l'écrivain. Quand Mireille dit qu'elle est «mélangée», elle désigne la forme même dans laquelle se fonde son propos. Le mélange, le Même chez Dalpé, définit l'ensemble de sa conception de l'écriture. Cela concerne, parmi d'autres traits : 1) «l'hybridation linguistique[4]»; 2) le mélange syntaxique à travers l'absence de ponctuation et de majuscules dans le roman; 3) la thématique préœdipienne du corps morcelé[5]; 4) la répétition des motifs dans le roman. Par exemple, la propriétaire de la boutique de tatouage raconte à Marcel qu'un homme avait voulu une fois faire tatouer ses initiales sur trois jeunes filles, «on their asses, sur les culs, like, he wants me to brand them for God's sake, les brander sur les culs!» (V, 23); or, lorsque Marcel quitte la boutique de tatouage, il remarque trois jeunes filles qu'il imagine tatouées chacune d'une rose : «C'qu'y ferait qu'on serait comme dans même famille

---

[4] Stéphanie Nutting constate dans *Le chien* «une hybridation de la parole où l'énoncé français est greffé tantôt à l'anglais, tantôt aux sacres, tantôt aux deux conjointement» (281), mais cette observation vaut pour l'ensemble des textes de Dalpé.
[5] Je pense au suicide de Rose, qui littéralement redonne son corps à la mer/mère. Précédemment, elle s'était imaginée remettre aux gens qui lui offraient leur aide «des morceaux d'elle-même, articulation par articulation» (V, 81).

comme Même avec leur peau noire Parce que dans c'te famille-là, la couleur de la peau compte pas» (*V*, 27). Cette famille, c'est celle de l'ordre du désir, en deçà de la couleur de la peau; 5) la réinscription de la tragédie des Atrides, qui n'est toujours qu'une réactualisation du Même fondamental, qui fonde «la tension dramatique[6]»; 6) le mélange des genres entre eux: discours poétique intercalé entre les actes de ses pièces et de son roman, monologue intérieur dans le théâtre, scènes abandonnées dans l'écriture du *Chien* mais récupérées dans le roman[7], conférence théâtralisée, etc.; travail d'écriture *bâtarde*, qui a amené Robert Dickson à faire observer à Dalpé: «C'est comme si les différentes facettes de votre écriture étaient véritablement prises ensemble, comme dans une roche, plutôt que d'être éclatées, parce qu'on aurait tendance à croire que la poésie, c'est un genre, le théâtre, c'est un genre, le roman, un autre[8].» Le propos de Dickson, s'il est exagéré, donne tout de même une bonne idée de la perception qu'on peut avoir de la manière Dalpé. Cette manière, c'est une éthique de l'indifférencié qui a des répercussions esthétiques.

J'ai voulu rendre compte globalement de cette esthétique de l'homogène, toujours plus exigeante, plus subtile au fur et à mesure que Dalpé développe son œuvre. Il y a dans son roman une finesse qui n'était pas présente dans *Le chien*. Ce constat n'enlève rien à la qualité de la pièce, il montre simplement comment évolue le travail de l'écrivain: vers une écriture consciente de ses effets, qui cherche de plus en plus à exprimer le non-dit, et qui, parce qu'elle y parvient, arrive à dire toujours davantage, à cerner au plus essentiel la posture œdipienne, qui est fondatrice de toute écriture, de toute littérature. Je ne dis pas pour autant que Dalpé ne dit que ce qu'il croit vouloir dire. Sans doute pas, et il faut bien, de fait, qu'il accepte qu'une telle esthétique du blanc témoigne aussi d'effets qui parfois lui échappent.

---

[6] Robert Dickson, «Portrait d'auteur: Jean Marc Dalpé», *Francophonies d'Amérique*, n° 15, 2003, p. 102.
[7] Voir commentaire de Dalpé à Michel Vaïs, *op. cit.*, p. 18.
[8] Robert Dickson, *op. cit.*, p. 102.

BIBLIOGRAPHIE

DALPÉ, Jean Marc, « Culture et identité canadienne », conférence reproduite dans Jean Marc Dalpé, *Il n'y a que l'amour*, Sudbury, Prise de parole, 1999, p. 235-248.

DALPÉ, Jean Marc, *Eddy*, Montréal et Sudbury, Boréal et Prise de parole, 1994.

DALPÉ, Jean Marc, *Un vent se lève qui éparpille*, Sudbury, Prise de parole, 1999.

DICKSON, Robert, « Portrait d'auteur : Jean Marc Dalpé », *Francophonies d'Amérique*, n° 15, 2003, p. 95-107.

NADEAU, Michel, « *Blazzing* [sic] *bee to win* », postface, dans Jean Marc Dalpé, *Lucky lady*, Montréal et Sudbury, Boréal et Prise de parole, 1995.

NUTTING, Stéphanie, « Entre chien et homme : l'hybridation dans *Le chien* de Jean Marc Dalpé », dans Hélène Beauchamp et Joël Beddows (dir.), *Les théâtres professionnels du Canada francophone. Entre mémoire et rupture*, Ottawa, Le Nordir, coll. « Roger-Bernard », 2001, p. 277-290.

VAÏS, Michel, « Urbain des bois. Entretien avec Jean Marc Dalpé », *Jeu*, n° 73, décembre 1994, p. 8-20.

UN COUP DE LANGUE.
L'ironie et l'énonciation du malaise identitaire dans l'œuvre de Jean Marc Dalpé
VICKI-ANNE RODRIGUE
Université d'Ottawa

Sans l'ironie, le monde
Serait comme une forêt
Sans oiseau
ANATOLE FRANCE

Même si, à première vue, la littérature franco-ontarienne ne bénéficie pas du même prestige que la littérature française ou québécoise, il reste que la critique littéraire semble lui accorder un intérêt grandissant. À preuve les nombreuses études qui ont été menées sur cette petite littérature[1] et ses créateurs. Parmi eux Jean Marc Dalpé, auteur à la plume protéiforme, qui atteint une certaine notoriété grâce à une remarquable œuvre théâtrale et romanesque. Lauréat de nombreux prix littéraires, dont trois du Gouverneur général, Jean Marc Dalpé s'inscrit parmi les écrivains qui influencent non seulement la collectivité franco-ontarienne, mais l'ensemble des Canadiens français.

---
[1] François Paré, *Les littératures de l'exiguïté*, Ottawa, Le Nordir, 2001, p. 11.

Conscient de la crise identitaire qui sévit chez les Franco-Ontariens abandonnés par un Québec qui se replie de plus en plus sur lui-même[2], Jean Marc Dalpé conçoit une œuvre féconde, des personnages dynamiques et vitaux et met en scène les vicissitudes de la vie et les luttes que le peuple franco-ontarien doit mener afin de prendre sa place.

C'est à l'aide de l'ironie, mécanisme rhétorique privilégié par Dalpé, que nous voyons plus précisément les irrégularités de l'existence qu'il cherche à mettre en relief. Celles-ci provoquent des malaises, des épreuves et des déchirements qui incitent les personnages à aborder la question douloureuse de l'identité. Trinité indissoluble, la dénonciation, la révolte et le malaise identitaire forment l'ossature des modes thématiques et structuraux des œuvres de Dalpé.

La vision du monde de cet écrivain s'exprime par les cibles qu'il privilégie. La langue, la dé/possession du rêve, la famille et le couple forment le noyau central de ses œuvres et véhiculent une thématique dure et incisive, reflétant précisément la réalité et mettant surtout en relief la petitesse de l'être humain et son mal de vivre. Pour les besoins de cet article, nous nous attarderons essentiellement à l'utilisation de la langue, plus particulièrement aux anglicismes et aux sacres, outils stylistiques et linguistiques qui révèlent nettement la révolte, la dénonciation et le malaise identitaire.

L'IRONIE : UN INSTRUMENT NÉBULEUX

L'ironie s'avère un mécanisme rhétorique assez nébuleux. Les propos de Guido Almansi en sont le reflet : « Nous savons ce qu'est l'ironie aussi longtemps que personne ne nous demande de la définir[3]. » La complexité du mécanisme a poussé bon

---

[2] René Dionne, *Anthologie de la poésie franco-ontarienne, des origines à nos jours*, Sudbury, Prise de parole, 1991, p. 10.
[3] Cité dans Lucie Joubert, *Le carquois de velours. L'ironie au féminin dans la littérature québécoise (1960-1980)*, Montréal, L'Hexagone, 1998, p. 31.

nombre de théoriciens à vouloir tenter de lui donner une définition plus précise. D'abord, Wayne C. Booth reconnaît la nature rhétorique de l'ironie; toutefois, il s'appuie plutôt sur sa nature dramatique qu'il définit comme une mise en scène des quiproquos entre les personnages d'une œuvre donnée. Monique Yaari, quant à elle, parle de l'ironie tragique ou de l'ironie du sort. Elle précise : « [L]es Grecs [...] percevaient et maniaient en virtuoses l'ironie tragique ou l'ironie du sort[4] », cette forme d'ironie où les auteurs permettent à leurs personnages d'exprimer « leur impuissance devant les incongruités de la vie et leur frustration d'être le jouet des événements[5] ». Pour en illustrer davantage la complexité, Lucie Joubert nous signale encore que l'ironie a souvent été « comparée et opposée à l'humour, confondue avec le sarcasme et le persiflage, [ou] apparentée au cynisme et à la dérision » (16). En dépit de ces différences d'opinions, il reste que l'ironie est « un instrument d'affrontement qui annonce une déroute et une rupture » (31), c'est-à-dire que l'effet anticipé ne se réalise pas ou encore que c'est le contraire qui se produit. Enfin, pour le lecteur le risque existe aussi d'ignorer un extrait ironique, comme il existe la possibilité d'en percevoir un, là où d'emblée il ne semblerait pas y en avoir.

C'est en nous appuyant sur ces différents théoriciens que nous tenterons de démonter jusqu'à quel point l'ironie peut être difficile à définir. Nous nous servirons d'un extrait précis de la pièce *Lucky lady* de Jean Marc Dalpé comme tremplin pour notre analyse. Commençons par un entretien assez dur entre Zach et Shirley. Nous remarquons ici que Zach ment à Shirley :

ZACH : (*à Shirley*) J'te l'avais dit : un fuck-up ambulant. Tu m'as-tu écouté ? Non. Tu vois, tu devrais toujours m'écouter.

SHIRLEY : Toujours ?

ZACH : Toujours.

---

[4] Monique Yaari, *Ironie paradoxale et ironie poétique : vers une théorie de l'ironie moderne sur les traces de Gide dans* Paludes, Birmingham, Summa Publications, 1988, p. 5.

[5] Lucie Joubert, *op. cit.*, p. 30.

SHIRLEY : Toujours. Ouain, toujours. Parc'toé tu m'bullshittes jamais, c'est ça. Toé tu m'mens jamais, c'est ça.

ZACH : Quand j'te mens Shirley, tu sauras que c'est toujours pour ton bien (*LL*, 148).

Le lecteur peut facilement déceler l'antiphrase véhiculée par la réplique de Shirley qui refuse de se laisser manipuler par Zach. Shirley saisit très bien que Zach est un menteur et exprime le contraire de ce qu'elle pense. L'antiphrase, cette « manière d'employer un mot, une locution dans un sens contraire au sens véritable[6] », est la figure de style privilégiée pour insérer un élément ironique. Ici, l'antiphrase illustre bien les propos de Booth :

> L'ironie dramatique se produit lorsqu'un auteur nous propose de comparer ce que deux personnages ou plus disent d'eux-mêmes ou encore ce qu'un personnage dit à un moment donné et ce qu'il dit ou fait à un moment ultérieur. Une simple disparité dans le discours (ou l'agir) suffit. Il est vrai que les figures de style telles que le soliloque ou encore la technique épistolaire de certains romans sont particulièrement utiles[7].

Certains théoriciens ont même fait de l'ironie et de l'antiphrase des synonymes[8]. D'autres s'opposent à cette « synonymisation », soulignant que l'antiphrase n'est pas toujours à l'origine d'un texte ou d'un extrait ironique. Lucie Joubert soutient que celui « qui formule l'antiphrase signifie à son interlocuteur qu'il profère un mensonge ; il incombe à l'autre, dès lors, de percevoir la vérité derrière ce mensonge[9] ». C'est exactement ce que nous percevons chez Shirley.

Mais Dalpé ne s'arrête pas là : la réplique proférée par Zach est tout aussi ironique, mais d'une autre manière : « Quand j'te mens

---

[6] Paul Robert, *Le petit Robert*, p. 68.
[7] Wayne C. Booth. *A rhetoric of irony*, Chicago, University of Chicago Press, 1974, p. 68. « *Dramatic irony occurs whenever an author deliberately asks us to compare what two or more characters say of each other, or what a character says now with what he says or does later. Any plain discrepancy will do, though it is true that conventions like the soliloquy or the epistolary technique in novels are especially useful.* »
[8] Voir à ce sujet Henri Morier, *Dictionnaire de poétique et de rhétorique*, Paris, Presses universitaires de France, 1961.
[9] Lucie Joubert, *op. cit.*, p. 60.

Shirley, tu sauras que c'est toujours pour ton bien » (*LL*, 148). Cette dernière réplique indique jusqu'à quel point Zach, qui croit ce qu'il dit, accorde à la malhonnêteté une importance capitale au sein de sa vie et de sa relation de couple. Cette forme d'ironie ne peut puiser sa source que chez l'auteur. En attribuant ces paroles absurdes à Zach, Dalpé réussit à le ridiculiser. Le risible sert alors à dénoncer le mensonge, le menteur et les représailles qui en découlent.

LA LANGUE

> *La langue, c'est d'abord*
> *mon outil de travail.*
> *Mais ce qui me vient surtout*
> *en tête quand je pense à elle,*
> *c'est beaucoup de plaisir.*
> *La langue comme*
> *un plaisir de table, comme un fruit,*
> *une langue juteuse, mmmm!*
> JEAN MARC DALPÉ

Quiconque a lu ou vu au moins une œuvre de Jean Marc Dalpé comprend et apprécie le rapport particulier que l'écrivain entretient avec la langue. Par la voix de ses personnages, l'auteur tient à exprimer une perspective claire sur la langue française. Comme bon nombre d'auteurs franco-ontariens, Dalpé dépeint avec justesse à la fois les écarts entre le français et l'anglais et les luttes que les francophones (en particulier, les Franco-Ontariens) doivent mener afin de préserver leur langue et leur identité. C'est par le truchement de personnages souvent marginaux mais néanmoins colorés qu'il traduit avec force et ironie le rôle du français au sein de la collectivité franco-ontarienne.

A. Les anglicismes, les calques, les familiarités du langage

Les dialogues des pièces, des contes urbains, des récits et du roman de Dalpé mettent en valeur le registre familier ou populaire de la langue parlée. Comme l'écrit Robert Claing : « Pour Dalpé, [la langue] c'est celle des « tous nus », de ceux qui cherchent en vain les mots qui leur manquent pour crier la rage qui bouillonne en eux[10]. » Dalpé traduit avec exactitude la prononciation typique et les expressions régionales propres au cadre géographique où se situe l'action principale de son œuvre. Par exemple, il modifie sans gêne les pronoms tels que *moi* et *toi* en les transcrivant *moé* et *toé*[11]. Par ailleurs, l'usage intentionnel d'expressions anglaises ou d'anglicismes pourrait, à la rigueur, être ironique. Il est aussi possible de voir l'insolite se greffer à l'ironique dans la mesure où Dalpé choisit librement de glisser des expressions uniquement anglaises au sein d'un manuscrit de toute évidence rédigé en français. Pourquoi ce geste ? Faut-il lire autre chose entre les lignes ?

À ce titre, la pièce *Le chien* soulève des questions intéressantes. De peine et de misère, le père tente d'ouvrir une bouteille de vin français mais n'y arrive pas. Dalpé, par le biais de la mère et de Céline, nous raconte le cours des événements :

CÉLINE : Pa décide que c'est lui qui va l'ouvrir.

LA MÈRE : C'était pas un twist-top ! C'était une bonne bouteille de vin français avec un bon vieux bouchon de liège français !... Maudit cork à marde !

CÉLINE : Faut trouver un tire-bouchon.

LA MÈRE : Que c'est qu'on ferait avec un *corkscrew*, nous autres ? MAIS... 'me souviens tout à coup, j'en ai un au fond du tiroir à junk. MAIS...

CÉLINE : Y'est cassé. (*C*, 1990, 21)

Dans cet extrait, nous remarquons une ironie subtile ou implicite. Le fragment de texte « y'est cassé » indique tout d'abord une ironie de situation. Afin d'ouvrir une bouteille de vin — pas n'importe

---

[10] Robert Claing, « *Eddy*, ou l'écriture en coup de poing », postface dans Jean Marc Dalpé, *Eddy*, Sudbury, Prise de parole, 1994, p. 201.

[11] *Le chien* en constitue un bon exemple.

quelle bouteille, mais une bonne bouteille de vin *français* —, il s'agit d'avoir à sa disposition non pas un tire-bouchon, mais bien un *corkscrew*. Bien entendu, pour rendre la situation plus intéressante, le *corkscrew* est cassé. Par ailleurs, un parallèle peut être établi entre le tire-bouchon cassé et les expressions *avoir un français cassé* ou bien *casser son français*. Dans le dernier segment de la phrase, les expressions anglaises viennent ponctuer le dialogue de la mère et de Céline. Au lieu d'utiliser les expressions françaises adéquates pour identifier tel ou tel objet, Dalpé emploie plutôt les mots *twist-top*, *cork*, *corkscrew* et *junk*, ce qui crée une rupture stylistique. Même si d'emblée le registre oral n'est pas soigné, la présence envahissante du vocabulaire anglais donne à croire qu'elle cache autre chose. Il est possible de croire que l'ironie comporte une fonction presque subversive, dans la mesure où Jean Marc Dalpé, fier de ses racines et de son identité franco-ontariennes, utilise sans scrupule l'arme du dominant, l'anglais, pour dépeindre — ironiquement — la faiblesse du français, le dominé.

B. Les jurons

Dalpé a également recours au « choc des styles[12] », c'est-à-dire à une expression disjointe qui perturbe le cours naturel d'une phrase, au moyen d'un « mot d'alerte » qui introduit une ironie[13]. Ce « mot d'alerte [...] », écrit Lucie Joubert, « par son insertion dans le texte a pour effet de mettre en relief une "opération de contraste" [...] par le biais d'une "fusion momentanée de deux matrices habituellement incompatibles"[14]. » Dalpé provoque ce « choc des styles » dans bon nombre de ses œuvres. Pour lui, le « mot d'alerte », l'expression antinomique, repose sur le juron qu'il insère là où normalement il ne devrait pas paraître. C'est pour traduire une

---

[12] Traduction de l'expression *clash of styles* proposée par Wayne C. Booth.
[13] Wayne C. Booth, *op. cit.*, p. 68. « *When you're reading anything that seems to have been written carefully, and you run into something odd in the style, watch out : it may be ironic.* »
[14] Lucie Joubert, *op. cit.*, p. 71.

pensée qui les dépasse et pour souligner l'importance de la situation que les personnages de Dalpé, faute de posséder un vocabulaire adéquat, proféreront des blasphèmes. Par exemple, dans *Eddy*, le personnage éponyme fait ainsi un compliment à son épouse, Madeleine :

> EDDY : La [robe] bleue. A t'fait bien, la bleue. Dans bleue, t'es de toute beauté, Madeleine. [...] T'es un poème, Mado. Un poème, tabarnak! (*E*, 100)

Eddy est un charmeur non conventionnel : il est insolite en effet de voir une expression profane se glisser dans un passage qui fait l'éloge de la beauté d'une personne. Le blasphème révèle un certain malaise identitaire. Eddy cherche le mot juste afin de complimenter sa douce moitié. Incapable de repérer dans son répertoire lexical l'expression idéale, il traduit son émoi par le juron.

Évincés du pouvoir, mus par des ambitions démesurées, les protagonistes d'*Eddy* s'approprient les jurons afin de mettre l'accent sur l'objet, la situation ou l'événement donnés et pour traduire le besoin de se bâtir une notoriété définitive. Chez Vic, l'urgence d'être un pugiliste renommé se perçoit encore par les jurons ; il a soif de victoire :

> VIC : J't'avais dit que j'étais bon, hein ? J'te l'avais dit. J'suis bon, chriss! J'suis bon, tabarnak! M'as être un champion, ostie! (*E*, 163)

L'ironie se fait ici paradoxale dans la mesure où le sacre, par son effet répétitif, confère un rythme à une parole désarticulée. *Eddy* est sans nul doute l'œuvre qui est la plus marquée par l'utilisation du sacre dans l'optique du « choc des styles ». Dans *Lucky lady*, toutefois, on trouve un autre exemple de cette technique lorsque Zach, un détenu, explique l'attitude à avoir afin d'être admissible à une libération conditionnelle :

> ZACH : Un ange! [...] D'ici là, un ange tabarnak! Parc't'sais c'qui marche icitte : culpabilité, regrets, remords... « Mon père, j'veux changer, j'veux tourner la page, j'veux régler mes problèmes. Pardonnez-moé sacrament d'avoir tant fait d'péchés. »
> [...]
> ZACH : Mea culpa, c'est ça qu'y veulent entendre.

[...]
ZACH : Mea fucking culpa.
[...]
ZACH : Mea fucking maxima culpa (*LL*, 12-13).

Ici, Dalpé ironise de façon outrancière. Il critique non seulement le sacré et le profane, mais il va plus loin encore en ciblant la racine de la langue française, le latin. Le latin est l'une des langues mères du français, elle est aussi la langue officielle des cultes religieux et liturgiques et évoque un sens presque divin[15]. Comme Dalpé insère une profanité en anglais au cœur d'une expression latine, nous avons l'impression que le «choc des styles» est d'autant plus contrasté. En effet, cette technique nous montre jusqu'à quel point le mal de vivre peut être subversif. Par ce «choc des styles», Dalpé réussit à remplacer le jugement de valeur par une intervention symbolique : Zach se *dit* coupable mais, en réalité, il ne semble pas regretter ses gestes. Cette forme d'auto-ironie nous révèle un mal de vivre extrême : le prisonnier demeure ancré dans son ancien mode de vie qui l'a mené à l'incarcération et semble refuser toute aide qui lui permettrait de cheminer vers la réhabilitation.

C'est aussi par le biais du juron que Dalpé se moque de l'influence du clergé et de la religion catholique. Certains textes de *Il n'y a que l'amour* présentent également cette utilisation du sacre. Nous nous limitons à deux exemples précis. Dans «*Blazzing* [sic] *bee to win*» de même que dans «*Requiem in pace*», nous voyons le sacré associé encore au profane. Dans les deux cas, les protagonistes parlent de leur désir de prier : «[...] Bonne sainte Anne... [...] Câlice, priez pour nous!» (*I*, 39-40). Telle est la supplication de l'un des protagonistes, offerte à l'une des grandes saintes de l'Église catholique, lorsqu'il croit avoir tout perdu dans un pari impulsif. Le sacre traduit non seulement un cri de désespoir et de regret, mais également de violence. Le lien paradoxal que Dalpé impose entre bonté («Bonne sainte Anne») et violence («Câlice») révèle

---

[15] Michèle Perret, *Introduction à l'histoire de la langue française*, Paris, Éditions Sedes, 1998;1999, p. 26.

un malaise identitaire profondément enraciné chez Gerry. Son répertoire de vocabulaire est insuffisant; comme Eddy, Gerry traduit son émotion par le juron.

Comment le sacre illustre-t-il le malaise identitaire? Afin d'éclairer davantage la question, nous nous référerons à Catherine Rouayrenc, spécialiste de l'étude des «gros mots». Le sacre ou le «gros mot», selon Rouayrenc, représente habituellement un geste provocateur, sinon subversif. Cette théoricienne nous propose certaines motivations qui pourraient pousser un auteur à privilégier un tel emploi, qui, ultimement, s'oppose aux règles de la bienséance. Selon Rouayrenc, il existe plusieurs fonctions associées à l'emploi des gros mots. «D'un point de vue strictement linguistique, on ne saurait parler de gros mots sans parler de pragmatique, c'est-à-dire des gros mots en tant qu'acte de langage[16].» «Le juron sert à soulager notre cœur», nous dit-elle. Parmi les différentes fonctions du juron, nous trouvons: la fonction expressive, la fonction référentielle, la fonction démarcative, la fonction ludique et enfin, la fonction créatrice. Rouayrenc précise que la fonction expressive est de loin la plus utilisée. «La fonction des jurons [...] est d'abord et fondamentalement 'expressive ou émotive' au sens où l'entend Jakobson, c'est-à-dire qu'ils visent à 'une expression directe de l'attitude du sujet à l'égard de ce dont il parle'[17].» Rouayrenc conclut que «le gros mot est [à la fois un] moyen de s'affirmer [et de culpabiliser][18]».

Les paroles «Bonne sainte Anne [...] Câlice priez pour nous» (I, 39-40) reflètent le mal de vivre, et ce, à plus d'un niveau. Ayant perdu le contrôle de son destin en raison de son pari impulsif, le protagoniste est tellement angoissé par les conséquences de son geste qu'il s'en remet entièrement à la Providence, à tel point qu'il demande une intervention divine. Acculé au pied du mur, incapable de gérer les événements de sa vie, le personnage

---

[16] Catherine Rouayrenc, *Les gros mots*, coll. «Que sais-je?», Paris, Presses universitaires de France, 1966, p.110.
[17] *Ibid.*, p. 113.
[18] *Ibid.*, p. 109.

principal du conte ne peut que se fier aux instances célestes, qui, espère-t-il, le tireront de sa misère. L'insertion du sacre devant la supplication indique donc le pouvoir ambigu, ou encore le « non-pouvoir », que détient Gerry face à son avenir.

Quant à «*Requiem in pace*», nous y voyons les deux personnages, Ben et Cracked, près de la fosse qu'ils ont creusée pour y déposer les cendres du père de Ben :

CRACKED : Ostie qu'c'est beau. [...] C'est beau en tabarnak mais j'suis gelé.
[...]
BEN : J'prie, tabarnak. J'peux-tu comme prier en paix, chriss! (*I*, 223)

L'incapacité de prier en raison des interruptions puériles et inutiles de Cracked suscite chez Ben une révolte qui le poussera à s'engueuler avec son ami. Les jurons articulent l'impatience et la colère qui l'habitent. L'ironie se révèle à la toute fin de la scène, où nous voyons la rage s'emparer des deux protagonistes. Alors qu'au début Cracked partageait le deuil de Ben, à la fin, aveuglés par cette même rage, les deux protagonistes se querellent et s'entretuent. Bref, la juxtaposition d'expressions provenant de deux registres différents crée un élément inattendu, un contraste assez marquant faisant se côtoyer le tragique et le comique ; l'insertion de l'antiphrase ou d'un mot disjoncteur au cœur d'un texte finit par provoquer une ironie succincte mais incisive.

C. Les titres et les mises en exergue

Il existe encore plusieurs indices d'ironie. Selon Booth, les titres et les mises en exergue exercent souvent une fonction d'alerte. Celui-ci ajoute que les titres et les épigraphes permettent au lecteur de soupçonner les intentions secrètes de l'auteur. Cependant, ces deux derniers indices sont rares, selon lui, car leur présence gâche la surprise habituellement réservée aux lecteurs[19]. Ainsi, chez Jean Marc Dalpé, l'ironie se traduit par certains des titres en anglais. Le fait même d'employer des intitulés

---

[19] Wayne C. Booth, *op. cit.*, p. 53-54.

dans cette langue pourrait suggérer une attitude de défi face au danger de l'assimilation ou encore à la précarité de la langue française en Ontario. Nous pensons à *Lucky lady*, à «*Mercy*», à *Trick or treat*, à «*Blazzing* [sic] *bee to win*», à «*Give the lady a break*» et à *Hawkesbury blues*. Nous pouvons aussi dire que *Eddy*, *Les Rogers* et *Nickel* ainsi que «*Red voit rouge*» présentent des titres fragmentés, bilingues que nous pouvons facilement interpréter dans l'une ou l'autre des deux langues. Quels sont alors les motifs qui poussent un auteur francophone à titrer ses œuvres en anglais? Est-ce par hasard? par ironie? par désespoir? Ou encore, est-ce pour véhiculer la révolte qu'un francophone ressent en milieu majoritairement anglophone? Se peut-il encore qu'il y ait des motifs plus profonds, inconscients? À première vue, ce dernier terme pourrait paraître curieux, mais dans son ouvrage *The meaning of irony. A psychoanalytic investigation* Frank Stringfellow souligne combien l'ironie est une composante importante liée à l'inconscient[20]. Un geste ou un procédé stylistique qui de prime abord paraît tout à fait simple, voire anodin, risque effectivement d'être plus complexe. Sous peine d'établir de fausses hypothèses ou encore de travestir l'idée ou l'intention première de l'auteur, il serait risqué d'essayer d'expliquer les raisons pour lesquelles Dalpé a intitulé une bonne part de ses œuvres en anglais. La récurrence du procédé nous invite toutefois à persister dans cette veine.

Arrêtons-nous par exemple sur le conte urbain «*Give the lady a break*». Dalpé y présente le personnage d'Hélène Beaupré, une anglophone assimilée qui se sent complètement dépassée et bouleversée. Lors d'une sortie obligatoire au centre commercial de Rockland, Hélène, tout en écoutant la radio, qui devient alors le catalyseur temporel, se voit projetée dans son passé. D'ores et déjà, Dalpé nous présente une Hélène / Ellen bilingue et la difficulté linguistique qui «les» anime. Hélène mènera une lutte féroce contre elle-même pour ne pas sombrer du côté des «Anglais» :

---

[20] Frank Stringfellow, *The meaning of irony. A psychoanalytic investigation*, Albany, State University of New York Press, 1994, p. 1. «*[I]rony [...] occurs as a phenomenon of everyday behavior and in psychoanalytic doctrine no human behavior exists solely in the plane of light, free from the influence of the unconscious.* »

Non! Non, j'veux pas être elle! Non! Fuck you Oldies 990! Fuck you!
[...]
Faut comprendre : Ça fait tente ans, trente ans! qu'Hélène travaille pour la reléguer aux oubliettes, Ellen McMurtry.

Elle a tout'fait. Tout', tout', tout', tout', tout'!

Des cours d'immersion, des cours de diction, des cours d'histoire du Québec.

Elle a marché pour le McGill français, elle a marché contre le Bill 63.

Elle a été à toutes les fêtes de la Saint-Jean sur la montagne et elle connaît toutes les chansons par cœur.

Chez elle, elle a une copie du manifeste du FLQ, une copie de tous les disques de Félix et cinq! cinq copies de *l'Homme rapaillé* de Gaston Miron.

Elle a lu les œuvres complètes de Claude Gauvreau, Jacques Ferron, Anne Hébert, Michel Tremblay, et croyez-le ou non, même! même celles de Victor-Lévy Beaulieu!

Elle a tout' fait...tout', tout', tout', tout'...

Mais là elle sent qu'elle est en train de craquer [...]

Des fois ça prend pas grand-chose pour qu'une anglophone craque (*I*, 13-14).

Dans cet extrait, Dalpé éclaire les deux composantes linguistiques du personnage d'Hélène : Hélène la francophone et Ellen l'anglophone. Il dote la première de caractéristiques qui nous amènent à l'aimer comme personnage, à sympathiser avec elle et même à avoir de la compassion pour sa situation précaire. Dalpé nous décrit Ellen l'anglophone comme étant une femme plutôt dure qui ne se laisse pas mener ou manipuler. Alors qu'Hélène Beaupré est l'objet de l'indulgence de Dalpé, Ellen McMurtry, pour sa part, est plutôt l'objet de la risée de l'auteur. Dans «*Give the lady a break*», l'auteur semble donc associer la langue anglaise ou l'identité de l'anglophone à une honte, voire à une maladie. Les paroles : «Faut comprendre : Ça fait trente ans, trente ans! qu'Hélène travaille pour la reléguer aux oubliettes, Ellen McMurtry» (*I*, 13), nous l'indiquent très clairement.

Les efforts presque surhumains d'Ellen pour se métamorphoser en «Hélène» sont souvent exagérés. Constatons les nombreuses activités qu'«elles» ont faites pour oublier leur véritable identité et pour s'en approprier une autre. Notons entre autres les cours d'immersion, la marche contre le «Bill 63», la participation aux festivités de la Saint-Jean-Baptiste et même la lecture intégrale des œuvres complètes d'auteurs québécois, en particulier Victor-Lévy Beaulieu. Tout au long du discours, Dalpé nous présente Hélène et Ellen et leur «cerveau en chicane[21]». Nous voyons de façon assez limpide la double personnalité de la protagoniste. Hélène Beaupré est douce et attentionnée et se voit réellement comme le jouet des événements, tandis qu'Ellen McMurtry s'oppose aux incongruités de la vie. Ellen se permet de cracher la rage, l'exaspération et la fureur qui bouillonnent en elle, tandis qu'Hélène préfère tout refouler. Dalpé semble d'ailleurs se moquer d'Ellen :

— Hey Hélène I really think you should do something.
— Ellen, s'il te plaît, s'il te plaît!
— Ya but he's got a dead animal on his head…
Hélène est obligée de lui donner raison là-dessus. Elle sort donc de sa voiture, et lui adresse la parole d'une voix polie mais tremblotante :
— Excusez-moi, monsieur, mais je crois que vous avez pris ma place.
L'homme ne la regarde pas.
— Excusez-moi. Monsieur!
L'homme lui tourne le dos.
— Monsieur!
L'homme s'éloigne comme si de rien n'était.
La voiture derrière celle d'Hélène Beaupré klaxonne.
Hélène Beaupré se plisse les yeux. Ellen McMurtry makes her move.
— HEY! ASSHOLE! (*I*, 15-16).

Révoltée par la nonchalance de l'homme, Ellen se venge en fracassant les phares, la fenêtre du conducteur et le pare-brise de la Lincoln Continental blanche, à l'aide du bâton de balle molle de son fils. À ce point-ci, même si Ellen avait été assimilée, elle finit par reprendre possession de son corps et de son âme, bref

---

[21] Expression empruntée à Patrice Desbiens.

de son identité, et poussera Hélène à se venger contre Michel, son ex-époux :

> Oui, Ellen chante, et Hélène sourit.
>
> Hélène sourit
>
> sur l'Acadie
>
> Hélène sourit
>
> sur la Décarie
>
> Hélène sourit
>
> parce qu'elle se dit
>
> que ça va être le plus beau Noël de sa vie!
>
> Fuckin' right ostie!
>
> Aussitôt qu'à s'ra de retour de Saint-Lambert
>
> après avoir fait' la jobbe au Subaru vert
>
> de son ex-mari. [...]
>
> — Hey Hélène are we really going to do that to his car?
>
> — Ellen, what can I say... sometimes... fuck, une fille faut qu'a' fasse c'qu'une fille faut qu'a' fasse (*I*, 17).

L'ironie transparaît dans la dernière partie de la phrase alors qu'Hélène succombe finalement à l'influence d'Ellen. Partout dans «*Give the lady a break*», les répliques d'Hélène étaient polies et... en français. À la fin du récit, elles deviennent beaucoup plus agressives et vulgaires et sont proférées en «bilingue». Ellen se venge en anglais alors que les anglophones sont perçus par elle comme plus flegmatiques. Dalpé avait donc raison de lui faire dire : «Des fois ça prend pas grand-chose pour qu'une anglophone craque» (*I*, 14). Complètement dépassée par les événements injustes qui se sont produits non seulement au cours de la journée mais également au cours de sa vie et maintenant incapable de continuer de jouer «à la francophone», Hélène, choisit de basculer dans le personnage d'Ellen pour ainsi préserver sa santé mentale. Triste constat s'il en est. Après tant d'efforts, Hélène lève le drapeau blanc et capitule. La fin du conte est révélatrice de la dualité linguistique qui a longtemps secoué et secoue encore à l'heure actuelle les Franco-Canadiens et les Anglo-Canadiens. Face à l'adversité, le groupe minoritaire — ici les francophones

— aura tendance à vouloir préserver l'harmonie et sera le premier à envisager la possibilité de l'acculturation et, au pire, de l'assimilation auprès du groupe majoritaire — ici les anglophones — même si ce geste risque d'entraîner la perte de sa culture et de son identité. Selon Roger Bernard,

> Les phénomènes de semi-linguisme et de bilinguisme soustractif conduisent presque toujours à une forme d'acculturation et d'assimilation. L'acculturation représente l'adaptation progressive d'un individu à son milieu naturel par le biais de la socialisation. Dans le cas des communautés francophones minoritaires, c'est l'altération de la culture française par suite de contacts étroits et prolongés avec la culture de la majorité anglophone de l'Amérique du Nord. L'assimilation, processus encore plus définitif, est l'absorption intégrale d'une personne ou d'un groupe dans la culture d'un autre. La communauté remplace son identité culturelle originale par celle du groupe dominant. Par ailleurs, l'intégration n'implique pas forcément la perte de l'identité culturelle, mais signifie plutôt une insertion sans heurt à la société d'accueil. Les phénomènes d'acculturation et d'assimilation comportent plusieurs degrés entre la parfaite adhésion d'un individu aux schèmes de sa culture originelle et son adhésion totale aux schèmes d'une autre culture[22].

Dans le texte de «*Give the lady a break*», nous sommes témoins du phénomène de l'acculturation, c'est-à-dire que Ellen choisit librement et consciemment de devenir Hélène. Toutefois, comme on le perçoit souvent chez les Franco-Ontariens, Hélène fait preuve d'un manque de volonté de continuer à vivre en français. Le conte se termine sur un ton ironique, voire subversif, dans la mesure où Jean Marc Dalpé nous fait constater jusqu'à quel point il est plus facile de s'allier au groupe majoritaire plutôt qu'au groupe minoritaire.

Si Hélène nous a permis de voir les manifestations de l'acculturation, Maggie, un autre personnage qui présente une dualité

---

[22] Roger Bernard *et al.*, *Le déclin d'une culture. Recherche, analyse et biographie. Francophonie hors Québec, 1980-1989*, Vision d'avenir, Fédération des jeunes Canadiens français, 1990, p. 15.

linguistique, nous aide à mieux saisir les effets de l'assimilation. Propriétaire du Maggie's Tattoo Parlor, un salon de tatouage de Toronto, Maggie est une dame dont le français parlé est corrompu. Dalpé nous fait voir jusqu'à quel point on peut complètement ruiner l'intégrité d'une langue. "Hartestick!" lui cria de sa voix stridente (elle était un peu sourde) la Maggie du Maggie's Tattoo Parlor de la rue Sherbourne [...]» (*V*, 17). Nous voyons ici une certaine charge ironique. En faisant s'exclamer Maggie «Hartestick» (artistique), Dalpé ironise car même si Maggie est artiste de profession, elle n'est pas du tout artistique dans son interaction orale. Un peu plus loin, Dalpé fera dire à Maggie : «Surprise! Je perle franssèse... It's been a bloody while but je perle bienne dans le temps... It's trèèz zhartestick cette rose. How much you wanna spend, honey?» (*V*, 17).

La fusion de l'anglais et du français à l'intérieur d'un même passage crée un effet disjoncteur. Ici, l'accent semble se poser sur la difficulté d'expression d'un(e) francophone assimilé(e). La section «je perle bienne» crée l'impression d'un accent anglais très prononcé. Il semble que Dalpé a voulu cette fois prendre la francophone assimilée comme cible de sa raillerie, tout au moins de ses observations un peu brutales sur l'impact du phénomène de l'assimilation. Dalpé illustre donc très bien ce que propose Roger Bernard dans son étude *De Québécois à Ontarois*. Le sociologue présente la faiblesse et la «paresse» du Franco-Ontarien qui néglige de demander ou d'offrir des services en français alors qu'il est dans son droit ou qu'il a le devoir de le faire. Il constate que la langue du commerce est forcément l'anglais, ce qui entraîne la détérioration, sinon la perte du français, puisque l'anglais y domine :

> Devant l'assimilation envahissante, ce constat tombe comme une accusation de faiblesse : le Franco-Ontarien qui n'utilise pas le français alors qu'il peut l'exiger dans certains services fait preuve de paresse, de manque de conviction et de mollesse. Ce comportement est pourtant rationnel et logique dans la perspective du Franco-Ontarien qui, dans le domaine public, sent le poids du contexte historique de non-valorisation de la langue française qui était habituellement réservée à la sphère privée. Être francophone, dans la vie quotidienne minoritaire de l'Ontario, impose

presque toujours le bilinguisme individuel qui favorise le passage du français à l'anglais dans les situations qui le commandent[23].

Et quel bilinguisme individuel Maggie manifeste-t-elle! Un peu plus tard, alors qu'elle raconte à Marcel une certaine expérience, elle mêlera les deux langues plutôt que de se limiter à un seul mode d'expression. Elle fera face à une difficulté essentielle dans l'utilisation des modes et des temps verbaux adéquats (le subjonctif) :

> Jesus kid, eine foé, y'a ce pimp-là arrive ici avec trois p'tites filles, j'sais pas si elles avaient seize ans, y veut j'écris ses initiales, ya know, on their asses, sur les culs, like, he wants me to brand them for God's sake, les brander sur les culs! Je vas lui dire fuck you but he lays down a month's rent in hard cash drette là sur la table, que c'est tu veux que je fais? (*V*, 23).

Le monologue ébréché de Maggie nous révèle à la fois un malaise identitaire et une révolte. Indignée par l'impuissance des femmes (des prostituées), Maggie, de façon tout à fait implicite, comparera les « p'tites filles [de] seize ans » à un troupeau de vaches. Cette analogie — celle d'abaisser la femme au niveau animal et même au niveau d'objet — nous dévoile l'ironie tranchante de Dalpé. Vexée par la sollicitation du proxénète, Maggie finit toutefois par trahir sa condition féminine en acceptant le pot-de-vin offert par le souteneur plutôt que de s'opposer à l'idée de tatouer de jeunes filles. On voit la répulsion que ressent Maggie envers le proxénète ; par contre, pour l'amour de l'argent, elle renonce à ses croyances et, conséquemment, n'achève pas sa lutte naissante vers le respect, l'intégrité et la justice sociale. La « Française » perd alors une autre bataille.

La question linguistique occupe une place capitale au sein de l'œuvre de Jean Marc Dalpé. Les nombreux anglicismes, le parler populaire et les calques anglais, entre autres, exercent une double fonction : ils viennent à la fois ajouter un certain intérêt au texte et servent aussi à illustrer une cause que l'auteur a cherché à

---

[23] Roger Bernard, *De Québécois à Ontarois*, Hearst, Le Nordir, 1988, p. 10-11.

épouser. Qu'il s'agisse de souligner les effets associés à l'assimilation, ou encore de donner une voix aux sans-voix, c'est par le biais de ses textes que Dalpé réussit à traduire le malaise identitaire qui secoue non seulement la collectivité franco-ontarienne mais également la diaspora canadienne au large. L'ironie est assurément l'outil qu'il semble privilégier afin de véhiculer la part idéologique de ses œuvres. À maintes reprises, nous avons pu observer le mécanisme ironique dans toute sa complexité ; tantôt il traduisait l'absurde, tantôt l'insolite en passant par la subversion et enfin la brutalité. Puisque l'ironie a longtemps été perçue comme l'arme des faibles, il n'est pas surprenant de voir Dalpé l'utiliser comme outil stylistique privilégié afin de donner à ses personnages une voix, une place, un but à atteindre.

BIBLIOGRAPHIE

BERNARD, Roger, *De Québécois à Ontarois*, Hearst, Le Nordir, 1988.

BERNARD, Roger, *Le déclin d'une culture. Recherche, analyse et bibliographie. Francophonie hors Québec 1980-1989*, Ottawa, Vision d'avenir, Fédération des jeunes Canadiens français, 1990.

BOOTH, Wayne C., *A rhetoric of irony*, Chicago, University of Chicago Press, 1974.

CLAING, Robert, «*Eddy*, ou l'écriture en coup de poing» dans *Eddy*, Sudbury, Prise de parole, 1994, p. 191-203.

DALPÉ, Jean Marc, *Eddy*, Sudbury, Prise de parole, 1994.

DALPÉ, Jean Marc, *Il n'y a que l'amour*, Sudbury, Prise de parole, 1999.

DALPÉ, Jean Marc, *Le chien*, Sudbury, Prise de parole, 2ᵉ édition, 1990.

DALPÉ, Jean Marc, *Lucky lady*, Sudbury, Prise de parole, 1995.

DALPÉ, Jean Marc, *Un vent se lève qui éparpille*, Sudbury, Prise de parole, 1999.

DIONNE, René, *Anthologie de la poésie franco-ontarienne des origines à nos jours*, Sudbury, Prise de parole, 1999 [1991].

DIONNE, René, *Anthologie de la littérature franco-ontarienne des origines à nos jours. Tome 1. Les origines françaises (1610-1760). Les origines franco-ontariennes (1760-1865)*, Sudbury, Prise de parole, 1997.

DIONNE, René, *Histoire de la littérature franco-ontarienne des origines à nos jours. Tome 1. Les origines françaises (1610-1760). Les origines franco-ontariennes (1760-1865)*, Sudbury, Prise de parole, 1997.

JOUBERT, Lucie, *Le carquois de velours. L'ironie au féminin dans la littérature québécoise (1960-1980)*, Montréal, L'Hexagone, 1998.

MORIER, Henri, *Dictionnaire de poétique et de rhétorique*, Paris, Presses universitaires de France, 1961.

NADEAU, Michel, «*Blazzing* [sic] *bee to win*», postface, dans Jean Marc Dalpé, *Lucky lady*, Sudbury, Prise de parole, 1995, p. 173-185.

PARÉ, François, *Les littératures de l'exiguïté*, Ottawa, Le Nordir, 2001 [1992].

PERRET, Michèle, *Introduction à l'histoire de la langue française*, Paris, Éditions Sedes, 1999 [1998].

ROBERT, Paul, *Le petit Robert. Dictionnaire alphabétique et analogique de la langue française*, Paris, Société du Nouveau Littré, 1973.

STRINGFELLOW, Frank Jr., *The meaning of irony. A psychoanalytic investigation*, Albany, State University of New York Press, 1994.

YAARI, Monique, *Ironie paradoxale et ironie poétique. Vers une théorie de l'ironie moderne sur les traces de Gide* dans Paludes, Birmingham, Summa Publications, 1988.

AU FOND DE LA MINE, AU FOND DU THÉÂTRE :
L'accueil critique de Jean Marc Dalpé dans le milieu théâtral canadien-anglais
ALAN FILEWOD
Université de Guelph

En termes des mesures traditionnelles du succès, Jean Marc Dalpé a atteint une éminence comme dramaturge — autant de distinction que peut accorder le théâtre canadien, car la célébrité théâtrale est beaucoup plus précaire que la renommée littéraire. En examinant les circonstances du succès de Jean Marc Dalpé au théâtre canadien-anglais, je m'intéresserai au rapport entre la célébrité théâtrale et les vraies conditions de travail de l'économie du théâtre ; puis à comment ce rapport a contribué à l'effacement du théâtre franco-ontarien dans la conscience du milieu du théâtre professionnel en Ontario. Cet examen mènera à la proposition que la mise en scène au Stratford Festival en 1994 de *Eddy,* traduite par Robert Dickson comme *In the ring,* ne fut pas le triomphe que l'on prétend, mais en réalité une rebuffade.

En abordant la question de l'accueil critique et professionnel de Dalpé dans le milieu du théâtre anglophone en Ontario, je tiens à désapprouver la suggestion de Jane Moss — et d'autres, j'en suis sûr — que la culture franco-ontarienne est marquée par (et je cite Moss) « *a triple otherness — other than the francophone majority of Quebec, other than the anglophone majority of their respective provinces, just one among many others in a multicultural Canada*[1] ». L'exemple de la carrière dramatique de Dalpé en anglais suggère une difficulté encore plus complexe, un autre état d'altérité refusant à la production culturelle franco-ontarienne une place dans le domaine du pluralisme multiculturel. Le problème, c'est que l'Ontario français n'est *pas* simplement « un parmi plusieurs Autres » dans un Canada multiculturel. Il est perçu, plutôt, comme une présence interstitielle, liminale, qui n'existe que dans des moments vivifiants d'affirmation. Lorsque nous considérons la réaction critique à Dalpé dans les médias anglophones en Ontario, nous constatons une inaptitude répétée à situer son œuvre dans une spécificité culturelle — comme si la culture franco-ontarienne n'existait que dans des moments de représentation et de traduction.

Je présente mes arguments sans ménagement : Dalpé a été traité avec mesquinerie par le théâtre professionnel du Canada anglais et l'échelle de son succès est égale à l'ampleur de son mauvais traitement. Mais cela n'est pas particulièrement important puisqu'on peut en dire autant de plusieurs dramaturges, quelles que soient leur langue et leur origine. Ce qui importe, c'est la manière dont ce traitement a amplifié deux conditions encadrant son accueil critique. La première est évidemment la crise historique de la culture franco-ontarienne ; la deuxième est la manière dont la célébrité théâtrale ne permet pas le travail nécessaire pour faire du théâtre. Dans la carrière de Dalpé, ces deux conditions sont mutuellement formatrices.

Mon titre fait allusion à cette formation mutuelle. J'y suggère que dans sa carrière dramatique Dalpé retrace les pas des Franco-Ontariens, « les Nigger-Frogs de l'Ontario » qui peinent dans l'obscurité souterraine de l'Ontario contemporain (G, 91). Comme il l'écrit dans « Shift de jour à Cobalt, shift de nuit à Kirkland Lake » :

---

[1] Jane Moss, « Le théâtre franco-ontarien : *Dramatic spectacles of linguistic otherness* », *University of Toronto Quarterly*, vol. 69, n° 2, printemps 2000, p. 587.

huit heures
dans un monde
le ciel, un toit de roches gris et noir
l'horizon au bout du nez
et le soleil, des lampes électriques (G, 71)

Certes, le rôle central de ces mineurs dans l'œuvre de Dalpé nous paraît évident. Peut-être moins évident est le fait que ces mots décrivent aussi le monde du théâtre, un travail dans l'obscurité, sous lumière électrique, et pour la plupart méconnu. Je ne me laisse pas emporter par des fantaisies ici. Les mineurs du Nord de l'Ontario constituent une main-d'œuvre exploitée, compensée pour leurs générations de travail par une désintégration culturelle (Dalpé joue bien sûr un rôle central dans le refus de cette désintégration). De la même manière, on a exploité le succès théâtral de Dalpé, en ce sens qu'on en a fait une commodité dans le système de valeurs théâtrales, et on l'a déraciné des années de travail et d'expertise dont il est le fruit.

En lisant la critique anglophone des réalisations de Dalpé, il est frappant de noter qu'on persiste à le présenter comme un « nouvel » écrivain. Bien que certains critiques mentionnent en passant sa part dans des collaborations théâtrales entreprises avant son succès avec *Le chien*, aucun ne considère important ce travail antérieur. Au moment de la première représentation torontoise de la pièce *Le chien* en anglais au Factory Theatre, Dalpé travaillait depuis 10 ans déjà en tant qu'écrivain et avait peiné dans le processus collaboratif et collectif si caractéristique du milieu du théâtre de la fin des années 1970 et 1980. Ces collaborations théâtrales étaient une forme d'activisme culturel qui semble avoir édicté un engagement au théâtre en tant que processus de communication sociale, un travail partagé plutôt qu'une expression solitaire d'une expérience culturelle. Et il est important de noter que Dalpé a poursuivi ce travail collaboratif bien après son succès comme dramaturge. Je fais allusion ici à ses collaborations comme écrivain et traducteur à des projets collectifs comme *Contes urbains*, *Capitale Nationale Capital* et, bien sûr, le *Roméo et Juliet* de Lepage/McCall. Cet engagement au travail de théâtre se voit également dans ses efforts dévoués pour la création, le maintien et le soutien de théâtres francophones à Sudbury et à Ottawa.

Lors de la première de sa pièce *Le chien* en anglais à Toronto, Dalpé s'était fait une réputation comme artiste de théâtre, et il avait à son compte des œuvres qui soutenaient la comparaison avec celles de sa génération professionnelle dans le théâtre torontois. Comme pour plusieurs de ses contemporains, son succès théâtral est né des profondeurs du théâtre. Il serait utile de noter un parallèle avec Ann-Marie MacDonald, une écrivaine qui, comme Dalpé, est arrivée à la dramaturgie à partir de ses débuts dans le théâtre collaboratif et qui, encore comme lui, a atteint depuis une légitimisation culturelle et une célébrité — j'hésite à dire une renommée — en tant qu'auteure littéraire.

Or, à la première de sa pièce *Le chien*, Dalpé a été présenté et accueilli comme «*new*», «*the young Franco-Ontarian Jean Marc Dalpé*» (selon les mots de Ray Conlogue du *Globe and Mail*)[2]. Ce traitement de Dalpé comme «nouveau» — c'est-à-dire nouveau pour la critique, bien sûr — était plus insidieux que l'effacement superficiel de la présence franco-ontarienne ne pourrait l'indiquer. Il en a résulté une invalidation de sa dramaturgie, qui, malgré ses origines dans les conditions très difficiles et exigeantes du théâtre local et du travail collaboratif, a été perçue — et, je crois, l'est toujours — comme naïve et peu originale. Cette rebuffade est devenue le refrain perpétuel de son accueil critique.

La carrière de Dalpé dans le théâtre anglophone peut sembler relativement secondaire, mais il ne faudra pas oublier qu'il existe de nombreux dramaturges anglophones avec moins de mises en scène à leur compte. Les quatre pièces réalisées en anglais (*Le chien*, *Trick or treat*, *Eddy [In the ring]* et *Lucky lady*) ont toutes connu un accueil critique contradictoire, autrement dit, indifférent. (Et permettez-moi de préciser : ces pièces sont, quant à moi, tout à fait excellentes.) Typique de ces critiques

---

[2] Ray Conlogue, «Sharp writing, strong acting make powerful family drama», *The Globe and Mail*, 18 novembre 1988, p. C-10.

était celle de Joanne Huff du *Eye Weekly* de Toronto, pour qui *Trick or treat* était «*just another post Tarantino gangster story*[3]». En parcourant l'amas de critiques, nous découvrons que Dalpé «*is reminiscent of David Mamet*[4]», suit «*a path well trod by David Mamet*[5]»; que ses pièces portent l'écho de «*Michel Tremblay, Sam Shepard, George Ryga and John Steinbeck*[6]», mais que, s'il s'agit bien de «*a new John Steinbeck, the proof is yet to come*[7]». Ses personnages sont «*Tony Soprano-ish*[8]», et son œuvre «*too familiar*[9]» et «*drearily familiar*[10]». Dans plusieurs cas, nous pouvons palper le scepticisme du critique alors qu'il tente de réconcilier ces jugements avec les témoignages du succès de Dalpé. Dans sa critique de *Trick or treat*, Vit Wagner du *Toronto Star* gomme 15 ans de travail de théâtre lorsqu'il dit en faisant la moue — et en dissimulant à peine son étonnement — «*[his] only previous play*, Le chien, *garnered a Governor general award*[11]». Dans sa critique de *In the ring* pour Southam News services, Jamie Portman (normalement fort astucieux) pose la question : «*Does this Governor general's award-winning Canadian playwright have anything new to say on the subject?*» et il répond : «*Not really*[12]».

---

[3] Joanne Huff, «Not-so-tasty treat», *Eye Weekly*, 11 octobre 2001.
[4] Kevin Connolly, «Down and out : Earl Pastko and Matthew MacFadzean face off in grime drama *Trick or treat*», *Eye Weekly*, 27 septembre 2001.
[5] Pat Donnelly, «Ontario plays probe urban underbelly», *Montreal Gazette*, 10 avril 1999, p. D-3.
[6] Robert Crew, «*Le chien*'s English debut an underwhelming event», *Toronto Star*, 18 novembre 1988, p. B-18.
[7] Ray Conlogue, *op. cit.*
[8] Jon Kaplan, «Size does matter : Robert Persichini's considerable height always has a dramatic effect», *Now Magazine*, 4-10 octobre 2001.
[9] Vit Wagner, «Pug play coulda been a contender», *Toronto Star*, 26 janvier 1994, p. B-5.
[10] Jamie Portman, «*In the Ring* takes a standing 10 count», *The Ottawa Citizen*, 3 juillet 1994, p. B-11.
[11] Vit Wagner, *op. cit.*
[12] Jamie Portman, *op. cit..*

Dans ces réponses réside plus que l'incapacité habituelle de reconnaître et de s'engager dans la spécificité culturelle des pièces francophones à Toronto (une incapacité disséquée par Robert Wallace en 1988 dans son livre révolutionnaire *Producing marginality*)[13]. Il s'y trouve également un problème profondément enraciné concernant la nature de la traduction théâtrale.

J'ai déjà suggéré que, pour les Ontariens anglophones qui en sont conscients, la culture franco-ontarienne n'existe que dans ses moments vivifiants de traduction, lorsqu'elle s'exprime en anglais — comme si le processus de la traduction était en effet de l'éradication. Les mineurs sont invisibles au fond de la mine. Lorsque Wallace a écrit son essai sur l'accueil critique des pièces francophones à Toronto dans les années 1980, il a indiqué une différence insignifiante entre des pièces québécoises (« Québécois ») et des pièces canadiennes-françaises *(« French Canadian »)*, mais il n'a pas fait la distinction entre les conditions de leur accueil respectif[14]. L'essentiel de son argument, que les critiques torontois n'arrivaient pas à replacer dans son contexte l'œuvre francophone traduite, s'appliquait autant aux deux.

Au théâtre, les rouages de la réalisation et de la canonicité culturelles sont très différents de ceux du milieu littéraire. Et bien qu'en réalité la célébrité théâtrale transforme le travail dramatique en des textualités, la politique de la traduction est différente. Ce ne sont pas que des mots que l'on traduit, mais des corps aussi. Les théâtres dépendent de la traduction comme un instrument de leur répertoire, jusqu'au point où le concept même de la traduction cède à la naturalisation. Par exemple, d'une manière, Tremblay s'est fait naturaliser en anglais canadien ; il figure dans le canon, non seulement en tant que dramaturge traduit du Québec, mais aussi en tant que présence canonique dont l'origine est québécoise, comme l'origine d'Ibsen est norvégienne et celle de Brecht allemande. Le succès théâtral est un processus d'adaptation, d'assimilation et de l'éradication ; les pièces entrent dans le canon comme

---

[13] Robert Wallace, *Producing marginality : Theatre and criticism in Canada*, Saskatoon, Fifth House, 1990, p. 235.
[14] *Ibid*, p. 237.

des expressions reproductibles et retraduisibles de la culture théâtrale qui les a créées, comme des occasions pour un travail d'interprétation. La carte théâtrale du monde diffère énormément de la carte littéraire parce que la canonicité exproprie la paternité.

Par conséquent, l'accueil critique souligne l'origine culturelle et l'endroit lorsque les auteurs sont méconnus (Dalpé), ou lorsque l'origine possède une valeur politique, ou, évidemment, lorsque mis en avant par le théâtre lui-même. Tel était le cas à la première très réussie de la pièce *Le chien* à Toronto, où, comme l'observe Wallace, la direction du Factory Theatre a fait venir les acteurs originaux du Théâtre du Nouvel-Ontario afin de jouer dans la pièce anglaise[15]. C'est ainsi que le directeur artistique du Factory Theatre a rempli les conditions exigées par Maureen LaBonté et Dalpé en retenant le titre français original dans la traduction anglaise. (Comme la question purement rhétorique posée par Dalpé, « *Who would want to call a play "The dog"?*[16] ».) C'était en partie le murmure autour de l'origine culturelle de la pièce qui en a fait un succès auprès du public (même si la plupart des critiques ne l'ont pas pigé).

Mais *Le chien* est arrivé à une époque où le public et les théâtres torontois s'intéressaient tout particulièrement au Québec et où, 10 ans après le premier référendum, les milieux dramatiques torontois et montréalais nouaient des liens productifs. C'était une époque où des auteurs tels René-Daniel Dubois et Michel Marc Bouchard connaissaient d'énormes succès à Toronto, comme en témoigne Wallace. Et c'était à ce moment-là que Gilles Maheu et Robert Lepage se lançaient dans le milieu de théâtre anglophone. Lors de la première de la pièce *Le chien* à Toronto, le théâtre québécois était très *sexy*. Et le milieu théâtral torontois se rendait compte, avec gêne, que les facteurs géographiques et économiques faisant du théâtre québécois quelque chose d'unique au Canada avaient engendré une expertise remarquable dans le domaine du

---

[15] *Ibid.*, p. 230.
[16] Mark Abley, « Ontario theatre's French voice », *Montreal Gazette*, 23 mai 1989, p. F-I.

théâtre de l'image. (Pour mieux comprendre, considérons qu'au Québec la communauté du théâtre se situe surtout à Montréal et à Québec, créant ainsi une culture dramatique très métropolitaine, comparée au théâtre exceptionnellement fragmenté du Canada anglais ; en même temps, les clauses du contrat de l'Union des Artistes permettaient des périodes de répétition relativement longues, alors qu'au Canada anglais l'Actor's Equity exigeait de très courtes périodes de répétitions.)

C'est ainsi que le public du théâtre anglophone à Toronto a fait la connaissance de Dalpé à un moment où l'art dramatique québécois jouissait d'un accueil favorable, et il me semble raisonnable de proposer que la majorité des critiques torontois avaient tendance à considérer la culture franco-ontarienne — dans la mesure où ils y pensaient — comme une extension immigrée du Québec. Les différences fondamentales d'histoire et, bien sûr, de langue entre le Québec et le Nouvel-Ontario les dépassaient complètement.

De ces mises en scène en anglais, *Le chien* reste unique dans la mesure où ce sont les acteurs francophones, incarnant l'origine culturelle, qui l'ont interprétée ; ils ont parlé anglais, mais ont joué en français. Toutefois, lorsque les pièces ont été interprétées par des acteurs anglophones, apportant à leurs rôles les habitudes, la gestuelle, les corps et les voix de leur propre culture, les réalisations se sont effondrées dans un écart entre la traduction et l'adaptation. Ces pièces n'étaient clairement pas québécoises, et elles ne se conformaient pas non plus aux notions répandues, tempérées surtout par Tremblay, de ce qu'était l'art dramatique québécois. L'hypermasculinisme de Dalpé et ses allusions aux spécificités de l'Ontario français ont sous-entendu une sorte d'expression culturelle ethnique. Mais comme je l'ai dit plus haut, le public et les critiques torontois n'ont pas su accommoder la présence franco-ontarienne dans leur discours du multiculturalisme. À Toronto, celui-ci s'inscrit dans l'imagination populaire par l'intermédiaire des panneaux et des écriteaux, des langues entendues dans le métro, des restaurants ethniques. Il y a un quartier grec, une «*Little Italy*», un «*Little Portugal*»; tout le monde sait où se procurer du poulet à la brésilienne, ou du curry très épicé. Mais il n'y a pas de

« *Little Sudbury* », aucun espace clairement franco-ontarien, car évidemment les Franco-Ontariens ne sont pas des immigrants récents; les Français y étaient avant les Anglais. De la perspective du public et des critiques torontois, le théâtre franco-ontarien constitue une expression culturelle sans origine ni endroit, laquelle n'existe qu'au moment de la représentation. Il s'ensuit un écroulement total de la fonction critique et une incapacité d'apporter à l'œuvre un cadre de référence ou de valeur cohérent. À maintes reprises, donc, les critiques cherchent des cadres de référence, et les trouvent dans les ressemblances structurelles (par exemple) du mécanisme de l'intrigue chez Dalpé par rapport à d'autres écrivains. Alors, quand Jamie Portman demande si Dalpé a quelque chose de *nouveau à dire sur le sujet*, le seul sujet qu'il peut voir dans la pièce est celui de la trame narrative[17]. (L'on pourrait aussi bien demander si Molière a quelque chose de nouveau à dire sur le sujet de l'hypocrisie.)

Dans cet accueil, nous voyons à l'œuvre la même pression culturelle décrite à maintes reprises par Dalpé, celle qui oblige à choisir soit l'assimilation, soit la migration au Québec. Avec les meilleures des intentions, le milieu du théâtre torontois perçoit des écrivains comme Dalpé comme étant essentiellement étrangers, accessibles seulement par l'intermédiaire de la traduction. Mais tout en mettant en avant la diversité culturelle et l'état migrant, Toronto a exclu la production francophone. Parce qu'à Toronto le multiculturalisme théâtral signifiait une occasion pour des artistes dramatiques d'origines diverses de se rencontrer dans le cadre de l'anglais parlé. L'accueil critique n'est donc pas centré sur Dalpé, mais sur qui fait du Dalpé, et sur ce que Dalpé leur donne à faire. Dans le multiculturalisme théâtral, ce ne sont pas les textes qui comptent; il est question des artistes alors qu'ils revendiquent leur place dans la main-d'œuvre culturelle.

Donc, de la perspective des critiques torontois, Dalpé est toujours nouvellement arrivé, son œuvre toujours familière, toujours peu originale. Et voilà que nous revenons au problème du départ : comment les contradictions entre la célébrité théâtrale

---

[17] Jamie Portman, *op. cit.*

et l'économie du théâtre ont pu transformer la mise en scène de *Eddy* (*In the ring*) en une rebuffade.

Une exploration de la notion de l'économie du théâtre s'impose. J'entends par là la circulation de valeur, de disciplinarité et de canonicité comme elle se matérialise dans le régime professionnel du théâtre en tant qu'industrie sociale. S'il existe une loi fondamentale d'une économie théâtrale, c'est que la différenciation artistique est inversement proportionnelle à la capitalisation. En gros, cela veut dire que plus le théâtre est institutionnalisé, moins la programmation est souple. Et plus le théâtre est institutionnalisé, plus il a besoin d'institutionnaliser son public. C'est pourquoi la diversité culturelle et artistique s'épanouit essentiellement dans les profondeurs déprofessionnalisées du système théâtral, au fond du théâtre, dans le théâtre expérimental, dans des troupes d'avant-garde. Plus l'on monte dans la hiérarchie de la structure théâtrale, moins l'on trouve de la différentiation. Les niches de distinction se font de plus en plus petites et nuancées jusqu'à ce que l'on découvre au sommet professionnel un petit réseau de théâtres présentant tous les mêmes œuvres de la même manière avec très peu de différences entre eux. Plus il y a du capital qui entre dans le système, plus le répertoire rétrécit. (Le même principe s'applique à Hollywood.)

Voilà donc une des composantes de l'économie du théâtre et elle est à la fois permise et réglée par l'économie des valeurs et de la disciplinarité. Dans cette économie, la diversité au bas de la hiérarchie est caractérisée par une relative absence de valeur — qui s'accumule de façon plus importante lorsque l'on monte à l'échelle de différenciation décroissante. Au sommet de ce modèle se trouve l'acteur qui interprète *King Lear* sur la scène Festival Stage à Stratford : un moment sur scène où convergent les valeurs du répertoire et de la disciplinarité dans la notion d'excellence maximale. Ce règlement s'avère une condition nécessaire du système, car sans cela il n'y a aucune raison cohérente de subventionner le Stratford Festival au montant de deux millions de dollars par année. Sans ce discours d'exploitation, Stratford n'est qu'un vaste parc d'amusement shakespearien servant sa communauté locale en tant que génératrice économique du secteur public. Moins coûteux et plus lucratif de tous points de vue qu'une prison ou une université.

Si le Stratford Festival est vraiment la simulation d'un théâtre, pourquoi alors a-t-il commandé et mis en scène *In the ring*? Il existe de nombreuses façons de répondre à cette question. Premièrement, dès ses débuts, on a reproché à Stratford sa réticence à mettre en scène des pièces canadiennes ou à s'engager avec la culture théâtrale métropolitaine de Toronto. Au fil des années, Stratford s'est établi une bonne tradition de commandes et de pièces nouvelles, dont certaines ont été fort appréciées du public et des critiques. D'où la nécessité d'un créneau dans le modèle de programmation et c'est ce créneau qui a été comblé par *In the ring* en 1994. Pourquoi Dalpé et pas un autre ? C'était le résultat de circonstances : l'année 1994 marquait le début de la carrière de Richard Monette comme directeur artistique ; il héritait *In the ring* de son prédécesseur David Williams, qui l'avait commandée quatre ans auparavant. Alors que Monette comptait se faire une réputation comme populiste, il devait s'assurer que sa première saison serait un succès critique, en plus de faire recette. Les autres responsables pour le choix de *In the ring* (une conjecture de ma part, puisque les rouages internes de Stratford ressemblent à ceux du Vatican) étaient l'ancien directeur littéraire du Festival, Elliot Hayes, qui est décédé plusieurs mois avant la première et avec qui Dalpé semble avoir entretenu de bonnes relations (cette même année, il a traduit en français *Homeward bound* de Hayes), et Richard Rose, possiblement le metteur en scène le plus intelligent du théâtre canadien-anglais, que Monette a nommé directeur adjoint du Festival et qui a fait la mise en scène de *In the ring*.

In the ring fut un bon choix à plusieurs égards : la pièce ferait plaisir aux conseils des arts, qui aiment bien voir des œuvres nouvelles, et aux détracteurs, qui réclamaient des œuvres nouvelles ; elle offrait aux acteurs chevronnés des rôles de composition substantiels ; l'intrigue était accessible aux spectateurs touristes ; et sa dramaturgie offrait à Richard Rose le véhicule idéal pour faire valoir son expertise avec des pièces nouvelles et des structures dramatiques complexes. Une mise calculée, donc, dans l'espoir d'emporter la critique et les recettes.

Il y avait, toutefois, des signes d'hésitation et de mécontentement. De toute évidence, Monette se souciait du langage populaire de la pièce, de son caractère profane. Ce genre de langage est typique du théâtre canadien et normalement ne poserait pas problème. Mais à Stratford, où quelque 600 000 touristes débarquent chaque année (la moitié arrivant des États-Unis), où l'on vient pique-niquer et déguster du Shakespeare, les blasphèmes modernes ne sont pas de rigueur — du moins, c'est ce que Monette croyait. Dans des interviews publiées avant l'ouverture de la saison, Monette a tenté de prévenir les lecteurs du caractère grossier de la pièce *(« offensive language and situations »)* tout en leur promettant un spectacle éblouissant *(« a stunning production »)*[18]. Dans une certaine mesure, ses craintes semblaient justifiées : on a appris à la fin de la saison qu'un gros *sponsor* avait retiré son soutien à la pièce en raison du langage profane. Et selon *The Globe and Mail*, Monette comprenait entièrement cette décision, et ne révélerait pas l'identité de ce *sponsor*[19].

Pour Monette, sa première saison fut en tous points réussie ; il a redressé le bilan et gagné l'approbation des critiques avec *Long day's journey into night* de Martha Henry et William Hutt. Toutefois, ses plus gros succès étaient *Pirates of Penzance*, *Cyrano de Bergerac* et *Twelfth night*, lesquels représentaient 60 % des recettes de la saison (10,3 de 17 millions de dollars)[20] — et Monette en comprenait les implications.

Il est possible de voir Stratford comme une immense société anonyme d'été qui se sert de sa réputation comme théâtre classique pour attirer des spectateurs à des comédies de milieu de gamme bien connues ; il est aussi possible de le voir comme une troupe classique qui subventionne des œuvres sérieuses tout en

---

[18] Steward Brown, « The Stratford Festival's new boss has the first-season jitters : Anxiety-upon-Avon », *Hamilton Spectator*, 7 mai 1994, p. 10.

[19] Doug Saunders, « No billboard too small as the arts go hunting for sponsors », *The Globe and Mail*, 28 décembre 1996, p. C-17.

[20] [s.a.], « Stratford gross tops $17 million », *Edmonton Journal*, 17 novembre 1994, p. D-6.

faisant plaisir aux foules. Dans les deux cas, des pièces comme *In the ring* semblent être une anomalie, à moins de faire la conjecture suivante : que, selon la logique derrière la programmation à Stratford, il faut se donner de la crédibilité en proposant chaque saison une œuvre digne d'un théâtre sérieux, ce qui en même temps prouve que le public ne la veut pas vraiment. Seule la mise en scène d'une œuvre nouvelle et sérieuse telle que *In the ring* permettrait à Stratford de justifier des comédies musicales de Broadway et de Gilbert et Sullivan.

Je ne veux pas insinuer que Dalpé a été piégé par Stratford, mais il me semble qu'il y a tout de même un élément de cynisme dans cette réalisation : la direction ne s'attendait pas vraiment à ce qu'elle soit un succès — bien que la critique se soit montrée très favorable dans l'ensemble. On l'avait envisagée au départ comme une perte nécessaire au maintien de la programmation. Or, en réalité, la pièce est devenue un véhicule pour les comédiens de Stratford, et bien que Rose ait travaillé avec une troupe d'acteurs de première classe (y compris Roland Hewgill et Janet Wright), il en a résulté une autre décontextualisation. Les comédiens de Stratford ont apporté une forme familière de naturalisme social canadien, et les critiques étaient d'accord : ils ont le mieux joué dans les moments de grande émotion, dans les moments sentimentaux de la pièce. Un critique a décrit l'interprétation comme un « *full Method workout*[21] ». De fait, ils ont naturalisé en un réalisme social les subtilités littéraires, une transposition qui a non seulement effacé la présence franco-ontarienne de la pièce, mais qui semble en avoir déséquilibré la structure dramatique. En conséquence, les critiques ont réagi au réalisme de la pièce, mais sont restés perplexes devant ses techniques structurelles « théâtralistes ». Portman a mis le doigt dessus quand il a écrit : « *When a play is content to be an honest slice of life naturalism drama it works most effectively*[22]. » Selon ses calculs, cela représentait 75 minutes des 2 heures en scène.

---

[21] Steward Brown, « Ring story a refresher KNOCK OUT », *Hamilton Spectator*, 27 juin 1994, p. C-1.
[22] Jamie Portman, *op. cit.*

Ce sont les 45 autres minutes qui m'intriguent, celles que la mise en scène à Stratford semble avoir perdues. Dans *In the ring*, il s'agit de revenants, d'apparitions où le passé traverse le présent, où chaque personnage cherche toujours la sortie du fond de la mine. Lorsqu'on perd cet élément de la pièce, comme on semble l'avoir fait à Stratford, la pièce est dénuée de sens.

Nous voici donc devant une contradiction fondamentale : Stratford a présenté la pièce parce qu'il avait besoin de la présenter mais, ce faisant, il ne pouvait que la défaire. Une mise en scène dans un théâtre de cette importance peut sembler l'indice de la réussite professionnelle mais, au Canada, l'économie du théâtre ne fonctionne pas de cette manière. À mon sens, la mise en scène de Stratford était nécessairement un acte d'expropriation. L'image de comédiens classiques avec l'accent torontois jouant des scènes de *ring* de boxe devant des touristes américains constitue une image effrayante de l'état du théâtre franco-ontarien en anglais, où, au nom de la diversité culturelle, nous montons une œuvre, mais seulement après avoir supprimé la culture que nous cherchons à mettre en scène.

(TRADUIT PAR KERRY LAPPIN-FORTIN, UNIVERSITÉ DE WATERLOO)

BIBLIOGRAPHIE

ABLEY, Mark, «Ontario theatre's French voice», *Montreal Gazette*, 23 mai 1989, p. F-1.

[s.a.], «Stratford gross tops $17 million», *Edmonton Journal*, 17 novembre 1994, p. D-6.

BROWN, Steward, «The Stratford Festival's new boss has the first-season jitters : Anxiety-upon-Avon», *Hamilton Spectator*, 7 mai 1994, p. 10.

BROWN, Steward, «Ring story a refresher KNOCK OUT», *Hamilton Spectator*, 27 juin 1994, p. C-1.

CONLOGUE, Ray, «Sharp writing, strong acting make powerful family drama», *The Globe and Mail*, 18 novembre 1988, p. C-10.

CONNOLLY, Kevin, «Down and out : Earl Pastko and Matthew MacFadzean face off in grime drama *Trick or treat*», *Eye Weekly*, 27 septembre 2001.

CREW, Robert, «*Le chien*'s English debut an underwhelming event», *Toronto Star*, 18 novembre 1988, p. B-18.

DALPÉ, Jean Marc, *Gens d'ici*, Sudbury, Prise de parole, 1981.

DALPÉ, Jean Marc, *In the ring*, Robert Dickson (trad.), *Canadian Theatre Review*, n° 84, automne 1995, p. 40-71.

DONNELLY, Pat, «Franco-Ontarian play echoes Tremblay», *Montreal Gazette*, 5 mars 1988, p. D-2.

DONNELLY, Pat, «Jean Marc Dalpé is Rocky of Canadian theatre», *Montreal Gazette*, 15 octobre 1994, p. D-7.

DONNELLY, Pat, «Ontario plays probe urban underbelly», *Montreal Gazette*, 10 avril 1999, p. D-3.

HUFF, Joanne, «Not-so-tasty treat», *Eye Weekly*, 11 octobre 2001.

KAPLAN, Jon, «Size does matter : Robert Persichini's considerable height always has a dramatic effect», *Now Magazine*, 4-10 octobre 2001.

MOSS, Jane, «Le théâtre franco-ontarien : Dramatic spectacles of linguistic otherness», *University of Toronto Quarterly*, vol. 69, n° 2, printemps 2000, p. 587-614.

PORTMAN, Jamie, «*In the ring* takes a standing 10 count», *Ottawa Citizen*, 3 juillet 1994, p. B-11.

SAUNDERS, Doug, «No billboard too small as the arts go hunting for sponsors», *The Globe and Mail*, 28 décembre 1996, p. C-17.

WAGNER, Vit, «Pug play coulda been a contender», *Toronto Star*, 26 janvier 1994, p. B-5.

WAGNER, Vit, « Stratford — Ken James knew when to hang », *Toronto Star*, 22 juin 1994, p. D-1.

WALLACE, Robert, *Producing marginality : Theatre and criticism in Canada*, Saskatoon, Fifth House, 1990.

L'HOMME ET SES LIEUX

LE TOUR DU MONDE DE JEAN MARC DALPÉ EN 20 MINUTES
Robert Dickson
Université Laurentienne

Le tour du monde, mais pas en 80 jours, comme dans Jules Verne — tiens! les premières lectures de JMD — ou simplement le tour, mais pas pendant trois semaines comme dans le Tour de France ou encore la durée d'une tournée de *Cris et blues*, disons. Mais plutôt le tour comme dans «du front tout le tour de la tête». Oui, plutôt ça. JMD, comme dans Jean Marc Dalpé, tour à tour ou en même temps fondateur d'une compagnie de théâtre, comédien, poète, performeur, dramaturge, traducteur littéraire, romancier, auteur pour la télévision, voire scénariste de cinéma et docteur ès lettres, *honoris causa*. Avec l'allure qu'il a, il fait peut-être penser à Astérix, tel qu'incarné par Christian Clavier, brave, enthousiaste, généreux, nerveux, un brin baveux. Mais dans le fond, je crois qu'il ressemble davantage à Obélix. Vous riez. Bien non, bien sûr, je ne veux pas dire physiquement, mais autrement. Pensez-y comme il faut. D'abord, il est «tombé dedans quand il était petit» : n'a-t-il pas confié en entrevue avoir commis ses premiers poèmes, adolescent renfermé, vers l'âge de 14 ou 15 ans? Ne l'a-t-on pas vu, jeune garçon, au tout premier Festival de Théâtre Action, à Elliot Lake, en 1973? Et puis, ne livre-t-il pas la marchandise, substantielle et à forte valeur symbolique, régulièrement et, dirait-on, depuis toujours ? Cependant, j'ignore s'il est amateur de sanglier...

Le petit tour que je propose ici veut mettre ce créateur polyvalent en scène sous les feux de la rampe du collaborateur et complice de longue date que j'ai l'honneur d'être. Il veut essayer également de déterminer ce qui peut constituer le noyau dur de la production éclatée, variée, haute en couleur, tendre et comique et truculente et tragique, de cet « ouvrier d'un dire ». On a dit 20 minutes, comme dans la durée d'un conte urbain ? *OK. Here we go...*

Qui est JMD ? Laissons-le se présenter :

> mon père [...] est un gars de la basse-ville d'Ottawa. C'est mon monde, ça. C'est le monde qui m'a marqué pendant ma jeunesse pis que j'ai rejeté à l'adolescence. Normal. Mais quand je suis revenu en Ontario, après le Conservatoire de Québec, pis que j'ai commencé à Théâtre Action, là il y a eu un choc. Tout à coup le rapport avec l'Ontario s'est fait. Là il y a eu une espèce de *bang*, quelque chose de profond, quelque chose qui m'a remué, pis là j'me suis senti attaché à l'Ontario, à c'monde-là, à ce paysage-là, à ce qu'était le Nord. Y a un rapport avec la classe ouvrière, que j'avais vu à Ottawa, que je rejetais avec mes parents, mais là je le revoyais ailleurs, c'était le même monde, pis j'étais capable de leur parler, pis j'avais envie de leur parler. Tout d'un coup c'est comme si tout ce que j'avais accumulé, tout ce que j'avais appris, ça allait nulle part jusqu'à ce que j'arrive là[1].

Lors de la fondation du Théâtre de la Vieille 17 en 1979, à laquelle participent Dalpé et trois complices, on décide de l'installer dans le village de Rockland, dans l'est ontarien. Faire du théâtre en région, plutôt qu'à Ottawa, par exemple, constitue en soi un geste éminemment politique, un « oui ! » retentissant en faveur d'une communauté spécifique en même temps que pour la communauté franco-ontarienne dans son ensemble. Et puis, de ce moment précis, Jean Marc dira qu'« il faut comprendre que notre itinéraire était lié à ce qui se passait en province. Nous étions une grande famille. Plutôt que de trajectoires individuelles, il faut donc parler

---

[1] Jean Fugère, « Jean Marc Dalpé. L'urgence de se dire », *Liaison*, n° 53, septembre 1989, p. 28-29.

d'une grande action collective[2] ». *Les murs de nos villages*[3] — l'adjectif possessif ne passe pas inaperçu — sera créée en création collective; en même temps, Dalpé prépare son premier recueil de poèmes, coiffé du même titre[4]. Il a 22 ans. Vingt ans plus tard, Dalpé remportera son troisième prix du Gouverneur général pour son premier roman, *Un vent se lève qui éparpille*[5]. Que de chemin parcouru! Mais en même temps, au-delà des apparences, quelle constance! Marc Haentjens le note dans les pages de la revue *Liaison* lorsque Dalpé est consacré personnalité de l'année :

> Depuis *Les murs de nos villages* (le recueil) jusqu'à ce premier roman, Jean Marc n'a cessé en effet de nous parler de la même chose, c'est-à-dire de ce monde de petits, de paumés et de laissés-pour-compte que la vie a fait naître du mauvais côté et qui cherchent désespérément les moyens d'en sortir. Un monde qui a bien sûr des accents universels mais qui, en même temps, ne manque pas de nous rappeler celui qui nous entoure... et qu'on peut croiser encore à Sudbury, à Rockland ou Vanier[6].

De son côté, Robert Marinier — qui a collaboré avec Jean Marc à *Tout va pour le mieux*, traduction d'une pièce du dramaturge canadien Elliott Hayes, et cosigné *Les Rogers*[7] avec Dalpé et Robert Bellefeuille, y va de ce son de cloche :

> Le théâtre de Jean Marc, je l'ai toujours trouvé éminemment poétique, tout comme, à l'époque où il présentait ses poèmes en lecture, je trouvais sa poésie très théâtrale. C'est ce que j'ai toujours aimé des pièces de Jean Marc, cette façon qu'il a de tout rendre poétique. Peu importe la situation

---

[2] Michel Vaïs, « Urbain des bois. Entretien avec Jean Marc Dalpé », *Cahiers de théâtre Jeu*, n° 73, 1994, p. 11.
[3] Théâtre de la Vieille 17 : Robert Bellefeuille *et al.*, *Les murs de nos villages*, 2ᵉ édition, Sudbury, Prise de parole, 1993.
[4] Jean Marc Dalpé, *Les murs de nos villages*, Sudbury, Prise de parole, coll. « Les Perce-neige », 1980.
[5] Jean Marc Dalpé, *Un vent se lève qui éparpille*, Sudbury, Prise de parole, 1999.
[6] Marc Haentjens, « Jean Marc Dalpé. Poète de nos villages », *Liaison*, n° 110, printemps 2001.
[7] Robert Bellefeuille, Jean Marc Dalpé et Robert Marinier, *Les Rogers*, Sudbury, Prise de parole, 1985.

> qui se déroule sur la scène, qu'elle soit ancrée dans le réalisme ou complètement loufoque, qu'elle soit tendre ou d'une violence dérangeante, il y a toujours, cachée derrière le théâtre qui se joue devant nous, derrière l'histoire qui semble exclure tout autre plaisir, une harmonie rythmique qui nous absorbe, une rythmique qui se manifeste aussi bien dans les mots que dans l'action. Les motivations mêmes des personnages sont poétiques. Leur quête s'ouvre devant nous comme un long poème épique. Les textes que Jean Marc écrit pour le théâtre sont comme ses poèmes : beaux, intenses, compacts[8].

Ces deux témoignages, riches en intuitions, se complètent en quelque sorte : d'une part, cette constance dans la thématique, centrée sur des personnages, tant en poésie — pensons à «Gerry Brault[9]», à titre d'exemple — qu'au théâtre et que dans le roman ; de l'autre, l'interdépendance et l'interpénétration du poétique et du théâtral. D'ailleurs, Dalpé lui-même ne semble nullement en désaccord avec ces prises de position. Dans un «Portrait d'auteur» consigné dans un récent numéro de la revue *Francophonies d'Amérique*, il offrait une réponse à une interrogation sur les différents genres qu'il pratique :

> Sans vouloir parler de moi à la troisième personne, le Jean Marc qui écrit des poèmes, le Jean Marc qui écrit pour le théâtre, le Jean Marc qui écrit un roman... c'est pas des différentes personnes. [...]
> Oui, je pense surtout qu'à travers tout ça, c'est, formellement, la préoccupation de la tension dramatique. Il faut trouver le *punch* ! L'autre chose qui traverse tout ça, c'est la préoccupation, qui avait commencé très tôt, avec un théâtre populaire et je me suis toujours tourné spontanément — sans nécessairement en être conscient — vers des personnages qui étaient, comme on dit, issus du peuple, plutôt que... de la bonne bourgeoisie. Ça, c'est constant dans tout ce que j'écris, en poésie, au théâtre, dans le roman et dans ce que je fais actuellement pour la télévision[10].

---

[8] Robert Marinier, «Dalpé en photos et en mots», *Liaison*, n° 110, printemps 2001, p. 11.
[9] Jean Marc Dalpé, «Gerry Brault», *Gens d'ici*, Sudbury, Prise de parole, 1981, p. 75-81.
[10] Robert Dickson, «Portrait d'auteur. Jean Marc Dalpé», *Francophonies d'Amérique*, n° 15, 2003, p. 102-103.

Au cours de cette même conversation, d'ailleurs, Dalpé évoquait ses années au Conservatoire d'art dramatique de Québec, se rappelant avoir souvent préparé des exercices où les étudiants devaient livrer devant leurs camarades des poèmes et d'autres textes, lui choisissant de préférence ceux de Jacques Prévert et de Bertolt Brecht. Prévert sans doute pour le langage abordable, à la structure narrative — pensons à «Tentative de description d'un dîner de têtes à Paris[11]», par exemple — et Brecht, il va sans dire, pour la conscience politique. Et les deux pour le plaisir de la performance publique.

Je parle ici — est-ce curieux? — de constance. Un peu de la même manière qu'on dit d'un poète — disons de Gaston Miron, pour prendre un exemple — qu'il écrit toujours le même poème. Je crois qu'il l'a dit lui-même, à peu de chose près. Mais ce poème, combien de formes différentes prend-il, combien de rythmes s'y déploient, combien de lectrices, d'auditeurs, en sont émus à la longue? Ou disons de Gilles Vigneault, pour prendre un autre exemple, combien de chansons, toujours plus ou moins la même, comme si seulement le rythme et les paroles précises changeaient d'une chanson à l'autre?

Le rythme, donc. Parlons du rythme chez Jean Marc Dalpé. Est-ce qu'il est musicien, *or what*? *Le chien*, déjà, est empreint d'une certaine poésie, d'une poésie certaine — dure, oui — et cette poésie de la parole a une respiration qui lui est propre : Pensons au monologue de Jay, haletant, courant de par les routes de cette *America* de l'autre, rythme de la route, de la moto, de l'autobus qui le ramène à son trou, celui qu'il a quitté sur un coup de tête, un coup de poing aussi. Avec *Eddy*[12], créée au Festival de Stratford (Ontario) en ma traduction anglaise sous le titre *In the ring*[13], c'est le rythme du train, du *speedbag*, du *bodybag* qui colle

---

[11] Jacques Prévert, *Paroles*, Paris, Gallimard, coll. «Folio», p. 7-18.
[12] Jean Marc Dalpé, *Eddy*, Montréal et Sudbury, Boréal et Prise de parole, 1994.
[13] Jean Marc Dalpé, *In the ring*, Robert Dickson (trad.), *Canadian Theatre Review*, n° 84, automne 1995, p. 40-71.

à la montée de la tension dramatique. Les conditions de production étaient telles que Jean Marc et moi avons pu travailler de concert à quelques reprises, en plus d'assister à quelques répétitions de l'équipe sur place. Au-delà de la traduction en tant que passage d'une langue à l'autre, la question du rythme, des rythmes à respecter était constamment au cœur des préoccupations de Jean Marc, et il était, déjà, il y a 10 ans, excellent professeur. Ça tombait bien : j'en avais besoin !

J'ai entamé la traduction anglaise de sa prochaine pièce, *Lucky lady*[14], en même temps que j'établissais la traduction française de *Frog moon*[15] de Lola Lemire Tostevin. Je craignais le pire, la confusion la plus totale dans mes bases de données pas trop bien organisées. J'en ai été agréablement surpris : il n'en fut rien. Déjà, à ma première lecture, j'avais l'impression de lire la pièce en anglais. Je n'en ai jamais parlé à Jean Marc, m'étais même promis de ne jamais le faire. Mais voilà, neuf ans plus tard, un aveu : deux versions, et à peine, deux, rien que deux, tellement j'avais intériorisé le langage, entendons le rythme, du poète-dramaturge. Pour la première fois, traduire était pour moi facile. Ça coulait de source, comme on dit, ou ça courait comme un pur-sang, mais de toute manière, ça courait vite et c'était limpide. Et ça m'a réellement étonné. Et je crois à présent que c'était bel et bien le rythme si fortement marqué du texte qui m'a permis de me diriger si aisément dans la bonne direction.

Au point où, en abordant la traduction de *Trick or treat*[16], je pensais la partie gagnée d'avance. Mais il ne faut jamais sous-estimer son adversaire, voilà un cliché — mais aussi un truisme — bien connu dans le monde du sport. Après tout, je me disais, que pouvait-il y avoir dans cette nouvelle pièce qui soit tellement

---

[14] Jean Marc Dalpé, *Lucky lady*, Montréal et Sudbury, Boréal et Prise de parole, 1995.
[15] Lola Lemire Tostevin, *Kaki*, Robert Dickson (trad.), Sudbury, Prise de parole, 1997.
[16] Jean Marc Dalpé, *Trick or treat*, dans *Il n'y a que l'amour*, Sudbury, Prise de parole, 1999, p. 83-234.

différent des autres ? C'était, effectivement, sous-estimer, voire méconnaître, en quelque sorte, le mode d'emploi de l'auteur. Tout d'abord, alors que je peinais à établir un texte en anglais, je passais à côté de cet élément de base qu'est le rythme : je ne le voyais pas clairement, même si je pensais saisir la montée dramatique. Je ne traduisais que les mots et les phrases. C'est lorsque Jean Marc m'a indiqué que le monologue du personnage de Cracked était en rythme *hip-hop* que je suis tombé de ma chaise. Je lisais le texte avec mes yeux, et non avec mes oreilles. Jean Marc m'a encouragé à m'éloigner, autant qu'il me le fallait, du texte original pour trouver ce rythme, un rythme d'ailleurs associé au premier titre à la langue anglaise. J'ai dû supprimer certaines répétitions qui marchaient parfaitement dans le texte original — curieux, quand même ! — mais non dans ma version. Encore une fois, j'avais un professeur sympathique, patient — bien, assez patient, disons, car l'échéancier était comme toujours serré — et j'étais payé pour apprendre. Tout comme un professeur, quoi, mais moins, il va sans dire (moins même qu'un traducteur de documents gouvernementaux).

Il y avait aussi autre chose, et d'importance capitale pour moi, dans cette pièce que je ne comprenais pas vraiment tout à fait. Je ne comprenais surtout pas comment ça se faisait que les personnages ne semblaient rien dire d'important — et que la tension dramatique montait quand même, et « pas à peu près », comme on dit en langue populaire. Je citerai un autre extrait du « Portrait d'auteur » dont il a été fait mention plus haut. Je remarquais que tout ce qui se passe pour de vrai, dans *Trick or treat*, ne passe pas dans les dialogues. Et ça me semblait absurde, un non-sens, parce qu'au théâtre il y a les personnages sur scène et il y a les dialogues. Il n'y a pas de narration. Et je me disais, *can he DO that ?* (rires)... Je demandais donc à Jean Marc Dalpé s'il avait consciemment fait en sorte que le sous-texte soit tellement plus important que les dialogues :

> JMD – [...] Après *Lucky lady*, sur le plan de l'écriture théâtrale, il y a quelque chose que j'ai signalé et que je continue à signaler. Tout ce qu'on écrit, tout ce qu'on a dans une pièce de théâtre, ce sont les noms des personnages et ce qu'ils disent. Puis des fois, des petites didascalies sur le

> jeu physique *(« il tombe »)* ou sur la situation, tel lieu, telle heure. Tout ce qu'on a, c'est ça. Les personnages n'existent pas, c'est juste des mots sur la page. Alors j'ai compris, ces dernières années, que tout ce qu'on présente au public, notre matière première, c'est la situation. Tout ce qu'ils disent, on sait pas si c'est vrai ou pas. Finalement, quand les gens sont là devant la scène, ce qu'ils vont percevoir, c'est une situation dramatique. Disons, deux personnages dans un café qui vont se parler. Mais c'est pas dans les dialogues que ça se passe, c'est dans la situation dramatique[17].

Cette compréhension, que Dalpé a fait sienne « ces dernières années », est à mes yeux radicale sur le plan d'une saisie des enjeux théâtraux, scéniques. Le sous-texte est désormais à l'avant-scène, pourrait-on dire. Là où certains parlent, en évoquant le théâtre de Dalpé, d'un « théâtre de gars », il faudrait relativiser, nuancer. Même s'il n'y a pas de personnages féminins dans *Trick or treat*, même s'il s'agit d'un univers masculin, cette étiquette de « théâtre de gars », accompagnée d'un préjugé négatif (on voit presque la moue de dédain), s'avère en réalité un théâtre d'une grande subtilité, où le langage codé et le non-dit l'emportent largement sur l'action virile. Tout, en effet, est dans la situation dramatique.

Et *Un vent se lève qui éparpille*? Roman de la passion aveugle, selon son auteur, roman *dramatique* s'il en est. Et pourquoi, justement, ce nouveau défi, ce passage à la prose narrative ? Jean Marc Dalpé offrait une réponse dans le « Portrait d'auteur » dont il a déjà été question :

> JMD – [...] je voulais aller ailleurs. Le choix de passer du théâtre à la prose me permettait d'aller ailleurs dans comment raconter une histoire et d'explorer des éléments de la vie qui sont... disons, qu'on fait pas du théâtre avec ça. On fait pas du théâtre avec des descriptions. On fait pas du théâtre avec...
>
> FA – ... avec l'intériorité ?
>
> JMD – Oui, oui, des exemples de théâtre avec le monologue intérieur, il y en a très peu...

---

[17] Robert Dickson, *op. cit.*, p. 106.

FA – ... c'est bien le lieu du roman...

JMD – [...] Je voulais plonger dans les détails. Il y a beaucoup de moments dans le roman où il s'agit d'arrêter le temps, contrairement au théâtre où on file avec le temps...

FA – ... ce qui rapproche peut-être de la poésie, arrêter le temps, l'expansion par l'image...

JMD – Oui, c'est beaucoup ça, la configuration générale du roman. Même si c'est un narrateur à la troisième personne, on capte un personnage dans chaque bloc, et si on regarde à l'intérieur, en décortiquant le roman, on retourne en *flashback*, et après ça...[18]

Considérant ces réflexions de l'auteur conscient, lucide devant cette nouvelle facette de son métier, je formule l'équation simple suivante : le poète plus le dramaturge égale le romancier. L'arrêt sur l'image, comme en poésie ou encore au cinéma, intégré au sens hautement développé de la construction de la situation dramatique, finit par donner ce roman où, selon Hugues Corriveau :

> [...] comme le dit le titre, la linéarité « s'éparpille », nous fait entrer dans ce *maëlstrom*, symphonie en quatre mouvements, en quatre consciences, facettes d'une même tragédie que le prêtre officiant du début et de la fin encadre de ses absurdes hésitations. L'Ontario profond, les mineurs, la brutalité des hommes d'hôtel comme de ceux qui fêtent à l'alcool le plus fort, le petit monde des femmes perdues, toute cette grouillante humanité transpire ici une certaine laideur et laisse un goût de vérité crue et sale qui transporte le lecteur jusqu'à la joie, celle qui vient de certains remugles quand ils rappellent Zola et Russel Banks, ou quelque réalité incontournable...[19]

Je n'endosse pas toutes les remarques du critique montréalais, surtout en ce qui concerne la laideur, mais je relève néanmoins cette notion de « symphonie en quatre mouvements », notion à la fois rythmique et structurelle. Dalpé lui-même avait employé le terme « configuration ». Je note aussi en passant qu'une récente œuvre théâtrale du dramaturge cri Tomson Highway, *Ernestine Shuswap gets her trout*, est conçue, selon son auteur,

---

[18] *Ibid.*, p. 97.
[19] Hugues Corriveau, « L'amour, toujours l'amour ! », *Lettres québécoises*, n° 98, été 2000, p. 25-26.

comme une sonate pour quatuor à cordes, chacun des quatre personnages féminins représentant un instrument de ce quatuor. On pourrait croire que, conçu sur le plan de l'ensemble, pour Dalpé et pour Highway, le rythme est à la fois musicalité textuelle et principe structurant.

Jean Marc Dalpé, tôt dans sa carrière d'écrivain — il n'était pas encore évident que le comédien et le participant à la création collective y feraient carrière —, a relevé un défi de taille, celui d'incarner par sa voix de poète l'Ontario français dans son ensemble, son passé, son présent, son avenir problématique qui ne serait assuré que par l'engagement. *Gens d'ici* demeure à mon avis le seul véritable recueil identitaire franco-ontarien, comme je l'ai récemment proposé[20].

Comment Jean Marc Dalpé pouvait-il aller plus loin dans cette direction? Il s'est tourné plutôt vers ce qu'il a appelé «la nécessité de la fiction[21]», surtout dans son théâtre, riche et foisonnant. On a l'habitude de penser spontanément aux pièces majeures, mais j'aimerais ici rappeler, à titre d'exemple, que *Trick or treat* est publiée dans le volume intitulé *Il n'y a que l'amour*, qui contient «huit pièces en un acte, trois contes urbains, une conférence et un texte poétique pour une voix». On aura noté la prolifération et la polyvalence, «le mélange des genres», même dans ce livre supposément consacré au théâtre.

À cette époque d'inflation langagière et d'*ego* où on peut entendre dans la bouche de personnes de 20 ans, par exemple sur les ondes de Radio-Canada, radio ou télévision, des propos qui commencent avec «En tant qu'artiste, je pense que...», Jean Marc Dalpé demeure bien, dans son âme et conscience, «l'ouvrier d'un

---

[20] Robert Dickson, «"Les cris et les crisse!": relecture d'une certaine poésie identitaire franco-ontarienne», dans Lucie Hotte et Johanne Melançon (dir.), *Thèmes et variations. Regards sur la littérature franco-ontarienne*, Sudbury, Prise de parole, 2005, p 183-202.

[21] Titre de la conférence d'ouverture que Jean Marc Dalpé prononçait en juin 1998 dans le cadre de «*Toutes les photos finissent-elles par se ressembler?* Actes du forum national sur la situation des arts au Canada français», Institut franco-ontarien et Prise de parole, Sudbury, 1999, p. 16-26.

dire». Pour le pasticher, je pense à Eddy. Je ferais dire à JMD, dans le genre : «Je suis un dramaturge prof... excusez-moi... un dramaturge et un romancier PROFESSIONNELS dans un milieu PROFESSIONNEL. C'est ça que je fais depuis 25 ans. C'est ça que je suis. C'est ça.» Mais disons, sur un ton plus... mesuré, qu'il est en même temps un ouvrier spécialisé, (professionnel, oui...) hautement spécialisé, en même temps que polyvalent, capable de concevoir et de réaliser — disons, de monter — des structures de dimensions et de formes bien différentes, mais des structures toujours hautement humaines, hautement habitables, hautement musicales aussi. Le métier, ce n'est pas seulement le métier de dramaturge, de romancier, d'auteur de série télévisuelle, le métier, entendons-le dans le sens noble de *craft*, d'artisanat : connaissances, expertise, savoir-faire, issus d'une longue pratique, de longues heures régulières et d'un exigeant engagement. Ouvrier d'un dire, un dire constant dans ses préoccupations humaines, renouvelé formellement à chaque nouveau projet de création, à chaque nouveau défi qu'il se donne. Et musicien avec ça, poète, dramaturge, romancier du rythme. Alors vive la musique, vive le travail ardu qu'il faut pour la créer, vive le travailleur, l'ouvrier! Dieu sait que ça nous en prend.

BIBLIOGRAPHIE

BELLEFEUILLE, Robert, Jean Marc DALPÉ et Robert MARINIER, *Les Rogers*, Sudbury, Prise de parole, 1985.

CORRIVEAU, Hugues, « L'amour, toujours l'amour ! », *Lettres québécoises*, n° 98, été 2000, p. 25-26.

DALPÉ, Jean Marc, *Eddy*, Montréal et Sudbury, Boréal et Prise de parole, 1994.

DALPÉ, Jean Marc, *Gens d'ici*, Sudbury, Prise de parole, 1981.

DALPÉ, Jean Marc, *Il n'y a que l'amour*, Sudbury, Prise de parole, 1999.

DALPÉ, Jean Marc, *In the ring*, Robert Dickson (trad.), *Canadian Theatre Review*, n° 84, automne 1995, p. 40-71.

DALPÉ, Jean Marc, *Les murs de nos villages*, Sudbury, Prise de parole, coll. « Les Perce-neige », 1980.

DALPÉ, Jean Marc, *Lucky lady*, Montréal et Sudbury, Boréal et Prise de parole, 1995.

DALPÉ, Jean Marc, *Un vent se lève qui éparpille*, Sudbury, Prise de parole, 1999.

DICKSON, Robert, « "Les cris et les crisse !" : relecture d'une certaine poésie identitaire franco-ontarienne », dans Lucie Hotte et Johanne Melançon (dir.), *Thèmes et variations. Regards sur la littérature franco-ontarienne*, Sudbury, Prise de parole, 2005, p. 183-202.

DICKSON, Robert, « Portrait d'auteur. Jean Marc Dalpé », *Francophonies d'Amérique*, n° 15, 2003, p. 95-107.

FUGÈRE, Jean, « Jean Marc Dalpé. L'urgence de se dire », *Liaison*, n° 53, septembre 1989, p. 28-30.

HAENTJENS, Marc, « Jean Marc Dalpé. Poète de nos villages », *Liaison*, n° 110, printemps 2001, p. 11.

MARINIER, Robert, « Dalpé en photos et en mots », *Liaison*, n° 110, printemps 2001, p. 25.

PRÉVERT, Jacques, *Paroles*, Paris, Gallimard, 1949, p. 7-18.

Théâtre de la Vieille 17 : Robert Bellefeuille *et al.*, *Les murs de nos villages*, 2e édition, Sudbury, Prise de parole, 1993.

TOSTEVIN, Lola Lemire, *Kaki*, Robert Dickson (trad.), Sudbury, Prise de parole, 1997.

VAÏS, Michel, « Urbain des bois. Entretien avec Jean Marc Dalpé », *Cahiers de théâtre Jeu*, n° 73, 1994.

L'INFLUENCE DE DALPÉ
(ou comment la lecture fautive de l'œuvre de Dalpé a motivé un jeune auteur chiant à écrire contre lui)
Louis Patrick Leroux
Université de Paris / Université Concordia

J'ai 17 ans, c'est l'été, je me réfugie dans la moiteur du sous-sol du *bungalow* familial d'Alexandria, dans l'Est ontarien, où j'ai pris l'habitude de me livrer à des lectures illicites... C'est là que j'ai découvert le butin, le trésor, l'ouvroir des mondes possibles : les livres du collège classique de mes parents, des livres pas comme les autres, des livres nuancés, troublants, littéraires. L'été de mes 13 ans, j'avais lu et relu *L'étranger* et *Les enfants terribles*, étonné — comme le veut le bon mot de Rilke — qu'un espace clos puisse être, en soi, aussi profond qu'un océan. L'été suivant, je dévore *Ainsi parlait Zarathoustra*, ensuite, coup sur coup, *Les contemplations* et *La philosophie de Saint-Thomas*, et à 16 ans, *Les paradis artificiels* — ah! Baudelaire, je ne jurais que par le syphilitique esthète poétisant la beauté de ce qui, autrement, aurait été perçu comme étant abject. L'été de mes 17 ans, donc ; je sens que je dois à mon tour contribuer à la bibliothèque familiale, il n'y a pas de système de troc, mais je suis embarrassé par mes albums de Tintin et d'Astérix et je veux proposer mes livres à moi. L'éveil à la « chose franco-ontarienne » à l'école secondaire m'a sensibilisé à un nombre d'auteurs qu'on dit incontournables. Ainsi, j'achète les plaquettes du *Chien* et des *Murs de nos villages* et le recueil de Patrice Desbiens *Sudbury*.

Si Camus, Cocteau, Nietzsche et Hugo avaient éveillé en moi un sentiment d'étrangeté dans les rapports humains et des possibilités esthétiques, la pièce et le recueil de Dalpé inspiraient un sentiment d'étrange familiarité. L'identification à Jay serait immédiate. Et pourtant, je n'avais jamais vu d'Amérindiens ni le terroir ardu et infertile du Nouvel-Ontario, je n'avais jamais connu personne ayant fait la guerre, je ne connaissais pas vraiment d'hommes endurcis et muets comme le paternel du *Chien*. Mon milieu était celui des notables, une famille d'avocats, d'architectes et d'industriels ; je suis issu de la petite bourgeoisie villageoise, elle-même une branche chancelante d'une plus grande bourgeoisie déchue. Rien ne me préparait à être réceptif à l'œuvre de Dalpé et pourtant, aux premiers jappements du chien, à la première réplique de Jay, j'ai reconnu ce monde, cette américanité en moi, cette soif de partir à mon tour, parcourir le monde et puis revenir pour régler leur sort à ceux qui refusent de grandir, à ceux qui préfèrent rester encastrés, figés, morts-vivants. Sauf que je sais déjà que le retour du fils prodigue ne pourra être que déception, comme avec Jay. Du moment que je quitterai mon village, comme Jay l'a fait dans *Le chien*, ce sera à jamais. On ne revient pas en arrière. *No regrets*. Contrairement aux dramaturgies de Paiement et, plus tard, de Ouellette, où l'on n'avance pas sans tenir compte du passé, sans porter le poids des ancêtres sur ses épaules, sans avoir assimilé et s'être approprié leurs craintes et leurs limites, le mouvement du *Chien* allait inéluctablement vers l'avant, malgré les perturbations spatio-temporelles apparentes de sa structure.

Cette pièce éveilla en moi une solidarité insoupçonnée pour mes confrères — mes voisins — ceux-là que j'avais toujours regardés de loin, sentant qu'il me faudrait un jour m'éloigner d'eux. J'avais toujours senti que je me distinguais d'eux et voilà qu'une pièce m'en rapprochait. Avec *Le chien*, donc, l'éveil de l'empathie et de l'identification aux gens de mon milieu villageois. Prise de conscience également que si j'étais pour devenir franco-ontarien, c'est-à-dire si j'étais pour m'affirmer en tant que tel, il me faudrait tenir compte des mythes fondateurs de la communauté et c'en était un que proposait Dalpé. L'idée même d'une communauté parsemée sur une terre inhospitalière m'apparaissait fort romantique. Le terroir est-ontarien plutôt généreux et l'existence dans ce village majoritairement francophone ne m'avaient pas préparé aux éléments clés du mythe — soit l'expérience du pionnier, l'éloignement de la patrie, la lutte contre un sol avare et une langue craintive aux aguets. Sa langue n'était pas la mienne, son monde non plus. Je ne verrais pas les forêts d'épinettes du Nouvel-Ontario avant quelques années encore, et lorsque je les découvrirais en *Greyhound* entre Mattawa et North Bay, je ne pourrais m'empêcher de marmonner :

> Ça commence à ressembler à chez nous icitte!», pis ça me surprend ça, «chez nous», j'ai dit : «chez nous» pis, au fond, j'sais que je l'ai toujours pensé, même si je l'haïssais c'te place icitte [...] (*C*, 1987, 48).

Je ne connaissais pas ce «chez nous» mais j'en étais venu à croire qu'il était également le mien. Quelque chose d'essentiel a été éveillé en moi. Ma franco-ontarianité latente sans doute. On ne naît pas franco-ontarien, on le devient. Morvan Lebesque, dans son essai *Comment peut-on être breton?*, affirme que :

> [l]a *Bretagne n'a pas de papiers*. Elle n'existe que dans la mesure où chaque génération d'hommes se reconnaissent bretons. À cette heure, des enfants naissent en Bretagne. Seront-ils bretons? Nul ne le sait. À chacun, l'âge venu, la découverte ou l'ignorance[1].

N'est-ce pas ainsi chez nous? Mon père, un francophone assimilé de Cornwall, avait épousé une bourgeoise de Québec. Tout aurait pu être possible : avenir d'Ontarien, de Québécois, de Franco-Ontarien ou, comme certains de mes cousins, d'Américain. Ajoutons à l'éveil identitaire naissant dans le sous-sol du *bungalow* d'Alexandria le sentiment que j'avais depuis la tendre enfance que j'allais inévitablement devenir un lecteur et un écrivain — être écrivain en ce territoire, c'était donc ça! C'était parler des petites gens, évoquer des trous desquels on ne sait plus sortir, dépeindre des champs de bouette et tuer des chiens enragés. Je ne

---

[1] Morvan Lebesque, *Comment peut-on être breton?*, Paris, Seuil, 1970, p. 18.

connaissais pas encore Paiement ni les œuvres collectives de Dalpé et compagnie. Je n'avais fréquenté que les auteurs français sans me rendre compte qu'ils étaient français *en plus* d'être écrivains. Le monde des lettres n'était pas conforme à celui qui m'entourait. Mais l'effet Dalpé serait déterminant. Je deviendrais écrivain, soit. Écrivain de théâtre. Peut-être un peu poète aussi, comme lui. Comme Michel Garneau avant lui. Je serais un écrivain qui prend la parole. Ma parole allait être calquée sur celle d'un autre un bout de temps encore.

Très vite, mon enthousiasme pour la chose franco-ontarienne totémique s'est estompé. Je n'en pouvais plus des mythes devenus réconfortants ; une communauté vivante ne pouvait vraiment se satisfaire de si peu de mythes fondateurs. Dans les jeunes œuvres de Dalpé (collectives surtout), celles de Paiement et de Desbiens, je décelais une esthétique du ratage et de l'impasse qui avait pour effet de m'accabler. Étions-nous réellement coincés ? Qu'en était-il des autres, de ces Franco-Ontariens que je fréquentais à Ottawa, à l'université, de ces jeunes qui se sentaient désœuvrés et qui s'identifiaient d'abord à une génération plutôt qu'à une communauté culturelle ? Personne n'en parlait. Je ne les voyais pas représentés dans notre littérature ni dans notre théâtre. Je ne me voyais pas sur scène en Ontario français. L'anamnèse ne m'intéressait pas ni les redondances et permutations du récit fondateur érigé en dogme. Je ne me sentais pas limité, pris au piège, déchiré, torturé par mes origines. C'est l'avenir qui me préoccupait, donc le quotidien de ceux qui allaient définir l'avenir.

Comme Jay, j'ai cru qu'il fallait tirer sur tout ce qui bougeait et qui faisait vaguement paternel. Devant les limites de la langue, devant les modèles désuets et restrictifs, je criais à mon tour : « Câlice ! Câlice ! Câlice ! Pis moé ? » (*C*, 1987, 62). Je tirais, pour emprunter la phrase de Robert Dickson, en faisant appel à toutes mes ressources pour produire une « inflation langagière[2] », que j'estimais nécessaire puisque contraire à la *doxa*.

---

[2] Terme utilisé par Robert Dickson dans un texte du présent ouvrage.

Ce n'est pas à Dalpé que j'en ai voulu, mais plutôt au discours monolithique qui émergeait autour de son théâtre et de celui du « canon » Paiement-Dalpé et, plus tard, à l'ajout de Ouellette[3]. L'idée qu'on constate que « notre théâtre témoigne d'une [...] grande impuissance dramaturgique à évoluer dans le langage[4] », non pas un pan de notre dramaturgie, mais *toute* cette dramaturgie, ou encore l'inscription obligée dans la « pratique de la négativité[5] » pour faire franco-ontarien m'inspirait de l'horreur. C'était là un simple constat de François Paré sur la pratique dramaturgique franco-ontarienne, bien sûr, et non pas une bulle papale nous exhortant à suivre l'exemple. Je sentais toutefois que le milieu entretenait des attentes. On légitimait une parole pour exclure les autres[6]. C'est un effet d'entraînement, personne ne *veut* faire cela mais la communauté en manque de modèles et de héros adopte très vite « son » auteur, quitte à remettre en cause tout ce qui ne s'inscrit pas dans la « tradition » somme toute récente. L'exil volontaire du père Dalpé à Montréal et la mort prématurée du grand-père Paiement faisaient d'eux des figures mythiques puisque absentes. Il me faudrait passer à des actes de « correction créatrice » en me livrant à une lecture sélective et de mauvaise foi de l'œuvre

---

[3] Je demeurais toujours sympathique au théâtre de Michel Ouellette, ayant également travaillé avec cet auteur lorsque je dirigeais le Théâtre la Catapulte. Michel Ouellette est demeuré, au fil des ans, un interlocuteur privilégié avec lequel j'ai pu discuter de l'état du théâtre franco-ontarien et de nos propres processus d'écriture. J'étais plutôt gêné par l'érection sur socle d'un seul modèle franco-ontarien valable.
[4] François Paré, *Théories de la fragilité*, Ottawa, Le Nordir, 1994, p. 109.
[5] François Paré, « Pour rompre avec le discours fondateur : la littérature et la détresse », dans Lucie Hotte et François Ouellet (dir.), *La littérature franco-ontarienne : Enjeux esthétiques*, Ottawa, Le Nordir, 1996, p. 17.
[6] Des articles plus récents de Jane Moss, « Le théâtre franco-ontarien : *Dramatic spectacles of linguistic otherness*», *University of Toronto Quarterly*, n° 69 , printemps 2000, et de Joël Beddows, « Mutualisme esthétique et institutionnel : la dramaturgie franco-ontarienne après 1990 », dans *La littérature franco-ontarienne : voies nouvelles, nouvelles voix*, Lucie Hotte (dir.), Ottawa, Le Nordir, 2002, viennent toutefois nuancer le discours critique tout en tenant compte des écritures plus récentes et négligées.

du dramaturge aîné[7]. Ainsi, en 1992, je signais et je présentais, dans le cadre de la « Nuit Cité » de Vox Théâtre, le monologue fait de fragments poétiques « Les murs de nos w.-c »[8]. Les murs n'étaient plus villageois mais urbains et ils ne réconfortaient ni ne retenaient ; ils devenaient la matrice sur laquelle jetait son dévolu une génération de gens trop éduqués détenant des emplois minables, une génération terriblement réaliste, pessimiste, nihiliste malgré elle. « *I want a job, I want a job, I want a job*», martelait le personnage de mon poème dramatique. Sur scène, j'étais assis, les culottes baissées, sur un bol de toilette. J'évoquais les graffitis griffonnés çà et là pour conclure que : « les murs de nos w.-c. se souviennent, se rappellent, mais personne ne les écoute, personne ne veut savoir[9] ». Je faisais violence au souvenir bucolique d'une époque révolue.

Substitution dialectique plus ou moins honnête de ma part, je me rangeais dans l'autre camp, celui visant à doter le théâtre franco-ontarien d'un fondement mythologique pluriel plutôt qu'unique. J'étais insatisfait que *Le chien* ne débouche pas sur une réforme, sur une démarche destructrice. Je m'étais convaincu que le parricide de Jay m'autorisait, voire *m'obligeait* — puisque la barrière longtemps maintenue fermée de *Lavalléville* était enfin ouverte[10] — à tous les excès. L'image de la terre du grand-père de Jay m'accablait, j'y voyais un espace se rétrécissant en peau de chagrin. Il fallait définir et habiter d'autres espaces si

---

[7] J'emprunte ici la notion de *clinamen or poetic misprision* de Harold Bloom. Voir *The anxiety of influence. A theory of poetry*, 2ᵉ édition, New York et Oxford, Oxford University Press, 1997, p. 19-45.

[8] En référence, bien sûr, au recueil de poésie *Les murs de nos villages* de Jean Marc Dalpé, ainsi qu'à la pièce du même titre qui en a été tirée par le Théâtre de la Vieille 17 en 1979.

[9] Patrick Leroux, *Les murs de nos w.-c.*, inédit, créé à *la Nuit cité* à la Cour des arts, Ottawa, 1992, s.p.

[10] Y a-t-il une réplique plus désolante que celle de Diane à la fin de *Lavalléville*, qui, après avoir presque réussi à s'évader de l'enclos, constate, pimpante : « Mon oncle Adolphe, mon oncle Adolphe! C'est correct! J'ai décidé que Lavalléville n'est pas si mal que ça. Je veux rester et je veux travailler » (Paiement, 1983, 80) ? On voit là l'intériorisation panoptique satisfaite à laquelle les dramaturges suivants résisteront ou adhéreront.

nous étions pour survivre — ah! laissons tomber la survie —, pour *croître*.

J'admirais l'art et le métier de Dalpé, sa maîtrise des deux modes d'énonciation, soit le poétique rhapsodique, posé, *moderato cantabile* (comme dans ses recueils de poésie), et le dramatique frénétique, *staccato*, urgent (le *tempo* et le débit qu'on reconnaît à ses personnages de théâtre). Je raffolais du second mode, cette écriture nerveuse, *jazzée*, virevoltante, dans les dialogues comme dans la structure même de ses pièces.

Mais je ne comprenais pas pourquoi, comme Tremblay, comme tant d'autres, il mettait en scène un certain type de personnages. Le public théâtral n'allait pas là pour se reconnaître, pas celui que je voyais dans les salles du moins, mais plutôt pour s'apitoyer sur le sort de ces pauvres gens moins instruits, moins fins, mais honnêtes, tout de même. Des nobles sauvages de Rousseau, en somme. Je rejetais du même coup les implications d'un discours social et politique émergeant d'une dramaturgie de l'impasse. «Après nous le déluge», me semblait lire le sous-texte de ce théâtre. Conflits générationnels et esthétiques en vue.

Dorénavant, mes personnages ne parleraient pas cette langue. Ils parleraient ou bien le français, ou bien l'anglais. Non pas par pudibonderie élitiste, mais par souci de vérité, de vraisemblable. Par désir de voir représentée la mienne, ma langue. Mes personnages seraient éduqués, voire trop éduqués pour leurs fonctions sociales; ils seraient cosmopolites; jamais je ne mettrais en scène quelqu'un qui en saurait moins que moi, qui ne pourrait s'exprimer subtilement, à moins bien sûr que je n'écrive une comédie aux masques grossissants. La musicalité de mes répliques serait issue de Schönberg, Reich, Glass. Jamais, au théâtre, je n'utiliserais le terme *Franco-Ontarien* ni aucun lieu traditionnellement reconnu comme franco-ontarien. Mon théâtre serait subversif sans en avoir l'air. Il jouerait avec la forme pour mieux la défaire, la disséquer. Les lieux seraient neutres[11]. Les statuaires de la

---

[11] Je dévierais de ces objectifs en 1998-1999 avec mes contes urbains *Ottawa-les-bains sens dessus dessous* et *Alain Lalonde, barbier,* après avoir travaillé au «docufiction» *L'écureuil noir* de l'Office national du film, autour de l'œuvre de Daniel Poliquin, œuvre, s'il en est une, ancrée dans le terroir urbain d'Ottawa.

communauté allaient tomber. Chantez « Soleil, mon chef » ou « Cage monte, cage descend » tant que vous voulez, moi, je chanterai autre chose. Et pourtant, on ne déboulonne pas si aisément les bustes.

Le procès du père, on ne peut qu'en parler chez Paiement. L'effet panoptique de son univers empêcherait toute action. L'autorité du père allait demeurer intacte, même par-delà la mort (*À mes fils bien-aimés*); c'est celui qui lègue ce qu'il a construit. Chez Dalpé, le fils trouve le courage d'agir seulement après son retour d'exil et après avoir assimilé l'idéal américain. Partir pour revenir en vengeur. Le père a tout dilapidé, il ne lègue rien. Le fils tuera le père, mais à quelle fin ? Le père n'espérait pas mieux. Il était mort-vivant. Chez Ouellette, le procès et la mise à mort du père passent par un acte de sublimation mal avisée. Jean-Pierre (dans *French town*), après avoir lui aussi parcouru le monde à sa façon, revient à la maison paternelle et il se suicide devant le miroir en incarnant son père (« Chu dans sa peau. […] Moé pis lui comme un. Feu![12] »). Exorcisme *a posteriori*, d'accord, mais tout de même ratage pour un personnage qui avait réussi, en apparence, à transcender sa situation. Jean-Pierre est retourné dans son trou pour s'y affaisser à jamais. Le théâtre de Ouellette reposerait longtemps sur l'anamnèse, les ressassements et la relecture, voire l'appropriation et l'éventuelle confrontation[13] des mythes fondateurs. Le meurtre-suicide de Jean-Pierre serait un exemple convaincant de *kenosis*[14] dans le rapport de Ouellette à Dalpé. *Kenosis*, c'est-à-dire la répétition du modèle du maître et assimilation de son essence même (le père poétique de l'écrivain est absorbé dans le ça créateur plutôt que dans le surmoi[15]).

---

[12] Michel Ouellette, *French town*, Ottawa, Le Nordir, 1994, p. 91.

[13] Je pense notamment à son adaptation de *Lavalléville* de Paiement ainsi qu'à son théâtre depuis *Requiem* et *Le testament du couturier*.

[14] Encore, selon l'appropriation de la kabbale à la théorie littéraire qu'a faite Harold Bloom dans le chapitre « *A map of misreading* » dans *The anxiety of influence. A theory of poetry*.

[15] Synthèse et traduction libre des propos de Harold Bloom dans *The anxiety of influence. A theory of poetry*, 2ᵉ édition, New York et Oxford, Oxford University Press, 1997, p. 78-80.

Pour ma part, avec *Rappel* — pièce allégorique mettant en scène l'incarnation tripartite du ça, du moi et du surmoi d'un suicidaire loquace —, j'estimais qu'il fallait profondément blesser le père, l'exposer, l'humilier, l'éveiller, le provoquer, l'attendrir, lui faire subir le moment de reconnaissance afin qu'il prenne sur soi toute l'horreur de la mort d'un fils qu'il ne connaîtra que trop tard. Blesser le père en donnant à son fils les outils nécessaires pour se livrer à un suicide pamphlétaire, hystérique, délibéré, embarrassant, tel était mon but. Le procès du père ne devait pas l'absoudre de ses responsabilités en le condamnant à mort, mais plutôt en le condamnant à la vie, *sans progéniture*. Au constat de renouveau du père : « Je suis mourant. Veux-tu en entendre une bonne ? J'ai jamais eu autant le goût de vivre ! Vivre ! Pas vivre en fou, pas vivre pour me tuer à petit peu. Réapprendre à vivre[16] », j'opposais la diatribe de son fils Ludwig :

> Tuer soi-même le germe de la dissidence. Tuer sa Muse, tuer l'inspiration. Taire sa conscience. Déchiqueter son enfance. Brouiller le souvenir. Se faire honneur. Stratifier la mort. Les morts. Baptiser les morts. La mienne se nommera Joseph Narcisse Honorable. Se tuer. Se rendre justice. Croire à la mort : rédemption du règne de merde ! Se tuer puis ressusciter en mauvaise conscience. Venger. Se tuer. Rendre utile notre mort. Tuer l'indifférence[17].

La correction ne serait pas seulement morale, mais esthétique, avec l'éclatement des balises théâtrales habituelles. Geste délibéré. Procès sanguinaire et démonisation du père. De l'acte de correction créatrice, j'étais passé au « *tessera* » lacanien (pour reprendre le modèle de Bloom), soit un travail délibéré de l'antithèse sur l'œuvre du maître. La romance familiale freudienne exigeait que je revendique la reconnaissance, que je blesse le père et que je cherche à défaire cette idée qu'on se faisait d'une pièce franco-ontarienne bien faite.

Comme *Bonjour là bonjour* de Tremblay, *Le chien* demeure une

---

[16] Patrick Leroux, « Rappel », dans *Implosions*, Ottawa, Le Nordir, 1996, p. 217.
[17] *Ibid.*, p. 216.

« pièce bien faite » de registre tragique donnant l'impression d'une œuvre éclatée. La perturbation est spatio-temporelle, sinon le récit suit la traditionnelle complication, reconnaissance et très brève résolution dispersées en fragments au cours de la pièce (je pense aux lettres de Céline à Jay qui se retrouve en prison et dont la réplique « Moi aussi, Céline, j'ai bien aimé ça. J'y r'pense souvent. *J'ai le temps* » [*C*, 1987, 56 ; je souligne], confirme la chose).

Pièce « bien faite » — j'utilise le terme générique, scribien — décrivant un modèle de pièce aristotélicien poussé jusqu'à son paroxysme, mais je l'utilise aussi comme qualificatif. Première concession. Je me suis mis à relire Dalpé au moment où je me calmais les nerfs, ayant accompli ce que j'avais eu à accomplir. Après la désillusion et la révolte contre ce théâtre que j'avais réduit à un théâtre du ratage ou de l'impasse, théâtre de l'itérative représentation de la misérable condition des pauvres gens, une réplique a suffi pour me réconcilier avec l'auteur qui avait éveillé ma vocation de dramaturge. Elle a eu le même effet que le cri existentiel de Jay à la fin du *Chien*; il s'agissait cette fois de la dernière réplique de *Lucky lady*, dans laquelle Bernie, « *[p]rofondément étonné* » selon la didascalie, affirme : « J'ai pas fucké. Hey… j'ai pas fucké » (*LL*, 1995a, 170). Je n'ai pas perdu ; je ne suis plus un nul. La double négative de Bernie a fait de la traditionnelle « pratique de la négativité » de nos dramaturges et poètes un simple exercice de sophistique. Le discours dalpéen ne pouvait être que l'apologie de cette pratique, aucunement un constat de l'impuissance langagière à transcender le « sous-prolétarien » (pour reprendre le terme malheureux de Michel Nadeau dans sa postface de *Lucky lady*[18]). Cette double négative, cette victoire improbable, ce moment de pur pathos joyeux me réconcilia avec l'écrivain. Avec *Eddy*, *Lucky lady*, « *Give the lady a break* », « *Red voit rouge* » et *Trick or treat*, j'ai fini par me rendre à l'évidence que l'auteur mettait en scène son monde à lui et que sa « nordicité », un modèle qui m'avait accablé, demeurait

---

[18] Michel Nadeau, « *Blazzing* [sic] *bee to win* », dans Jean Marc Dalpé, *Lucky lady*, Montréal et Sudbury, Boréal et Prise de parole, 1995, p. 174.

une trope essentielle pour son travail. On l'avait affublé de toutes les épithètes glorieuses, mais lui, il ne faisait qu'écrire. Le discours paratextuel émergeant de son œuvre n'était pas celui d'un auteur cherchant à imposer un modèle à suivre... Je me suis surpris à trouver sympathiques ses personnages perdus, incertains, en transition. Eddy, Maurice, Vic, Ben Bereczky, Ellen McMurtry sont des exilés, des bâtards, des apatrides. Ce ne sont pas les personnages d'un dramaturge qui pontifie ou qui prétend avoir toutes les réponses. Ses personnages doutent, se mesurent les uns aux autres tels des coqs, mais des coqs que la fatalité écrasera tôt ou tard, des coqs bien conscients de leur sort, des coqs dignes qui ne lâchent jamais.

Avec leurs rêves plus petits les uns que les autres et leurs noms réduits à leur plus simple expression ou anglicisés, c'est-à-dire normalisés : Jay, Vic, Eddy, Bernie, Zach, Shirley, Coco, Red, Mike, Ben, Cracked, les personnages de Dalpé sont nés pour un petit pain, soit, ils ont l'échine pliée et anticipent sans cesse l'*harmatia* inévitable. C'est justement ce qui les rend crédibles et attachants. Ces personnages auraient pu facilement sombrer dans le mélodrame, mais ils conservent une fierté inébranlable, une conscience de ce qu'ils sont et une idée de ce qu'ils pourraient être, ils ont cette soif de transcender, à leur manière, leur condition. Ils n'y arrivent jamais vraiment — il y a l'exception du *happy end* de *Lucky lady* —, mais personne ne peut leur reprocher de ne pas avoir tenté leur chance. Ces personnages sont foncièrement américains, en ce qu'ils incarnent l'idéal de la « possibilité » du *self-made man* avant de devenir satisfaits. C'est le rêve qui nous intéresse, non pas sa réalisation.

L'ordre est toujours à la veille d'être bousculé dans ce théâtre. Le fils l'emportera inévitablement sur le père, bien que la victoire ne soit pas sans remords ou sans éventuelle autoflagellation. En ce sens, Dalpé a déjà transcendé le modèle en huis clos de Paiement. Il laisse la filiation attentive, ou l'exercice appliqué de la *kenosis*, à Michel Ouellette et aux pièces ponctuelles de Stefan Psenak (*Les champs de boue*), Claude Guilmain (*L'égoïste*) et Esther Beauchemin (*La meute*). Étrange de constater que Dalpé écrit aujourd'hui une télésérie sur la vie des détenus !

Son goût du baroque depuis quelques années m'excite beaucoup. Depuis qu'il est québécois, son théâtre — à la fois familier et exotique pour les Montréalais : c'est un proche parent pour son verbe populaire poétique de Yvan Bienvenue et de Michel Garneau, mais aussi pour son rythme, son ton et sa prédilection pour le réalisme mythique de Sam Shepard et de Tennessee Williams —, son théâtre, donc, est celui de l'impureté, de l'incertitude, du doute, du sentiment d'intrusion. Je me reconnais de nouveau dans cette parole qui introduit l'altérité afin de rendre possible le rapprochement.

BIBLIOGRAPHIE

BLOOM, Harold, *The anxiety of influence. A theory of poetry*, 2ᵉ édition, New York et Oxford, Oxford University Press, 1997.

DALPÉ, Jean Marc, *Le chien*, Sudbury, Prise de parole, 1987.

DALPÉ, Jean Marc, *Lucky lady*, postface de Michel Nadeau, «*Blazzing* [sic] *bee to win*», Montréal et Sudbury, Boréal et Prise de parole, 1995.

LEBESQUE, Morvan, *Comment peut-on être breton?*, Paris, Seuil, 1970.

LEROUX, Patrick, *Les murs de nos w.-c.*, inédit, créé à *la Nuit cité* à la Cour des arts, Ottawa, 1992.

LEROUX, Patrick, «Rappel», dans *Implosions*, Ottawa, Le Nordir, 1996.

OUELLETTE, Michel, *French town*, Ottawa, Le Nordir, 1994.

PAIEMENT, André, «Lavalléville», dans *Théâtre*, vol. III, Sudbury, Prise de parole, 1983.

PARÉ, François, *Théories de la fragilité*, Ottawa, Le Nordir, 1994.

PARÉ, François, «Pour rompre avec le discours fondateur : la littérature et la détresse», dans Lucie Hotte et François Ouellet (dir.), *La littérature franco-ontarienne : Enjeux esthétiques,* Ottawa, Le Nordir, 1996.

LA PÉRIODE DALPÉ AU THÉÂTRE DU NOUVEL-ONTARIO,
la création d'un superhéros culturel
ANDRÉ PERRIER
Ancien directeur artistique du Théâtre du Nouvel-Ontario, Sudbury

Le Théâtre du Nouvel-Ontario est en crise. Rien ne va plus. Plan rapproché sur la direction artistique qui hurle en se sauvant : « Il n'est plus possible de faire du théâtre à Sudbury ! » Il prend ses jambes à son cou. Trop tard. Il reçoit une brique du Conseil des arts de l'Ontario sur la tête. Le choc est tellement grand qu'il se replie comme un accordéon. Gros plan sur le restant des membres de l'équipe, qui sautent un à un du deuxième étage de l'immeuble alors qu'il s'apprête à s'écrouler. L'immeuble titube comme un des habitués qui sort de la Coulson un soir particulièrement arrosé puis, désespéré, s'effondre dans un fracas de briques épuisées. Il n'y a plus de direction artistique. Plus de direction administrative. Plus de communication. Plus personne. Plus d'argent. Plus de spectacles. Plus de bureaux. Le Théâtre du Nouvel-Ontario n'est plus.

Nous sommes à Sudbury, Ontario, Canada. Nous sommes en l'an de grâce 1981 après Jésus-Christ.

Il y avait belle lurette que le public sudburois ne s'était pas reconnu sur une scène. Lassé du théâtre de répertoire qui a progressivement remplacé celui de création, le public s'était fait de plus en plus rare et avait délaissé grandement le TNO. Il se prenait à rêver d'une époque où André Paiement, membre fondateur du TNO, avait allumé la flamme de l'identité franco-ontarienne avec des créations qui exprimaient la réalité d'ici avec fougue et naïveté.

Le désert théâtral s'installe. Un vent sec siffle et souffle sans inspiration sur la ville de Sudbury. La population assoiffée de culture s'assèche. Le soleil est tellement chaud dans ce désert culturel que certains en perdent la langue. « Qui suis-je ? » dit la langue pendue à un fil. Elle perd le fil et tombe dans le sable brûlant. Se débattant comme un pauvre poisson sorti de l'eau, elle cherche l'air et, n'ayant l'air de rien, meurt en accents graves.

La terre crique, craque et croque, fissurée comme un mauvais *western* américain de série B. C'est le désert.

Alors que l'on croit que tout est perdu, la caméra s'anime et fait un *travelling* dans les décombres de l'immeuble écroulé et, se faufilant entre mortier, bois et ferrailles, se dirige vers un vieux classeur d'où jaillit une maigre lumière.

Un document d'incorporation, dans le fond d'un classeur, est tout ce qui reste du TNO.

Nous sommes dans le garage d'Yvan Rancourt, seul membre restant du conseil d'administration du TNO. Il est à la recherche d'une direction artistique, intrépide par défaut, et ne trouve pas.

Et c'est là qu'entre en jeu notre protagoniste tant attendu. Dans un *western*, il apparaîtrait en silhouette à l'écran en poussant les portes du bar. Dans une comédie romantique, on le verrait d'abord de dos. La caméra se rapproche de lui. Il se retourne. La caméra s'immobilise, comme foudroyée par le sourire radieusement américain. Dans un film d'action, il crèverait l'écran en plein vol pour sauver la journaliste tombée du douzième étage. À Sudbury, il débarque d'une (*Jean Marc, peux-tu ajouter la marque de la voiture et quelques détails ?*), muni de son arme secrète, Brigitte Haentjens. Notre *Jack and the beanstalk* franco-ontarien troquera sa présente compagnie à Ottawa, dont il est membre fondateur, pour cette débine qu'est devenu le TNO. Le Théâtre de la Vieille 17 est pourtant en pleine effervescence et ses productions sont marquantes. Néanmoins, Jean Marc Dalpé se sent interpellé.

C'est à l'été de 1981 qu'il approche Yvan Rancourt pour lui offrir de prendre les rênes du cheval quasi mort qu'est devenu le TNO. Qui aurait pu prédire que ce cheval sauvé de justesse de l'abattoir aurait gagné autant de courses?

En mars 1982, Jean Marc débarque officiellement au TNO.

Brigitte Haentjens finira par prendre la direction artistique et assumera les mises en scène alors que Jean Marc Dalpé se consacrera au jeu et à l'écriture. Le talent particulier de chacun est mis à profit dans cette alliance explosive qui marquera Sudbury. Rejoignant la fougue créatrice du défunt André Paiement, cette équipe fera connaître au TNO ses plus grandes heures de gloire avec une qualité de spectacles sans précédent. *Is it a bird? Is it a plane? No it's super Dalpé in the making!*

Les huit années suivantes marquent pour toujours l'histoire du TNO, celle de Sudbury et celle de l'Ontario au complet.

Le TNO devient le terrain de jeu qui permet à Jean Marc de perfectionner son style d'écriture et la rencontre avec Sudbury lui est une source d'inspiration intarissable. Il semble être en symbiose avec ce milieu qu'il défend avec amour. La quête des «petites gens» le touche profondément et son écriture machiste à la parole rocailleuse laisse poindre toute l'affection qu'il leur porte. Pas très loin du théâtre engagé et politisé de Brecht, il rejoint les idéaux de l'ancien TNO, où il «ne s'agissait pas d'amener le théâtre dans la rue, mais plutôt de mettre la rue sur la scène», comme le disait Pierre Bélanger de l'époque de Paiement, ou encore «d'exprimer la réalité des gens dans l'immédiat».

Nickel, son premier texte au TNO, épouse ces principes et le paysage humain qui l'entoure devient une riche source d'inspiration. *Nickel* est une «histoire d'amour sur fond de mines» qui met en scène les gens de la place, les mineurs, avec force humanité. C'est un ancrage dans la communauté que Sudbury n'a pas vu depuis longtemps. Le travailleur comme personnage noble se retrouvera partout dans l'écriture de Jean Marc, que ce soit au théâtre comme en poésie. Avec *Nickel*, il épouse son entourage, s'en inspire, devient le porte-parole des «petites gens», le porte-voix de leur réalité, de leurs drames, de leurs conquêtes et de leurs espoirs. En pleine période de réduction des effectifs miniers dans la région, *Nickel* évoque le drame qui sévit dans la ville. C'est le début d'une histoire d'amour qui connaîtra ses hauts et ses bas et qui laissera de profondes et riches veines dans le roc de la mémoire collective. Ce sera une relation qu'on consacrera au même titre que celle établie par André Paiement. Jean Marc sera mythifié : super-héros de la culture franco-sudburoise planant au-dessus d'un Sudbury nostalgique de son passé dalpé-haentjenesque. Dalpé sera aux Franco-Ontariens ce que Michel Tremblay est aux Québécois. Un reflet du pauvre milieu dans lequel se reconnaît toute une culture.

La structure même de *Nickel*, série de tableaux reliés par les chants d'une accordéoniste ukrainienne, rappelle celle des pièces de Brecht où le chœur, personnage clé dans l'œuvre brechtienne, représente la masse solidaire. Ici, la chanteuse ukrainienne nous rappelle brutalement la masse de travailleurs immigrants venus travailler dans les mines du Nord de l'Ontario. Elle est aussi la voix d'outre-tombe venue nous rappeler notre héritage de morts souterrains. Ces noms étranges et imprononçables, sacrifiés au nom du progrès et de la *big business*.

L'influence américaine se fait sentir dans cette écriture à la David Mamet dont les dialogues impolis s'entrecroisent, se coupent et quelquefois restent suspendus comme si la parole, accrochée en apnée, attendait la grâce de mots qui ne viendront pas. Des idées perdues qui meurent comme des sans-abri! Ce sont des dialogues anarchiques à l'image même de la pensée. Il en résulte l'apparence d'un réalisme désarmant. Je dis bien l'apparence d'un réalisme parce que le réalisme au théâtre est plat. Inintéressant. La langue inventée par Dalpé n'a rien de ça. Elle puise sa force dans une hyperthéâtralité qui transporte l'acteur dans un plaisir de rythmes, de sonorités et de résonances exigeant de lui une maîtrise technique extraordinaire, une écoute sur scène hors du commun, un sens de la musicalité mathématique et une disponibilité sans faille. Les scènes, par moments, se jouent comme des partitions, fugues humaines livrées temps doubles. Un déferlement de paroles dont l'énergie fait écho à l'urgence des personnages. En lutte avec le langage même qui les définit, ils s'expriment comme ils peuvent dans un langage hachuré, frustré et désordonné dont l'acharnement devant l'urgence frôle la tragédie. L'apparente pauvreté de la langue devient quasi poétique, pleinement riche puisqu'elle révèle l'essence même de l'être, l'anglais et les fameux sacres faisant irruption lorsque la langue fait défaut, lorsque la parole ne répond pas à la force des émotions embouteillées.

Pourtant, le public est partagé. Les jurons dans les communautés catholiques choquent. Ayant quelque peu évolué depuis, le problème reste actuel. Une certaine partie de la population refuse d'entendre à la scène ce qui pourtant est maintenant chose courante à la télévision ou au cinéma, bien souvent beaucoup plus choquant par sa gratuité que les pièces de Dalpé! Mais Jean Marc tient bon et rejette le théâtre bourgeois en continuant de s'inspirer sans compromis de la vie des gens qui l'entourent.

J'ai vu la production de *Nickel* au Centre national des arts et c'était l'une des premières créations franco-ontariennes auxquelles j'assistais, fraîchement débarqué du Conservatoire d'art dramatique de Québec. Il n'y avait pas beaucoup de théâtre qui se faisait ou qui se rendait à Timmins, où je suis né et où j'ai passé les premières années de ma vie. C'est malheureusement encore le cas.

C'est à Timmins que j'ai rencontré Jean Marc Dalpé pour la première fois et c'est réellement grâce à lui que je fais du théâtre aujourd'hui. J'étais en treizième année et Jean Marc était venu donner un atelier de fin de semaine dans mon école secondaire. Il m'informe qu'il existe des écoles de théâtre, entre autres le Conservatoire d'art dramatique de Québec, dont il est issu, mais que la date limite d'inscription est passée. Malgré tout, il tire quelques ficelles, mon inscription est acceptée, je fais l'audition et je suis admis. Jean Marc m'avait donné le meilleur des conseils : celui d'aller à l'audition pour l'expérience et pour m'amuser parce qu'ils ne me prendraient pas de toute façon. J'étais trop jeune. Ce conseil m'a libéré de toute pression qui m'aurait sûrement nui. Ce qui est important dans l'histoire, c'est que Jean Marc m'a fait voir qu'il était possible de faire carrière au théâtre, même pour un p'tit cul du Nord de l'Ontario. Je lui en suis bien reconnaissant.

Vingt ans après cette première rencontre, je suis appelé à bâtir sur le merveilleux legs que Jean Marc Dalpé a laissé au TNO. D'énormes souliers de superhéros à remplir, mais combien inspirants!

Mais revenons à *Nickel*. Centre national des arts, 1984. J'avais la prétention des tout frais émoulus des écoles de théâtre qui, face à une œuvre théâtrale, pourraient faire cent fois mieux si on leur en donnait la chance. Erreurs de jeunesse! C'était un grand moment dans l'histoire du théâtre franco-ontarien. Sur la grande scène du Centre national des arts, je voyais défiler les histoires de mon peuple, l'histoire des mineurs du Nord de l'Ontario, mon histoire.

Faire du théâtre en français à Sudbury, comme à peu près partout au Canada à l'extérieur du Québec, est un acte politique en soi. Il y a déjà dans cette décision une prise de position et un geste d'affirmation face à la majorité englobante. C'est automatiquement, qu'on le veuille ou non, un acte identitaire. Faire du théâtre en français en Ontario, c'est un rejet de la facilité contre toute logique. C'est cette contradiction que j'adore et que j'admire : cette tension dans l'urgence du dire qui se trouve en force dans l'œuvre de Dalpé. C'est la beauté du p'tit cul qui refuse de mordre la poussière. C'est celui qui se relève après chaque coup et qui ne cédera pas la victoire avant d'avoir reçu un bon coup sur la gueule.

Le succès de *Nickel* était aussi dû à une solide mise en scène de Brigitte Haentjens, qui contribue grandement à la création du superhéros Dalpé. Combien de textes ont été mis au rancart, condamnés à mort dans un tiroir après avoir été mal montés une première fois? Le tandem Haentjens-Dalpé est la rencontre de deux rares talents qui se complètent. Les mises en scène de Brigitte font preuve d'une grande intelligence et d'une rigueur de direction d'acteurs hors du commun. Elle insuffle aux textes de Dalpé une précision de jeu dont émane une force vive d'humanité. Le travail de Haentjens sur les textes de Dalpé est magistral et demeure encore aujourd'hui parmi les plus grandes mises en scène de l'histoire de l'Ontario français. Par contre, c'est plus tard, à Montréal, qu'elle développera une démarche audacieuse et personnelle en poussant les limites de la mise en scène, développant ainsi une signature distinctive qui lui permet de se tailler une place parmi les metteurs en scène les plus intéressants de l'heure. À l'instar de Jean Marc, Sudbury ne lui aurait probablement pas permis d'expérimenter les limites de son art comme elle a pu le faire dans la métropole artistique francophone.

Peu après le succès de *Nickel* viendra un des moments les plus controversés de l'histoire du TNO, *Les Rogers*. La saga se joue autour d'un spectacle dédié au public adolescent en coproduction avec le Théâtre de la Vieille 17 et coécrit par Robert Marinier, Robert Bellefeuille et... Jean Marc Dalpé! C'est dans cette production que notre superhéros se fera des dents. Nous sommes à l'hiver 1985. L'origine de cette controverse est racontée par le journaliste Fernan Carrière : « Il s'agit d'une entrevue radiophonique que l'un des auteurs et interprètes avait accordée au journaliste André Nadeau, dans le cadre de l'émission Ontario 30 (le 21 février 1985). Jean Marc avait, à cette occasion, dénoncé la censure que des responsables scolaires avaient l'intention d'imposer aux producteurs du spectacle[1]. »

Le centre de cette controverse : les fesses de nul autre que Jean Marc Dalpé exhibées devant les yeux chastes des élèves d'une école secondaire. S'ensuit un mélodrame digne d'un mauvais auteur de téléroman où les écoles annulent en masse leurs achats de spectacles. Le TNO fait face à une situation très grave qui endommagera longtemps ses liens avec les écoles. Certaines résistent d'ailleurs encore, 13 ans après l'événement, alors que je débarque au TNO et qu'elles refusent de prendre nos spectacles scolaires même en accueil! Les Franco-Ontariens ont une mémoire d'éléphant et ne pardonnent pas facilement! C'est l'envers de la médaille quand on travaille en milieu minoritaire. On fait partie d'une grande famille et, quand tout va bien, c'est merveilleux! Mais quand on a le malheur de ne pas entrer dans les sillons majoritaires de cette minorité, le vent peut facilement tourner et faire chavirer la barque. La communauté ne pardonne pas. Lors du colloque *Toutes les photos finissent-elles par se ressembler?*, au printemps 1998, Brigitte Haentjens décrivait comment un fossé s'était élargi entre la communauté sudburoise et le TNO. Ironiquement, plus le TNO avait du succès, plus le fossé s'élargissait. Aussi longtemps

---

[1] Fernan Carrière, [s.t.], cité dans Marie-Claude Tremblay, « 1985-1989 De la controverse à la consécration », dans Guy Gaudreau (dir.), *Le Théâtre du Nouvel-Ontario 20 ans*, Sudbury, TNO, 1991, p. 53.

que le TNO présentait un miroir valorisant de la communauté, les gens suivaient allégrement mais, avec la venue de spectacles comme *Le chien*, miroir déformant et critique s'il en est, un fossé se creusait.

Pour l'équipe du TNO, la lutte est plus importante qu'une histoire de fesses et c'est une question de principe de contrer la censure d'un conseil scolaire pudique qui n'a pas évolué avec son temps au dire de l'équipe. Et Jean Marc et Brigitte, qui ne craignent pas la controverse, sont au cœur de la tempête, refusant de se plier aux exigences des écoles et criant à la censure du haut de leur tribune. Ils assument pleinement leur rôle d'artistes engagés et luttent pour faire respecter la liberté de parole. Un communiqué diffusé par le TNO démontre bien le climat qui règne :

> Il est déjà si difficile de travailler en théâtre en Ontario dans un climat si restrictif par rapport à la créativité, avec les contraintes énormes d'un marché de tournées, avec une multiplicité de mandats à assumer, sans que nous abdiquions notre raison même d'exister, qui est celle de prendre la parole quand tous se taisent, et de se tenir debout quand tout le monde s'agenouille[2].

Théâtre-Action appuie le superhéros :

> L'avenir du théâtre franco-ontarien est en jeu. Le théâtre est une école de larmes et de rires, une tribune où l'on peut défendre les morales anciennes ou équivoques et dégager, au moyen d'exemples vivants, les lois éternelles du cœur et des sentiments de l'homme[3].

Résultat : les écoles ne démordent pas et le TNO abandonne à contrecœur le secteur scolaire, pourtant vital en milieu minoritaire. C'est également une source importante de revenus en moins et les bailleurs de fonds exigent une part accrue de revenus autonomes. En plus, une initiation théâtrale se perd, privant les jeunes d'une identification à leur culture, ce qui aura immanquablement un impact sur le développement d'un public futur. Les jeunes sont

---

[2] Brigitte Haentjens, «Communiqué de presse du 5 mars 1985», cité dans Marie-Claude Tremblay, *ibid.*, p. 54.
[3] Théâtre-Action, [s.t.], cité dans Marie-Claude Tremblay, *ibid.*

les véritables perdants dans cette histoire, mais l'honneur du TNO est indemne et ses artistes peuvent garder la tête haute. Notre superhéros en ressort un peu égratigné, mais plus fort que jamais et prêt à se battre contre qui que ce soit qui imposera une censure. Pied de nez à l'Ontario, la pièce connaît un grand succès au Québec.

Ce n'est pas surprenant. Portant un regard masculin sur les relations amoureuses, la pièce adulte est mordante, drôle et rafraîchissante. Historiquement, elle aura rassemblé trois piliers de la création franco-ontarienne du moment : Jean Marc Dalpé, Robert Marinier et Robert Bellefeuille.

Les Rogers aura marqué l'histoire par la prise de position de ses concepteurs et enverra un message clair que la parole d'ici n'a pas à être muselée ou modelée selon les exigences d'une morale externe. Ce sera une parole affranchie qui s'assumera pleinement et qui fleurira malgré les obstacles en traçant le chemin d'une dramaturgie sans compromis.

À cette époque, le TNO connaît un rayonnement sans précédent grâce à l'intelligence des mises en scène de Brigitte Haentjens et à la pertinence des textes de Dalpé. Le TNO tourne régulièrement dans le Nord de l'Ontario, dans le triangle commercial d'Ottawa-Toronto-Montréal, dans l'Est et l'Ouest canadiens et finalement en France avec la production du *Chien*.

Ce texte-phare est la pierre angulaire de l'œuvre de Dalpé. Il devient *la* référence de toute la dramaturgie franco-ontarienne. *Le chien* reste l'emblème de toute une génération en rupture avec la précédente et qui cherche désespérément sa place, sa culture ou, comme dirait Patrice Desbiens, poète originaire du Nord de l'Ontario, son pays. Cette pièce représente cette lutte identitaire ancrée dans un malaise de vivre existentiel et culturel. Jay, le fils revenu dans le Nord de l'Ontario après maints voyages dans le Sud, est un peu à l'image de Jean Marc Dalpé interpellé et hanté par le Nord, source d'inspiration constante dans ses écrits :

> JAY : [...] Si j'sais pourquoi j'suis venu ? J'sais jamais pourquoi j'pars des places pis que j'reviens à d'autres ! T'as pognes-tu ? Jamais ! *Free Spirit* ostie ! James Dean *Easy Rider* sacrament ! C'est ça que j'suis moé ! Sauf... sauf après le bicycle, j'ai comme envie de faire autre chose, de pus

toujours être entre deux villes ou entre deux projets de construction...
mais j'sais pas c'est quoi... Fait qu'un jour, j'me ramasse devant un
comptoir de billets d'autobus pis, quand le gars m'dit : « So where you
goin'? » j'y dis le nom du village icitte. « Where the hell is that, for fuck's
sake? »... « Ontario, you asshole! » Mais c'est toé, mon tabarnac, que
j'voyais. J'y avais même pas pensé avant. Mais j't'ai vu t'à coup, pis ça
sorti tu-seul. Fait qu'y fallait. C'est toute! Deux jours, deux nuittes sur le
banc en arrière à côté des toilettes en train de revoir ma vie pis la maison
dans l'rang, pis la maison icitte, pis toé, pis à me demander : « Pourquoi
je retourne là, câlice? »... Mal à tête tout le long, pis pas capable de
dormir, juste de piquer des petits sommes de trente minutes au plus,
même pas, pis le soleil qui remonte, l'aube, pis c'est encore les plaines
mais, à un moment donné, ça l'est pus, ni le jour ni les plaintes t'à fait,
pis quand le soleil revient, c'est la forêt d'épinettes, pis j'me dis : « Ça
commence à ressembler à chez-nous icitte! » Pis ça me surprend ça,
« chez-nous »; j'ai dit : « chez-nous » pis, au fond, j'sais que je l'ai toujours
pensé, même si je l'haïssais c'te place-icitte, pour mourir chrisse, pis j'me
dis : « Peut-être c'est pour en finir une bonne fois pour toutes avec c'te
"chez-nous"-là, tabarnac!... » (*C*, 2003, 84-85)

Le spectacle voyage partout, est traduit en anglais et joué au Factory Theatre de la métropole ontarienne pour finalement recevoir le prix du Gouverneur général. Jean Marc ne se contentera pas de si peu. Il en recevra deux autres.

Le chien, c'est du *top* Dalpé. Des personnages écorchés à vif. Une langue dure ciselée dans le roc. Une charge émotive exceptionnelle qui ne laisse personne indifférent. Du théâtre électrique défendu par de grands acteurs, dont Marthe Turgeon, Lionel Villeneuve, Roger Blais et un jeune Roy Dupuis déniché intuitivement par Brigitte Haentjens et jouant dans sa première pièce professionnelle.

La période Dalpé se terminera au TNO avec le merveilleux *Cris et Blues* en cocréation avec Marcel Aymar avec des textes de Dalpé, Haentjens, Patrice Desbiens, Robert Dickson, Mariette Théberge et Gaston Tremblay. Jean Marc porte à la scène de façon audacieuse la poésie qui lui est chère et crée un spectacle surprenant, éclaté et électrique. La poésie est lâchée lousse en belle sauvageonne et, tel un dompteur dans une cage à lion, elle est maîtrisée par l'acteur Dalpé, qui, par moments, la crache avec force ou la caresse avec tension. Ce spectacle sera, encore une fois, la référence de la poésie parlée avec cette « façon de faire » à la Dalpé. Quand j'ai monté *Du pépin à la fissure* de Patrice Desbiens au TNO avec l'acteur Alain Doom, nous avions voulu donner une autre façon de dire les poèmes de Desbiens, ce qui avait fait dire à quelques résistants sudburois que « ce n'est pas comme ça qu'on livre du Desbiens ! ».

Jean Marc a continué son cheminement de superhéros à Montréal, mais nous l'avons vu revoler au-dessus de la grande cheminée de Sudbury à plusieurs reprises. Le TNO a continué à inviter les spectacles de Dalpé, dont *Lucky lady*, une production de la Vieille 17 et du Niveau Parking. Dans ce texte, Jean Marc laisse gagner les petits et, comme le disait Michel Nadeau, metteur en scène du spectacle : « Les spectateurs s'attachaient énormément à ces personnages mal embouchés au cœur immense. Cette langue sous-prolétarienne, avec son rythme syncopé, à mi-chemin entre le joual et le jargon des courses, étonnait et séduisait beaucoup le public[4] ». Écoutons Zach :

> ZACH : M'a vous dire comment j'vois ça. C't'eine affaire mentale. Ben mentale. C'est d'même j'vois ça. Cerveau... matière. Pis y'a un rapport. Pis l'rapport, c'est quoi ? L'attitude ! Faut que je change mon attitude. Un problème c'est pas un problème pour celui qui a une attitude qui dit que c'est pas un problème. Moé, mon problème c'est qu'un problème c't'un problème même si c'est pas un problème parc' mon cerveau pense problème, problème, problème, le jour où mon cerveau arrête de penser problème, problème, problème, le jour où mon mental, je l'accroche par le collet, j'y donne trois quatre claques dans face pis j'y dis : va jouer ailleurs toé avec ton « problème, problème, problème », c'est ce jour-là que j'en aurai pu d'problèmes. Mental ! C'est toute mental (*LL*, 1995a, 106) !

Zach est le parfait exemple du petit qui tente de s'élever vers le grand. Les perdants habituels de ce monde sont rois et tranchent avec l'habituelle forme dramatique défaitiste canadienne-française qui se ferme sur le néant. Les protagonistes ont tout

---

[4] Michel Nadeau, « *Blazzing* [sic] *bee to win* », dans Jean Marc Dalpé, *Lucky lady*, Montréal et Sudbury, Boréal et Prise de parole, 1995, p. 174.

misé sur un cheval de course, geste insensé et peu récompensé dans une dramaturgie généralement plus moraliste. Cette pièce est un vent de fraîcheur et un coup d'espoir. Il importe peu que les protagonistes aillent probablement «flauber» leur argent comme l'ont fait les Lavigueur après avoir gagné le gros lot au Québec. Pour l'instant, ils sont vainqueurs et tout le monde mérite d'être un *winner* une fois dans sa vie. «… *Lucky lady* by a nose, *Blue moon* en deuxième et *Desert star* en troisième…» (*LL*, 1995a, 170). Et du fond de son étonnement Bernie stupéfait lance un «J'ai pas fucké. Hey… j'ai pas fucké» qui nous arrache le cœur.

À ma première saison au TNO, j'avais produit des contes urbains, question de faire raconter la ville à ses habitants et d'avoir un premier contact avec les auteurs ayant un lien avec Sudbury. Jean Marc écrit un conte qui surprend tout le monde. Ça ne sacre pas! C'est tout en douceur. Dans une langue qu'on ne lui connaît pas. Du Dalpé… paresseux? Coup de téléphone de la comédienne mécontente qui doit livrer le conte: «C'est Dalpé qui a écrit ça? Faut que tu lui parles!» Bon, ça c'est le *fun*. Je dois m'attaquer au superhéros. Je prends mon courage à deux mains, lui téléphone. Il m'écoute. Attentivement. Me dit qu'il va travailler dessus. Une semaine plus tard, je reçois le «nouveau» texte. Une seule phrase est changée. La dernière. Je fulmine. Je me contrôle, l'appelle. Il me dit: «Non, non ça marche. Je le sais. Trust me. Essaye-lé, tu vas voir». Bon. J'ai perdu le premier round. J'attends la première lecture, de pied ferme, prêt à réattaquer. La comédienne lit… Ça marche! Non seulement ça marche. Mais c'est bon. Même très bon. On n'est pas superhéros pour rien!

Le théâtre de Dalpé est un théâtre qui se dit. C'est dans l'oralité qu'il prend toute son ampleur. Il éclôt dans la bouche du comédien qui se laisse porter par sa rythmique et son souffle. C'est dans la parole qu'il prend ultimement sa dimension théâtrale. Certains auteurs dramatiques font de la littérature, d'autres du théâtre. Dalpé fait partie de la deuxième catégorie.

J'ai aussi eu le grand bonheur d'accueillir *Trick or treat*, son deuxième prix du Gouverneur général, pièce centrale dans le recueil *Il n'y a que l'amour*. La production débarque à Sudbury et il y a de l'électricité dans l'air. Tout le monde est venu voir le superhéros et personne ne voulait être déçu. *Trick or treat* leur en met plein la gueule. Un rythme effréné dans la première scène, qui dure 50 minutes, tient tout le monde en haleine. Rebondissement après rebondissement, les personnages sautent de surprise en surprise comme un wagon de montagnes russes fou, sorti de ses rails. Une action irréparable provoque le destin et, comme un jeu de dominos, déclenche une réaction sans frein qui se dirige tout droit vers la catastrophe. On veut hurler tellement la tension est prenante. C'est une des scènes les plus violentes qu'il m'a été donné de voir au théâtre. Pourtant, il n'y a pas une once de gratuité dans cette brutalité plutôt dénonciatrice. Mais cette fois-ci, à l'instar de *Lucky lady*, la tragédie fera des ravages et la vie des protagonistes sera changée à tout jamais.

Temps dur est sortie à l'antenne de Radio-Canada à l'automne 2004. Le superhéros a vaincu les ondes des émissions sentimentales et plates dont s'amourachent trop de Québécois. Et voilà *Virginie* qui reçoit un coup droit sur la gueule et va s'effondrer sur *Quatre et demi* déjà assommée par terre. *Super Dalpé strikes again* contre les paresseux et mièvres sentimentalistes qui crèvent les écrans. Bravo !

Finalement, l'épreuve des épreuves. Le superhéros s'attaque à sa propre œuvre. 2004. Le match du siècle. D'un côté du ring, l'auteur. De l'autre, *Un vent se lève qui éparpille*, pesant comme un troisième prix du Gouverneur général. Sur la scène du TNO, l'auteur s'attaquera à la lecture intégrale, six heures en tout, de son tout premier roman. L'auditoire, témoin d'un réel marathon de mots, est atterré devant les talents d'acteur de Jean Marc Dalpé et la beauté d'un roman qui cache sa complexité derrière une apparente simplicité. Match nul. Quatre histoires sur toile de fond du Nord de l'Ontario s'entremêlent, se font écho et se complètent dans une maîtrise d'écriture hors du commun. Cette soirée restera un grand moment dans les annales du TNO.

Jean Marc est peut-être sorti de l'Ontario, mais l'Ontario n'est certainement pas sortie de lui. Son écriture est empreinte de ce Nord ontarien et se trouve dans chacun de ses dialogues. La dualité linguistique, à la frontière de l'anglais, teinte chacun de ses personnages de ce style Dalpé forgé lors du *Big Bang* créatif de Sudbury. Sudbury est pour le superhéros ce que la planète Krypton est à Superman, sauf que, contrairement à Superman, Dalpé peut y retourner.

Les gens de Sudbury aiment la mythologie, la nourrissent et s'en nourrissent. Jean Marc Dalpé y a inscrit sa présence solidement dans le roc de la conscience collective. Son legs retentit partout en Ontario et son rayonnement déborde cette frontière. Jean Marc est un héros culturel. Son patrimoine est immense. Tout nouvel artiste franco-ontarien doit un jour se mesurer au superhéros. Il est depuis longtemps la référence. *Is it a bird? Is it a plane? No, it's a fuckin' big pair of shoes!*

BIBLIOGRAPHIE

DALPÉ, Jean Marc, *Et d'ailleurs*, Sudbury, Prise de parole, 1984.

DALPÉ, Jean Marc, *Le chien*, Sudbury, Prise de parole, 2003.

DALPÉ, Jean Marc, *Lucky lady*, postface de Michel Nadeau, «*Blazzing* [sic] *bee to win*», Montréal et Sudbury, Boréal et Prise de parole, 1995.

TREMBLAY, Marie-Claude, «1985-1989. De la controverse à la consécration», dans Guy Gaudreau (dir.), *Le Théâtre du Nouvel-Ontario 20 ans*, Sudbury, TNO, 1991, p. 53-63.

BIBLIOGRAPHIE SÉLECTIVE
Amanda Dreyer
Université du Québec à Trois-Rivières

ŒUVRES DE JEAN MARC DALPÉ
Théâtre

Il n'y a que l'amour, huit pièces en un acte, trois contes urbains, une conférence et un texte poétique pour une voix, Sudbury, Prise de parole, 1999, 278 p.

Lucky lady, avec postface de Michel Nadeau, «*Blazzing* [sic] *bee to win*», Montréal et Sudbury, Boréal et Prise de parole, 1995, 185 p.

Eddy, pièce en cinq actes, avec postface de Robert Claing, «*Eddy,* ou l'écriture en coup de poing», Montréal et Sudbury, Boréal et Prise de parole, 1994, 203 p.

Le chien, pièce en un acte, 1re édition, Sudbury, Prise de parole, 1987, 62 p.; 2e édition, Sudbury, Prise de parole, 1990, 56 p.; 3e édition, avec préface de Mariel O'Neill-Karch, Sudbury, Prise de parole, coll. «Bibliothèque canadienne-française», 2003, 123 p.

Les Rogers, en collaboration avec Robert Bellefeuille et Robert Marinier, Sudbury, Prise de parole, 1985, 61 p.

1932, la ville du nickel : une histoire d'amour sur fond de mines, en collaboration avec Brigitte Haentjens, Sudbury, Prise de parole, 1984, 62 p.

Hawkesbury blues, en collaboration avec Brigitte Haentjens, Sudbury, Prise de parole, 1982, 74 p.

Contes urbains

Mercy, dans *Il n'y a que l'amour*, Sudbury, Prise de parole, 1999, p. 45-54, repris dans Jean Marc Dalpé et al., *Contes sudburois*, Sudbury, Prise de parole, 2001, p. 47-55.

Red voit rouge, dans Manon Beaudoin et al., *Contes d'appartenance*, Sudbury, Prise de parole, 1999, p. 61-67, repris dans Yvan Bienvenue et al., *Contes urbains, Ottawa*, Ottawa, Le Nordir, 1999, p. 27-35, et repris dans *Il n'y a que l'amour*, Sudbury, Prise de parole, 1999, p. 75-82.

Give the lady a break, *Moebius. Contes urbains 1994-1995*, n° 66, hiver 1996, p. 109-115, repris dans *Il n'y a que l'amour*, Sudbury, Prise de parole, 1999, p. 9-17.

Poésie

Et d'ailleurs, Sudbury, Prise de parole, 1984, 78 p.

Gens d'ici, Sudbury, Prise de parole, 1981, 94 p.

Les murs de nos villages, Sudbury, Prise de parole, coll. « Les perce-neige », 1980, 42 p.

Roman

Un vent se lève qui éparpille, Sudbury, Prise de parole, 1999, 189 p.

Jean Marc Dalpé en traduction

Scattered in a rising wind, traduction anglaise par Linda Gaboriau d'*Un vent se lève qui éparpille*, Burnaby, Talonbooks, 2003, 160 p.

Trick or treat, traduction anglaise par Robert Dickson, manuscrit déposé au Centre des auteurs dramatiques, Montréal, 1999.

Lucky lady, traduction anglaise par Robert Dickson, manuscrit déposé au Centre des auteurs dramatiques, Montréal, 1995.

In the ring, traduction anglaise par Robert Dickson d'*Eddy*, *Canadian Theatre Review*, n° 84, automne 1995, p. 40-71.

Le chien, traduction en français pour la France par Eugène Durif, précédée des *Muses orphelines* de Michel Marc Bouchard, Noëlle Renaude (trad.), Paris, Éditions théâtrales, coll. « Québec/France », 1994, 114 p.

Le chien, traduction anglaise par Jean Marc Dalpé et Maureen LaBonté, manuscrit déposé au Centre des auteurs dramatiques, Montréal, 1988.

Œuvres traduites par Jean Marc Dalpé

Piégés, traduction par Jean Marc Dalpé de *Between two circuses* de Pol Mag Uidhir, précédé de *Un temps de chien*, traduction par Emmanuelle Roy de *Melon farmer* d'Alex Johnston, Montréal, Dramaturges Éditeurs, 1999.

Et celui sous terre, traduction par Jean Marc Dalpé de *Buried child* de Sam Shepard, texte disponible au centre de documentation du CEAD et à l'École nationale de théâtre du Canada, 1998.

Tout va pour le mieux, traduction par Jean Marc Dalpé de *Homeward bound* d'Elliot Hayes, en collaboration avec Robert Marinier, texte disponible au centre de documentation du CEAD et à l'École nationale de théâtre du Canada, 1994.

La ménagerie de verre, traduction par Jean Marc Dalpé de *The glass menagery* de Tennessee Williams, texte disponible au centre de documentation du CEAD et à l'École nationale de théâtre du Canada.

Œuvres télévisuelles

Scénariste de la série *Temps dur* (avec Robin Aubert dans le rôle du personnage central d'Alain Bergeron), réalisateur de la série : Louis Choquette, diffusion à Radio-Canada du premier épisode le 13 septembre 2004 et du 10e et dernier épisode de la saison le 15 novembre 2004.

Reportage sur la série *Temps dur* présenté à l'émission *5 sur 5* (Radio-Canada), le dimanche 5 décembre 2004. Rencontre avec Jean Marc Dalpé, auteur de la série, et Pierre Mallette, agent correctionnel du pénitencier de Donnacona. Journaliste : Nancy Desjardins. Réalisateur : Michel Philibert. Accessible à l'adresse suivante : *www.radio-canada.ca/actualite/5sur5/* (sous la catégorie JUSTICE).

Musique

Cris et blues. Live à Coulson, textes de Marcel Aymar, Jean Marc Dalpé, Patrice Desbiens, Robert Dickson et Gaston Tremblay, mis en musique par Marcel Aymar *et al.*, Sudbury, Prise de parole et Musique AU, 1994, disque audionumérique et audiocassette.

La cuisine de poésie présente : Jean Marc Dalpé, Sudbury, Prise de parole, 1985, audiocassette.

Articles

« L'âme est une fiction nécessaire », *Liaison*, n° 110, printemps 2001, p. 13.

« La nécessité de la fiction », dans Robert Dickson, Annette Ribordy et Micheline Tremblay (dir.), *Toutes les photos finissent-elles par se ressembler?*, Sudbury, Prise de parole et l'Institut franco-ontarien de l'Université Laurentienne, 1999, p. 16-26.

« Mes yeux sont pareils aux vôtres », *L'Action nationale*, vol. LXXX, n° 8, octobre 1990, p. 1037-1040.

« Formes théâtrales et communauté franco-ontarienne » (Jean Marc Dalpé, Alain Poirier, Lise Leblanc et Marc Haentjens), *Études canadiennes / Canadian Studies*, n° 15, 1983, p. 89-99.

« Gerry Brault », *Le Temps*, vol. 3, n° 12, décembre 1981, p. 20.

« Les murs de nos villages ; ... on intervient théâtralement », *Liaison*, n° 7, septembre-octobre 1979, p. 16-17.

ÉTUDES ET DOCUMENTS SUR JEAN MARC DALPÉ

BARRETTE, Jean-Marc, « Jean Marc Dalpé, *Le chien* », *Vie française*, vol. 40, n° 1, décembre 1988, p. 87-88.

BEDDOWS, Joël, « Le Théâtre du Nouvel-Ontario au cœur des années 1980 : une structure professionnelle pour des artistes créateurs », dans Hélène Beauchamp et Joël Beddows (dir.), *Les théâtres professionnels du Canada francophone. Entre mémoire et rupture*, Ottawa, Le Nordir, coll. « Roger-Bernard », 2001, p. 69-86.

BÉLANGER, Louis, « *Le chien* de Jean Marc Dalpé : réception critique », *Revue du Nouvel-Ontario*, n° 16, 1994, p. 127-137.

BÉLANGER, Louis, « *Le chien*, revu et consacré », *Revue du Nouvel-Ontario*, n° 11, 1989, p. 217-219.

BÉLANGER, Louis, « Raconter pour vivre », *Liaison*, n° 106, printemps 2000, p. 38.

CARRIÈRE, Fernan, « La controverse des *Rogers* : la triste histoire d'une pièce très drôle », *Liaison*, n° 35, été 1985, p. 20-22.

CHEVRIER, Michel, « Le théâtre franco-ontarien : la récupération des traditions orales dans le drame contemporain », Ottawa, Université Carleton, thèse de maîtrise, 2001, accessible à l'adresse suivante : http://www.carleton.ca/califa/theatre.doc

CONLOGUE, Ray, « Sharp writing, strong acting make powerful family drama », *The Globe and Mail*, 19 novembre 1988, p. C-8.

CORRIVEAU, Hugues, «L'amour, toujours l'amour!», *Lettres québécoises*, n° 98, été 2000, p. 25-26.

DANSEREAU, Estelle, «*Un vent se lève qui éparpille* de Jean Marc Dalpé», *Francophonies d'Amérique*, n° 15, 2003, p. 111-113.

DAVID, Gilbert, «La boxe ou la tragédie de la réussite à tout prix. *Eddy*, de Jean Marc Dalpé, à la Nouvelle Compagnie théâtrale», *Le Devoir*, 8 octobre 1994, p. C-8.

DESABRAIS, Tina, «Les réceptions critiques franco-ontarienne et québécoise de *Le chien*, *Il n'y a que l'amour* et *Un vent se lève qui éparpille* de Jean Marc Dalpé», Université d'Ottawa, thèse de maîtrise, 2005, 118 p.

DICKSON, Robert, «Portrait d'auteur : Jean Marc Dalpé», *Francophonies d'Amérique*, n° 15, 2003, p. 95-107.

DONNELLY, Pat, «Franco-Ontarian play echoes Tremblay», *The Gazette*, Montréal, 5 mars 1988, p. D-2.

FORTIER, André, «Tissu riche en sentiments durs, mais vrais», *Liaison*, n° 45, décembre 1987, p. 40-41.

FRÉCHETTE, Carole, «*Le chien*», *Cahiers de théâtre Jeu*, n° 48, 1988, p. 141-143.

FUGÈRE, Jean, «Jean Marc Dalpé. L'urgence de se dire», *Liaison*, n° 53, septembre 1989, p. 28-30.

GIROUARD, André, «Il faut en finir une fois pour toutes...», *Le Voyageur*, Sudbury, 2 mars 1988, p. 11.

GOBIN, Pierre, «Donner une voix au pays occulté : la dramaturgie de Jean Marc Dalpé et les Franco-Ontariens», dans Mireille Calle-Gruber et Jeanne-Marie Clerc (dir.), *Le renouveau de la parole identitaire*, Montpellier-Kingston, Université Paul Valéry — Queen's University, 1993, p. 233-252.

GRISÉ, Yolande, «Voyage au cœur de la parole nouée», *Liaison*, n° 32, automne 1984, p. 42.

HAENTJENS, Brigitte, «Pour briser le silence : sur un cas de censure», *Cahiers de théâtre Jeu*, n° 34, 1985, p. 11-13.

HAENTJENS, Marc, «Jean Marc Dalpé. Poète de nos villages», *Liaison*, n° 110, printemps 2001, p. 11.

HENGEN, Shannon, «Théâtre du Nouvel-Ontario and Francophone culture in Sudbury, Ontario, Canada», *American Review of Canadian Studies*, n° 21, printemps 1991, p. 55-69.

HOTTE, Lucie, « Littérature et conscience identitaire : l'héritage de CANO », dans Andrée Fortin, *Produire la culture, produire l'identité ?*, Sainte-Foy, Presses de l'Université Laval, coll. « Culture française d'Amérique », 2000, p. 53-68.

HOTTE, Lucie, « Une voix se lève qui réunit : celle de Dalpé », *Liaison*, n° 119, été 2003, p. 21.

JARRY, Johanne, «*Un vent se lève qui éparpille*», *Nuit blanche*, n° 78, printemps 2000, p. 14-15.

LABRECQUE, Marie, « Jean Marc Dalpé. Une plume protéiforme », *Le Devoir*, 20 mars 2004, p. F-1.

LADOUCEUR, Louise, « De la *Main* au monde : les états multilingues du théâtre québécois et canadien-français en traduction anglaise », dans Robert Dion, Hans-Jürgen Lüsebrink et Janos Riesz (dir.), *Écrire en langue étrangère : interférences de langues et de cultures dans le monde francophone*, Québec et Francfort, Nota bene et IKO-Verlag, 2002, p. 375-394.

LADOUCEUR, Louise, *Making the scene : la traduction du théâtre d'une langue officielle à l'autre au Canada*, Québec, Nota bene, 2005.

LADOUCEUR, Louise, « Oralité et hybridité du texte de théâtre franco-canadien en traduction anglaise », dans Jean Morency, Hélène Destrempes, Denise Merkle et Martin Pâquet, *Des cultures en contact : Visions de l'Amérique du Nord francophone*, Québec, Nota bene, coll. « Terre américaine », 2005, p. 411-425.

LAFON, Dominique, «*Lucky lady*», *Cahiers de théâtre Jeu*, n° 74, 1995, p. 131-134.

LAFON, Dominique, « De la naissance à l'âge d'homme : le théâtre franco-ontarien à la lumière du carnavalesque », dans Denis Bourque et Anne Brown (dir.), *Les littératures d'expression française d'Amérique du Nord et le carnavalesque*, Moncton, Chaire d'études acadiennes et Éditions d'Acadie, coll. « Mouvance », 1998, p. 207-233.

LEBLANC, Karine (recherchiste), reportage sur la série *Temps dur* accessible à l'adresse suivante : *www.radio-canada.ca/television/reportages/0408/ tempsdur*

LEGENDRE, Joël, reportage sur la série *Temps dur* accessible à l'adresse suivante : *www.radio-canada.ca/television/reportages/0403/tempsdur/index. html*

LEMERY, Marthe, « Jean Marc Dalpé, avec ou sans le prix du Gouverneur général. Confessions d'un voyageur impénitent », *Le Droit*, 4 mars 1989, p. A-3.

LÉPINE, Stéphane, « Le théâtre qu'on joue », *Lettres québécoises*, n° 50, été 1988, p. 52-54.

LÉVESQUE, Solange, « De Sudbury à Montréal. Entretien avec Brigitte Haentjens », *Cahiers de théâtre Jeu*, n° 73, décembre 1994, p. 39-47.

L'HÉRAULT, Pierre, « Retrouver le temps », *Spirale*, n° 139, février 1995, p. 18-19.

MARINIER, Robert, « Le théâtre de Jean Marc Dalpé », *Liaison*, n° 110, printemps 2001, p. 11.

MARTEL, Réginald, « Un premier roman de Dalpé dense comme une immense tragédie », *La Presse*, 28 novembre 1999, p. B-2.

MOÏSE, Claudine, « Le "Nord" ou la construction d'un mythe chez les Franco-Ontariens du Nord de l'Ontario », *Études canadiennes / Canadian studies*, n° 47, 1999, p. 57-71.

MOSS, Jane, « Le théâtre franco-ontarien : *Dramatic spectacles of linguistic otherness* », *University of Toronto Quarterly*, vol. 69, n° 2, printemps 2000, p. 587-614.

MOSS, Jane, « Théâtre au masculin », *Canadian literature*, n° 112, printemps 1987, p. 180-183.

MOULTON, Lori-Ann, « Le fils rebelle dans la dramaturgie franco-ontarienne », *Revue Frontenac*, n°s 16-17, 2003, p. 191-201.

NADEAU, Vincent, « Brigitte Haentjens et Jean Marc Dalpé : *Hawkesbury blues*», *Livres et auteurs québécois 1982*, Montréal, Fides, 1983, p. 169-171.

NARDOCCHIO, Elaine, « Jean Marc Dalpé », dans Eugene Benson et William Toye (dir.), *The Oxford companion to Canadian literature*, 2e édition, Toronto/Oxford/New York, Oxford University Press, 1997, p. 273.

NUTTING, Stéphanie, «*Le chien*» dans *Le tragique dans le théâtre québécois et canadien-français, 1950-1989*, Lewiston, Edwin Mellen Press, 2000, p. 91-113.

NUTTING, Stéphanie, « Entre chien et homme : l'hybridation dans *Le chien* de Jean Marc Dalpé », dans Hélène Beauchamp et Joël Beddows (dir.), *Les théâtres professionnels du Canada francophone. Entre mémoire et rupture*, Ottawa, Le Nordir, coll. « Roger-Bernard », 2001, p. 277-290.

O'NEILL-KARCH, Mariel, « Des mondes intérieurs qui ne cessent d'étonner », *Liaison*, n° 103, septembre 1999, p. 39.

O'NEILL-KARCH, Mariel, «*Eddy* dans le *ring*», *Cahiers de théâtre Jeu*, n° 73, 1994, p. 21-27.

O'Neill-Karch, Mariel, «Jean Marc Dalpé, *Eddy* et *Lucky lady*, égal pari, inégal résultat», *Liaison*, n° 82, 15 mai 1995, p. 36-37.

O'Neill-Karch, Mariel, «L'espace scénique comme représentation de l'espace dramatique dans *Le chien* de Jean Marc Dalpé», *LittéRéalité*, vol. 4, n° 1, printemps 1992, p. 79-93.

O'Neill-Karch, Mariel, «Lettres canadiennes 2001. Théâtre», *University of Toronto Quarterly*, vol. 72, n° 1, hiver 2002-2003, p. 33-45.

O'Neill-Karch, Mariel, «*Lucky lady*», *University of Toronto Quarterly*, vol. 66, n° 1, hiver 1996-1997, p. 42-43.

O'Neill-Karch, Mariel, *Théâtre franco-ontarien. Espaces ludiques*, Vanier (Ontario), L'Interligne, 1992, 190 p.

Paré, François, «Genèse de la rancœur. Sur trois œuvres dramatiques récentes», *Liaison*, n° 77, mai 1994, p. 32-34.

Paré, François, «La dramaturgie franco-ontarienne : la langue et la loi», *Cahiers de théâtre Jeu*, n° 73, 1994, p. 28-34.

Paré, François, *Théories de la fragilité*, Ottawa, Le Nordir, coll. «essai», 1994, 156 p.

Pelletier, Pierre Raphaël, «Pourquoi *Le chien* nous émeut-il?», *Liaison*, n° 76, 15 mars 1994, p. 20-30, repris dans *Petites incarnations de la pensée délinquante*, Ottawa, L'Interligne, 1994, p. 117-130.

Psenak, Stefan, «Jean Marc Dalpé un jour de verglas», *Liaison*, n° 110, printemps 2001, p. 7-9.

Renaud, Normand, «*Le chien* de Dalpé : une grande œuvre. Il faut tuer le chien», *L'Orignal déchaîné*, vol. 1, n° 10, 1er mars 1988, p. 11.

Renaud, Normand, «*Le chien* monté par le TNO. Une production remarquable», *L'Orignal déchaîné*, vol. 1, n° 10, 1er mars 1988, p. 10.

Robert, Lucie, «La théâtralité fragmentée», *Voix et images*, vol. 20, n° 3, printemps 1995, p. 721-730.

Rodrigue, Vicki-Anne, «Pour une représentation de la figure paternelle dans *Le chien*, *Eddy* et *Un vent se lève qui éparpille* de Jean Marc Dalpé», mémoire de maîtrise, Université d'Ottawa, 2004.

Salter, Denis, «Spiritual resistance / Spiritual healing : Tremblay, Dalpé, Stetson, Champagne, Marchessault», dans Per Brask (dir.), *Contemporary issues in Canadian drama*, Winnipeg, Blizzard Publishing, 1995, p. 221-234.

SIDNELL, Michael J., « Mode narratif et mode dramatique : réflexions à partir de la pièce *Le chien* de Jean Marc Dalpé », *L'Annuaire théâtral*, n° 10, automne 1991, p. 173-187.

TESSIER, Jules, « Le rôle particulier des éléments exogènes dans l'œuvre de Jean Marc Dalpé et de Louise Fiset », dans Hédi Bouraoui (dir.), *La littérature franco-ontarienne : État des lieux*, Sudbury, Université Laurentienne, coll. « Série monographique en sciences humaines », 2000, p. 153-172, repris dans *Américanité et francité. Essais critiques sur les littératures d'expression française en Amérique du Nord*, Ottawa, Le Nordir, coll. « Roger-Bernard », 2001, p. 55-73.

TREMBLAY, Micheline, « *Lucky lady* de Jean Marc Dalpé et *Le bateleur* de Michel Ouellette : la quête de la vérité ? », *Revue du Nouvel-Ontario*, n° 21, 1997, p. 161-169.

TRUAX, denise, « Quelques mots au bout d'un crayon. Entrons dans la danse », *Liaison*, n° 19, décembre 1981 — janvier 1982, p. 38.

VAÏS, Michel, « Une *Omertà* de *Petite Vie* », *Cahiers de théâtre Jeu*, n° 92, 1999, p. 15-17.

VAÏS, Michel, « Urbain des bois. Entretien avec Jean Marc Dalpé », *Cahiers de théâtre Jeu*, n° 73, 1994, p. 8-20.

VEYRAT, Christel, « Cave canem », *Cahiers de théâtre Jeu*, n° 103, 2002, p. 30-34.

WALLACE, Robert, « Where's it coming from ? Reflections on critical responses to Francophone theatre in Toronto : January 1986 — November 1988 », *Producing marginality. Theatre and criticism in Canada*, Saskatoon, Fifth House Publishers, 1990, p. 213-242.

YERGEAU, Robert, « Jean Marc Dalpé, *Gens d'ici*. Michel Dallaire, *Regards dans l'eau* », dans *Livres et auteurs québécois 1981*, Montréal, Fides, 1982, p. 124-125.

NOTE : Pour une bibliographie plus exhaustive, voir BIBLIFO, la base de données du Centre de recherche en civilisation canadienne-française de l'Université d'Ottawa, disponible sur internet : *http://web1.uottawa.ca/uopr/crccf/edbnet.htm*.

COLLABORATEURS ET COLLABORATRICES

Cory A. Burns

Cory A. Burns a fait ses études universitaires en langues au Bowdoin College dans le Maine. Il a été diplômé en 1988. En 2003, il a reçu sa maîtrise en études françaises à l'Université de Massachusetts à Amherst. Sous la direction de Robert Schwartzwald, il a écrit un mémoire sur Michel Tremblay — une analyse d'interrelations entre personnages en conflit dans certaines de ses pièces qui traitent de la cellule familiale. Il est présentement en troisième année de doctorat à l'Université de Toronto. Sous la direction de Mariel O'Neill-Karch, il rédige une thèse portant sur le drame de famille dans le théâtre québécois où il pousse encore plus loin son analyse de la dynamique familiale en prenant en compte des perspectives linguistiques, pragmatiques, sémiotiques et psychanalytiques. Cet article sur Dalpé sera sa première publication.

Nathalie Dolbec

Nathalie Dolbec enseigne la littérature et la culture francophones du Canada, ainsi que la théorie littéraire contemporaine au Département de langues, littératures et cultures de l'Université de Windsor (Ontario). Elle s'intéresse plus particulièrement au descriptif chez les écrivains des XIXe et XXe siècles, tant au

Canada français qu'en France. Elle a collaboré aux *Cahiers franco-canadiens de l'Ouest*, à *Recherches théâtrales au Canada*, à *Itinéraires du XIXe siècle*, au *Bulletin des amis d'André Gide*, etc. Sa thèse de doctorat examinait le descriptif dans l'œuvre de Gabrielle Roy à partir des écrits théoriques de Philippe Hamon, Jean-Michel Adam et André Petitjean.

Amanda Dreyer

Amanda Dreyer est étudiante à la maîtrise en culture québécoise à l'Université du Québec à Trois-Rivières. Originaire de Waterford en Ontario, elle a obtenu son baccalauréat en études françaises de l'Université de Waterloo en 2005. Elle rédige présentement un mémoire sur la présence et le rôle des églises évangéliques protestantes en Mauricie et ailleurs au Québec.

Lucie Hotte

Lucie Hotte est titulaire de la Chaire de recherche sur les cultures et les littératures francophones du Canada et professeure agrégée au Département des lettres françaises de l'Université d'Ottawa, où elle enseigne les littératures québécoise et franco-ontarienne. Elle a publié plusieurs articles portant aussi bien sur les textes franco-ontariens (romans, poésie, théâtre) et sur la critique que sur les enjeux institutionnels. Son essai portant sur l'inscription de la lecture dans le roman québécois, *Romans de la lecture, lecture du roman. L'inscription de la lecture* (Nota Bene, 2001), lui a valu le prix Gabrielle-Roy pour le meilleur essai critique portant sur la littérature canadienne de langue française. Elle travaille présentement à une recherche, financée par le Conseil de recherche en sciences humaines, sur la réception critique des littératures minoritaires en général et de la littérature franco-ontarienne en particulier.

Dominique Lafon

Ancienne élève de l'École normale supérieure, Dominique Lafon est professeure titulaire à l'Université d'Ottawa, où elle enseigne aux Départements de lettres françaises et de théâtre. Spécialiste de la dramaturgie, elle a publié, outre de nombreux articles sur le théâtre classique et le théâtre québécois, *Le chiffre scénique dans la dramaturgie moliéresque*, Klincksieck / Les Presses de l'Université d'Ottawa en 1990, et, en collaboration avec Jean Cléo Godin, *Dramaturgies québécoises des années quatre-vingt*, Leméac 1999, de même que dirigé le collectif *Théâtre québécois 1975-1995*, Fides 2001. Elle est, depuis janvier 2001, directrice de *L'Annuaire théâtral*. Elle a travaillé à titre de conseillère dramaturgique avec Michel Marc Bouchard et Richard Léger, ainsi qu'avec de jeunes auteurs franco-ontariens et elle a dirigé plusieurs mises en scène pour La Comédie des Deux Rives et la troupe du Département de théâtre de l'Université d'Ottawa.

CATHERINE LECLERC

Catherine Leclerc s'intéresse aux littératures anglophones et francophones du Canada — en particulier celles des minorités. Ses recherches portent sur le plurilinguisme littéraire et sur sa traduction. Elles l'ont menée de Toronto à Moncton, où, grâce à une bourse du CRSH, elle a effectué un stage postdoctoral. Elle est maintenant professeure au Département de langue et de littérature françaises de l'Université McGill à Montréal. Ses articles ont parus, notamment, dans les revues *Voix et images*, *Québec Studies* et *Liaison*.

LOUIS PATRICK LEROUX

Auteur, metteur en scène et professeur, Louis Patrick Leroux (Ottawa, HEC-Montréal, Sorbonne nouvelle) a fondé, à Ottawa, le Théâtre la Catapulte, qu'il a dirigé de 1992 à 1998. Il est lecteur à l'Université Concordia de Montréal, où il enseigne la littérature et l'écriture dramatique aux Départements d'études françaises et d'anglais. Il enseigne également l'écriture dramatique au Summer Literary Seminar de Saint-Petersbourg, en Russie. En 2005-2006, il est de nouveau auteur en résidence au Théâtre du Nouvel-Ontario.

JOHANNE MELANÇON

Johanne Melançon est professeure adjointe au Département d'études françaises et de traduction de l'Université Laurentienne. Elle s'intéresse à la littérature franco-ontarienne, à la poésie et à la chanson. Sa thèse de doctorat portait sur les mécanismes de l'interprétation dans la chanson québécoise. Ses recherches portent également sur l'institution littéraire franco-ontarienne, en particulier le monde de l'édition. Elle a publié entre autres des articles sur Michel Ouellette, Maurice Henrie et Brasse-Camarade. Elle prépare, en collaboration avec Lucie Hotte, un ouvrage d'introduction à la littérature franco-ontarienne depuis 1970. Elle est également membre du comité de rédaction de la revue *Liaison*.

JANE MOSS

Jane Moss occupe le poste de Robert E. Diamond Professor of French and Women's Studies à Colby College (Waterville, Maine, É.-U.). Spécialiste du théâtre francophone en Amérique du Nord, elle a publié de nombreuses études, des chapitres de livres, des comptes rendus et des articles de dictionnaire. Elle s'est chargée de la préparation et de la publication d'un recueil d'articles et de trois numéros thématiques dans des périodiques importants. Elle dirige la revue *Quebec Studies* depuis 1994 et est également la directrice adjointe de la *French Review*. Elle fait partie de nombreux comités de rédaction, notamment à l'*American Review of Canadian Studies*, à la *Revue internationale d'études canadiennes* et à *Globe*. Elle a reçu le Prix du Québec en 2002. En 2005, elle est devenue membre honoraire de la Société québécoise d'études théâtrales.

STÉPHANIE NUTTING

Stéphanie Nutting est professeure agrégée au Département d'études françaises à l'Université de Guelph (Ontario), où elle donne des cours de langue et de littérature depuis 1996. Ses principales recherches portent sur les dramaturgies canadienne-française et québécoise. Auteure d'une monographie intitulée *Le tragique dans le théâtre québécois et canadien-français, 1950-1989* (Edwin Mellen Press), elle a aussi collaboré à diverses revues dont *Voix et images, The French Review, Spirale* et *Liaison*. Elle est actuellement présidente de l'Association des professeur(e)s de français des universités et collèges canadiens.

MARIEL O'NEILL-KARCH

Mariel O'Neill-Karch, professeure à l'Université de Toronto, est l'auteure de nombreux articles ainsi que d'une monographie, *Théâtre franco-ontarien, espaces ludiques* (L'Interligne, 1992). Avec son mari Pierre Karch, elle a publié le *Dictionnaire des citations littéraires de l'Ontario français* (L'Interligne, 1996 et 2005) et, aux éditions David, *Contes et nouvelles de Régis Roy* (2001), *Théâtre d'Augustin Laperrière* (2002) et *Théâtre comique de Régis Roy* (à paraître). Elle a aussi été chroniqueuse de théâtre pour CJBC-Toronto et subventionne un prix de création dramatique qui porte son nom.

FRANÇOIS OUELLET

François Ouellet est professeur de littérature à l'Université du Québec à Chicoutimi, où il est titulaire de la Chaire de recherche du Canada sur le roman moderne. Ses recherches portent sur le roman québécois actuel (subvention CRSH), le roman universitaire (subvention FQRSC) et les écrivains méconnus de l'entre-deux-guerres en France. Il est membre du Groupe de recherche sur les récits de survivance (GRERÉS) et du Centre d'Études interuniversitaires sur les Lettres, les Arts et les Traditions (CÉLAT). Dernières publications : *Emmanuel Bove. Contexte, références et écriture* (Nota bene, 2005) et *La littérature québécoise. 1960-2000* (en collaboration avec H. Greif, L'instant même, 2004).

François Paré

Né à Longueuil au Québec, François Paré est professeur titulaire et directeur du Département d'études françaises de l'Université de Waterloo. Il est l'auteur de livres et d'articles sur les littératures du Canada français et du Québec, et sur l'institution littéraire en France à la Renaissance. En 1993, son livre *Les littératures de l'exiguïté* lui a valu le prix du Gouverneur général du Canada. Il est aussi l'auteur de *Théories de la fragilité* (Ottawa, Le Nordir, 1994), de *Traversées* (avec François Ouellet, Ottawa, Le Nordir, 2000) et, avec Jaap Lintvelt, de *Frontières flottantes : Lieu et espace dans les cultures francophones du Canada* (Amsterdam, Rodopi, 2001). Son étude des cultures diasporales en Amérique, *La distance habitée* (Ottawa, Le Nordir, 2003), lui a valu le prix Trillium, offert par le gouvernement de l'Ontario, et le prix Victor-Barbeau de l'Académie des lettres du Québec. Son dernier essai, sur la présence migratoire québécoise en Amérique (*Le fantasme d'Escanaba*, Québec, Nota bene), a été publié en 2006.

André Perrier

Originaire de Timmins, André Perrier est metteur en scène, comédien et dramaturge. Il étudie au Conservatoire de Québec de 1979 à 1982. À sa sortie, il se consacre d'abord au jeu, puis à la mise en scène, pour finalement découvrir l'écriture. En 1992, il fonde sa propre compagnie de création, Triangle Vital, et signe le texte et la mise en scène de la pièce *Signal d'alarme,* qui remporte le Prix de la meilleure pièce au Festival du livre des Outaouais. De 1998 à 2004, il assumait la direction artistique du Théâtre du Nouvel-Ontario. Sous sa direction, plusieurs nouveaux spectacles ont vu le jour, dont *Du pépin à la fissure* de Patrice Desbiens (2000) et *Univers* (2001), toutes deux ayant remporté le Masque de la meilleure production franco-canadienne. Il est aussi récipiendaire *ex æquo* du Prix d'excellence de Théâtre Action 2002 pour ses mises en scène des créations 2000 et 2001 et finaliste pour le même prix pour la saison 2002-2003. Il est présentement pigiste en théâtre et enseigne, entre autres, au Département de théâtre de l'Université d'Ottawa.

Vicki-Anne Rodrigue

Vicki-Anne Rodrigue est détentrice d'un baccalauréat spécialisé en lettres françaises et en psychologie. En 2005, elle a terminé sa thèse de maîtrise, où elle étudiait l'image paternelle et les manifestations de l'inconscient dans l'œuvre de Jean Marc Dalpé (directrice : Lucie Joubert). Doctorante à l'Université d'Ottawa, elle poursuit présentement ses recherches en philologie et en linguistique, de même qu'en littératures franco-ontarienne, québécoise et métisse. Sa thèse de doctorat analysera la représentation textuelle de la langue franco-ontarienne (directrice : France Martineau).

TABLE DES MATIÈRES

Jean Marc Dalpé. Ouvrier d'un dire
    Stéphanie Nutting et François Paré 7

DÉRIVES ET RUPTURES D'UN LANGAGE DÉLINQUANT

D'un genre à l'autre. La dérive des styles dans l'œuvre de Jean Marc Dalpé
    Dominique Lafon 21
« [...] différentes ou sinon [...] » :
    le jeu des traductions défaillantes dans *Un vent se lève qui éparpille*
    Catherine Leclerc 47
Écriture romanesque ou écriture dramatique ?
    Décalages de tons et ruptures génériques dans *Un vent se lève qui éparpille*
    Jean Morency 65
La théorie du descriptif et ses applications à l'analyse du théâtre :
    l'exemple du *Chien* de Jean Marc Dalpé
    Nathalie Dolbec 79
Parler, écrire et traduire dans la langue de Dalpé
    Louise Ladouceur 97

UN TRAGIQUE SE LÈVE

La part du tragique dans *Un vent se lève qui éparpille*
    Johanne Melançon 115
Le rapport entre Jay et son père dans *Le chien* de Jean Marc Dalpé :
    une dynamique dans l'impasse
    Cory A. Burns 141

Assumer et assommer le père :
l'aspect tragique dans *Le chien* de Jean Marc Dalpé
ALINA CIPCIGAN 159

Le cri et la crise :
de la violence et du langage dans l'œuvre de Jean Marc Dalpé
LUCIE HOTTE 169

RAPPORTS DE FORCE

Give the ladies a break :
les femmes de Jean Marc Dalpé
JANE MOSS 189

Jeux de places dans *Trick or treat*
MARIEL O'NEILL-KARCH 211

La fiction du bâtard chez Jean Marc Dalpé :
dire l'homogène
FRANÇOIS OUELLET 225

Un coup de langue :
l'ironie et l'énonciation du malaise identitaire dans l'œuvre de Jean Marc Dalpé
VICKI-ANNE RODRIGUE 243

Au fond de la mine, au fond du théâtre :
l'accueil critique de Jean Marc Dalpé dans le milieu théâtral canadien-anglais
ALAN FILEWOD 263

L'HOMME ET SES LIEUX

Le tour du monde de Jean Marc Dalpé en 20 minutes
ROBERT DICKSON 281

L'influence de Dalpé
(ou comment la lecture fautive de l'œuvre de Dalpé
a motivé un jeune auteur chiant à écrire contre lui)
LOUIS PATRICK LEROUX 293

La période Dalpé au Théâtre du Nouvel-Ontario :
la création d'un superhéros culturel
ANDRÉ PERRIER 307

Bibliographie sélective
AMANDA DREYER 323

Collaborateurs et collaboratrices 333